T R A N Z L A T Y

El idioma es para todos

زبان برای همه است

El llamado de lo salvaje

آوای وحش

Jack London

جک لندن

Español / فارسی

Copyright © 2025 Tranzlaty
All rights reserved
Published by Tranzlaty
ISBN: 978-1-80572-878-8
Original text by Jack London
The Call of the Wild
First published in 1903
www.tranzlaty.com

Hacia lo primitivo

به سوی بدویت

Buck no leía los periódicos.

باک روزنامه‌ها را نمی‌خواند.

Si hubiera leído los periódicos habría sabido que se avecinaban problemas.

اگر روزنامه‌ها را خوانده بود، حتماً متوجه می‌شد که دردسری در راه است.

Hubo problemas, no sólo para él sino para todos los perros de la marea.

نه تنها برای خودش، بلکه برای هر سگ تایدواتر دردسر وجود داشت.

Todo perro con músculos fuertes y pelo largo y cálido iba a estar en problemas.

هر سگی با عضلات قوی و موهای بلند و گرم، به دردسر می‌افتاد.

Desde Puget Bay hasta San Diego ningún perro podía escapar de lo que se avecinaba.

از خلیج پوجت تا سن دیگو هیچ سگی نمی‌توانست از آنچه در پیش بود فرار کند.

Los hombres, a tientas en la oscuridad del Ártico, encontraron un metal amarillo.

مردانی که در تاریکی قطب شمال کورمال کورمال دنبال چیزی می‌گشتند، فلزی زرد رنگ پیدا کرده بودند.

Las compañías navieras y de transporte iban en busca del descubrimiento.

شرکت‌های کشتیرانی و حمل و نقل در حال پیگیری این کشف بودند.

Miles de hombres se precipitaron hacia el norte.

هزاران مرد به سمت سرزمین شمالی هجوم آوردند.

Estos hombres querían perros, y los perros que querían eran perros pesados.

این مردها سگ می‌خواستند، و سگ‌هایی که می‌خواستند، سگ‌های سنگین‌وزن بودند.

Perros con músculos fuertes para trabajar.

سگ‌هایی با عضلات قوی که با آنها می‌توان کار کرد.

Perros con abrigos peludos para protegerlos de las heladas.

سگ‌هایی با پوشش پشمالو که آنها را از سرما محافظت می‌کند.

Buck vivía en una casa grande en el soleado valle de Santa Clara.

باک در خانه‌ای بزرگ در دره‌ی آفتابگیر سانتا کلارا زندگی می‌کرد.

El lugar del juez Miller, se llamaba su casa.

به خانه قاضی میلر، به خانه‌اش زنگ زدند.

Su casa estaba apartada de la carretera, medio oculta entre los árboles.

خانه‌اش از جاده فاصله داشت و تا حدودی در میان درختان پنهان بود.

Se podían ver destellos de la amplia terraza que rodeaba la casa.

می‌شد نگاهی اجمالی به ایوان وسیعی که دور تا دور خانه کشیده شده بود، انداخت.

Se accedía a la casa mediante caminos de grava.

خانه از طریق راه‌های شن‌ریزی شده به حیاط راه داشت.

Los caminos serpenteaban a través de amplios prados.

مسیرها از میان چمنزارهای وسیع پیچ می‌خوردند.

Allá arriba se veían las ramas entrelazadas de altos álamos.

بالای سرشان شاخه‌های در هم تنیده‌ی درختان سپیدار بلند خودنمایی می‌کردند.

En la parte trasera de la casa las cosas eran aún más espaciosas.

در قسمت عقب خانه، وسایل حتی جادارتر بودند.

Había grandes establos, donde una docena de mozos de cuadra charlaban.

اصطبل‌های بزرگی وجود داشت که در آنها دوازده داماد مشغول گپ زدن بودند.

Había hileras de casas de servicio cubiertas de enredaderas.

ردیف‌هایی از کلبه‌های خدمتکاران پوشیده از تاک وجود داشت

Y había una interminable y ordenada serie de letrinas.

و مجموعه‌ای بی‌پایان و منظم از خانه‌های کناری وجود داشت

Largos parrales, verdes pastos, huertos y campos de bayas.

تاکستان‌های بلند انگور، مراتع سبز، باغ‌ها و مزارع توت.

Luego estaba la planta de bombeo del pozo artesiano.

سپس ایستگاه پمپاژ برای چاه آرتزین وجود داشت.

Y allí estaba el gran tanque de cemento lleno de agua.

و مخزن بزرگ سیمانی پر از آب هم آنجا بود۔

Aquí los muchachos del juez Miller dieron su chapuzón matutino.

اینجا پسرهای قاضی میلر شیرجهی صبحگاهیشان را زدند۔

Y allí también se refrescaron en la calurosa tarde.

و آنها در بعدازظهر گرم هم آنجا خنک شدند۔

Y sobre este gran dominio, Buck era quien lo gobernaba todo.

و در این قلمرو وسیع، باک کسی بود که بر تمام آن حکومت میکرد۔

Buck nació en esta tierra y vivió aquí todos sus cuatro años.

باک در این سرزمین به دنیا آمد و تمام چهار سال عمرش را اینجا زندگی کرد۔

Efectivamente había otros perros, pero realmente no importaban.

در واقع سگهای دیگری هم بودند، اما واقعاً اهمیتی نداشتند۔

En un lugar tan vasto como éste se esperaban otros perros.

انتظار میرفت سگهای دیگری هم در مکانی به این وسعت وجود داشته باشند۔

Estos perros iban y venían, o vivían dentro de las concurridas perreras.

این سگها میآمدند و میرفتند، یا در لانههای شلوغ زندگی میکردند۔

Algunos perros vivían escondidos en la casa, como Toots e Ysabel.

بعضی از سگها مثل توتس و ایزابل، مخفیانه در خانه زندگی میکردند۔

Toots era un pug japonés, Ysabel una perra mexicana sin pelo.

توتس یک پاگ ژاپنی بود، ایزابل یک سگ بیموی مکزیکی۔

Estas extrañas criaturas rara vez salían de la casa.

این موجودات عجیب و غریب به ندرت از خانه بیرون میرفتند۔

No tocaron el suelo ni olieron el aire libre del exterior.

آنها نه زمین را لمس میکردند و نه هوای آزاد بیرون را استشمام میکردند۔

También estaban los fox terriers, al menos veinte en número.

همچنین سگهای فاکس تریر، حداقل بیست تا، آنجا بودند۔

Estos terriers le ladraron ferozmente a Toots y a Ysabel dentro de la casa.

این تریرها در داخل خانه به شدت به توتس و ایزابل پارس میکردند۔

Toots e Ysabel se quedaron detrás de las ventanas, a salvo de todo daño.

توتس و ایزابل پشت پنجره‌ها ماندند تا از آسیب در امان باشند.

Estaban custodiados por criadas con escobas y trapeadores.

آنها توسط خدمتکارانی با جارو و تی محافظت می‌شدند.

Pero Buck no era un perro de casa ni tampoco de perrera.

اما باک نه سگ خانگی بود و نه سگ پرورشگاهی.

Toda la propiedad pertenecía a Buck como su legítimo reino.

کل ملک به عنوان قلمرو قانونی باک به او تعلق داشت.

Buck nadaba en el tanque o salía a cazar con los hijos del juez.

باک در مخزن شنا می‌کرد یا با پسران قاضی به شکار می‌رفت.

Caminaba con Mollie y Alice temprano o tarde.

او در ساعات اولیه یا پایانی شب با مالی و آلیس قدم می‌زد.

En las noches frías yacía junto al fuego de la biblioteca con el juez.

در شب‌های سرد، او به همراه قاضی، کنار آتش کتابخانه دراز می‌کشید.

Buck llevaba a los nietos del juez en su fuerte espalda.

باک نوه‌های قاضی را سوار بر اسب قوی‌اش سوار می‌کرد.

Se revolcó en el césped con los niños, vigilándolos de cerca.

او با پسرها در چمن غلت می‌زد و از نزدیک از آنها محافظت می‌کرد.

Se aventuraron hasta la fuente e incluso pasaron por los campos de bayas.

آنها به سمت فواره رفتند و حتی از کنار مزارع توت هم گذشتند.

Entre los fox terriers, Buck caminaba siempre con orgullo real.

باک در میان سگ‌های فاکس تریر، همیشه با غرور سلطنتی راه می‌رفت.

Él ignoró a Toots y Ysabel, tratándolos como si fueran aire.

او توتس و ایزابل را نادیده گرفت و با آنها مثل هوا رفتار کرد.

Buck reinaba sobre todas las criaturas vivientes en la tierra del juez Miller.

باک بر تمام موجودات زنده در سرزمین قاضی میلر حکومت می‌کرد.

Él gobernaba a los animales, a los insectos, a los pájaros e incluso a los humanos.

او بر حیوانات، حشرات، پرندگان و حتی انسان‌ها حکومت می‌کرد.

El padre de Buck, Elmo, había sido un San Bernardo enorme y leal.

پدر باک، المو، یک سگ سنت برنارد تنومند و وفادار بود.

Elmo nunca se apartó del lado del juez y le sirvió fielmente.

المو هرگز قاضی را ترک نکرد و با وفاداری به او خدمت کرد.

Buck parecía dispuesto a seguir el noble ejemplo de su padre.

به نظر می‌رسید باک آماده است تا از الگوی والای پدرش پیروی کند.

Buck no era tan grande: pesaba ciento cuarenta libras.

باک به آن اندازه بزرگ نبود و صد و چهل پوند وزن داشت.

Su madre, Shep, había sido una excelente perra pastor escocesa.

مادرش، شپ، یک سگ چوپان اسکاتلندی خوب بود.

Pero incluso con ese peso, Buck caminaba con presencia majestuosa.

اما حتی با آن وزن، باک با حضوری باشکوه قدم می‌زد.

Esto fue gracias a la buena comida y al respeto que siempre recibió.

این از غذای خوب و احترامی که همیشه دریافت می‌کرد، ناشی می‌شد.

Durante cuatro años, Buck había vivido como un noble mimado.

باک چهار سال مثل یک اشراف‌زاده‌ی لوس زندگی کرده بود.

Estaba orgulloso de sí mismo y hasta era un poco egoísta.

او به خودش افتخار می‌کرد، و حتی کمی خودخواه بود.

Ese tipo de orgullo era común entre los señores de países remotos.

این نوع غرور در میان اربابان روستاهای دورافتاده رایج بود.

Pero Buck se salvó de convertirse en un perro doméstico mimado.

اما باک خودش را از تبدیل شدن به یک سگ خانگی نازپرورده نجات داد.

Se mantuvo delgado y fuerte gracias a la caza y el ejercicio.

او از طریق شکار و ورزش لاغر و قوی ماند.

Amaba profundamente el agua, como la gente que se baña en lagos fríos.

او عمیقاً عاشق آب بود، مثل آدم‌هایی که در دریاچه‌های سرد حمام می‌کنند.

Este amor por el agua mantuvo a Buck fuerte y muy saludable.

این عشق به آب، باک را قوی و بسیار سالم نگه داشت.

Éste era el perro en que se había convertido Buck en el otoño de 1897.

این همان سگی بود که باک در پاییز ۱۸۹۷ به آن تبدیل شده بود.

Cuando la huelga de Klondike arrastró a los hombres hacia el gélido Norte.

وقتی حمله کلوندایک، مردان را به شمال یخزده کشاند.

La gente acudió en masa desde todos los rincones del mundo hacia aquella tierra fría.

مردم از سراسر جهان به سرزمین سرد هجوم آوردند.

Buck, sin embargo, no leía los periódicos ni entendía las noticias.

با این حال، باک نه روزنامه می‌خواند و نه اخبار را می‌فهمید.

Él no sabía que Manuel era un mal hombre con quien estar.

او نمی‌دانست که مانوئل آدم بدی برای معاشرت است.

Manuel, que ayudaba en el jardín, tenía un problema profundo.

مانوئل، که در باغ کمک می‌کرد، مشکل بزرگی داشت.

Manuel era adicto al juego de la lotería china.

مانوئل به قمار در لاتاری چین معتاد بود.

También creía firmemente en un sistema fijo para ganar.

او همچنین به شدت به یک سیستم ثابت برای پیروزی اعتقاد داشت.

Esa creencia hizo que su fracaso fuera seguro e inevitable.

آن باور، شکست او را قطعی و اجتناب‌ناپذیر کرد.

Jugar con un sistema exige dinero, del que Manuel carecía.

بازی کردن با سیستم، پول می‌خواهد، چیزی که مانوئل نداشت.

Su salario apenas alcanzaba para mantener a su esposa y a sus numerosos hijos.

حقوق او به سختی کفاف همسر و فرزندان زیادش را می‌داد.

La noche en que Manuel traicionó a Buck, las cosas estaban normales.

شبی که مانوئل به باک خیانت کرد، اوضاع عادی بود.

El juez estaba en una reunión de la Asociación de Productores de Pasas.

قاضی در جلسه انجمن کشمش‌کاران بود.

Los hijos del juez estaban entonces ocupados formando un club atlético.

پسران قاضی در آن زمان مشغول تشکیل یک باشگاه ورزشی بودند.

Nadie vio a Manuel y Buck salir por el huerto.

هیچکس مانوئل و باک را در حال خروج از باغ ندید.

Buck pensó que esta caminata era simplemente un simple paseo nocturno.

باک فکر می‌کرد این پیاده‌روی فقط یک پرسه‌زنی ساده‌ی شبانه است.

Se encontraron con un solo hombre en la estación de la bandera, en College Park.

آنها فقط یک مرد را در ایستگاه پرچم، در کالج پارک، ملاقات کردند.

Ese hombre habló con Manuel y intercambiaron dinero.

آن مرد با مانوئل صحبت کرد و آنها پول رد و بدل کردند.

"Envuelva la mercancía antes de entregarla", sugirió.

«او پیشنهاد داد» :قبل از تحویل، کالاها را بسته‌بندی کن.

La voz del hombre era áspera e impaciente mientras hablaba.

صدای مرد موقع صحبت کردن خشن و بی‌صبر بود.

Manuel ató cuidadosamente una cuerda gruesa alrededor del cuello de Buck.

مانوئل با دقت طناب ضخیمی را دور گردن باک بست.

"Si retuerces la cuerda, lo estrangularás bastante"

«طناب را بپیچان، و او را به شدت خفه خواهی کرد»

El extraño emitió un gruñido, demostrando que entendía bien.

غریبه ناله‌ای کرد که نشان می‌داد خوب متوجه شده است.

Buck aceptó la cuerda con calma y tranquila dignidad ese día.

باک آن روز با آرامش و متانتِ خاموش، طناب را پذیرفت.

Fue un acto inusual, pero Buck confiaba en los hombres que conocía.

این یک عمل غیرمعمول بود، اما باک به مردانی که می‌شناخت اعتماد داشت.

Él creía que su sabiduría iba mucho más allá de su propio pensamiento.

او معتقد بود که خرد آنها بسیار فراتر از تفکر خودش است.

Pero entonces la cuerda fue entregada a manos del extraño.

اما سپس طناب به دست غریبه داده شد.

Buck emitió un gruñido bajo que advertía con una amenaza silenciosa.

باک غرشی آرام و تهدیدآمیز سر داد.

Era orgulloso y autoritario y quería mostrar su descontento.

او مغرور و آمرانه رفتار می‌کرد و قصد داشت نارضایتی خود را نشان دهد.

Buck creyó que su advertencia sería entendida como una orden.

باک معتقد بود که هشدارش به عنوان یک دستور تلقی خواهد شد.

Para su sorpresa, la cuerda se tensó rápidamente alrededor de su grueso cuello.

در کمال تعجب، طناب دور گردن کلفتش محکم‌تر شد.

Se quedó sin aire y comenzó a luchar con una furia repentina.

نفسش بند آمد و با خشمی ناگهانی شروع به دعوا کرد.

Saltó hacia el hombre, quien rápidamente se encontró con Buck en el aire.

او به سمت مرد پرید که به سرعت با باک در هوا روبرو شد.

El hombre agarró la garganta de Buck y lo retorció hábilmente en el aire.

مرد گلوی باک را گرفت و ماهرانه او را در هوا چرخاند.

Buck fue arrojado al suelo con fuerza, cayendo de espaldas.

باک به شدت به زمین پرتاب شد و به پشت فرود آمد.

La cuerda ahora lo estrangulaba cruelmente mientras él pateaba salvajemente.

طناب حالا بی‌رحمانه او را خفه می‌کرد، در حالی که او وحشیانه لگد می‌زد.

Se le cayó la lengua, su pecho se agitó, pero no recuperó el aliento.

زبانش بیرون افتاد، سینه‌اش به شدت بالا و پایین می‌رفت، اما نفسش بند نمی‌آمد.

Nunca había sido tratado con tanta violencia en su vida.

در تمام عمرش با چنین خشونتی با او رفتار نشده بود.

Tampoco nunca antes se había sentido tan lleno de furia.

او همچنین قبلاً هرگز چنین خشم عمیقی را تجربه نکرده بود.

Pero el poder de Buck se desvaneció y sus ojos se volvieron vidriosos.

اما قدرت باک رو به زوال گذاشت و چشمانش بی‌فروغ شد.

Se desmayó justo cuando un tren se detuvo cerca.

درست زمانی که قطاری در همان نزدیکی توقف کرد، او از حال رفت.

Luego los dos hombres lo arrojaron rápidamente al vagón de equipaje.

سپس آن دو مرد او را به سرعت به داخل واگن بار انداختند.

Lo siguiente que sintió Buck fue dolor en su lengua hinchada.

چیز بعدی که باک احساس کرد، درد در زبان متورمش بود.

Se desplazaba en un carro tambaleante, apenas consciente.

او در حالی که فقط کمی هوشیار بود، در یک گاری لرزان حرکت می‌کرد.

El agudo grito del silbato del tren le indicó a Buck su ubicación.

صدای جیغ تیز سوت قطار، باک را از موقعیت مکانی‌اش مطلع کرد.

Había viajado muchas veces con el Juez y conocía esa sensación.

او اغلب با قاضی اسب سواری کرده بود و این حس را می‌شناخت.

Fue una experiencia única viajar nuevamente en un vagón de equipajes.

این شوک منحصر به فرد سفر دوباره با ماشین حمل بار بود.

Buck abrió los ojos y su mirada ardía de rabia.

باک چشمانش را باز کرد و نگاهش از خشم شعله‌ور شد.

Esta fue la ira de un rey orgulloso destronado.

این خشم پادشاهی مغرور بود که از تخت سلطنت پایین کشیده شده بود.

Un hombre intentó agarrarlo, pero Buck lo atacó primero.

مردی دستش را دراز کرد تا او را بگیرد، اما باک به جای آن، اول ضربه زد.

Hundió los dientes en la mano del hombre y la sujetó con fuerza.

دندان‌هایش را در دست مرد فرو کرد و محکم گرفت.

No lo soltó hasta que se desmayó por segunda vez.

او رهایش نکرد تا اینکه برای بار دوم از هوش رفت.

—Sí, tiene ataques —murmuró el hombre al maletero.

«مرد زیر لب به باربر گفت» :بله، تشنج کرده.

El maletero había oído la lucha y se acercó.

باربر صدای درگیری را شنیده بود و نزدیک شده بود.

"Lo llevaré a Frisco para el jefe", explicó el hombre.
«مرد توضیح داد» :دارم او را برای رئیس به فریسکو می‌برم.
"Allí hay un buen veterinario que dice poder curarlos".
«یه دکتر سگ خوب اونجا هست که میگه می‌تونه درمانشون کنه.»
Más tarde esa noche, el hombre dio su propio relato completo.
بعداً در همان شب، آن مرد شرح حال کامل خود را ارائه داد.
Habló desde un cobertizo detrás de un salón en los muelles.
او از آلونکی پشت یک میخانه در اسکله صحبت می‌کرد.
"Lo único que me dieron fueron cincuenta dólares", se quejó al tabernero.
او به متصدی بار شکایت کرد» :تنها چیزی که به من دادند پنجاه دلار بود.«
"No lo volvería a hacer ni por mil dólares en efectivo".
«دیگه این کارو نمی‌کنم، حتی اگه هزار دلار پول نقد هم داشته باشم.»
Su mano derecha estaba fuertemente envuelta en un paño ensangrentado.
دست راستش محکم در پارچه‌ای خونین پیچیده شده بود.
La pernera de su pantalón estaba abierta de par en par desde la rodilla hasta el pie.
پاچه شلوارش از زانو تا نوک پا کاملاً پاره شده بود.
—¿Cuánto le pagaron al otro tipo? —preguntó el tabernero.
«متصدی بار پرسید» :به لیوان دیگر چقدر دستمزد داده شده؟
"Cien", respondió el hombre, "no aceptaría ni un centavo menos".
«مرد پاسخ داد» :صد، او یک سنت هم کمتر نمی‌گیرد.
—Eso suma ciento cincuenta —dijo el tabernero.
«متصدی بار گفت» :این می‌شود صد و پنجاه تا.
"Y él lo vale todo, o no soy más que un idiota".
و او ارزش همه این‌ها را دارد، وگرنه من از یک احمق هم بهتر » نیستم.«
El hombre abrió los envoltorios para examinar su mano.
مرد بسته‌بندی را باز کرد تا دستش را بررسی کند.
La mano estaba gravemente desgarrada y cubierta de sangre seca.
دستش به شدت پاره شده بود و خون خشک شده روی آن پوسته شده بود.

"Si no consigo la hidrofobia..." empezó a decir.
اگر دچار آب‌گریزی نشوم...» شروع کرد به گفتن.«
"Será porque naciste para la horca", dijo entre risas.
خنده‌ای بلند شد» :به این خاطر است که تو برای دار زدن به دنیا آمده‌ای.«
"Ven a ayudarme antes de irte", le pidieron.
«از او خواسته شد» :قبل از اینکه راه بیفتی، بیا به من کمک کن.
Buck estaba aturdido por el dolor en la lengua y la garganta.
باک از درد زبان و گلویش گیج شده بود.
Estaba medio estrangulado y apenas podía mantenerse en pie.
او نیمه خفه شده بود و به سختی می‌توانست صاف بایستد.
Aún así, Buck intentó enfrentar a los hombres que lo habían lastimado.
با این حال، باک سعی کرد با مردانی که او را اینقدر آزار داده بودند، روبرو شود.
Pero lo derribaron y lo estrangularon una vez más.
اما آنها او را به زمین انداختند و دوباره خفه‌اش کردند.
Sólo entonces pudieron quitarle el pesado collar de bronce.
تنها در آن صورت می‌توانستند قلاده برنجی سنگینش را اره کنند.
Le quitaron la cuerda y lo metieron en una caja.
طناب را برداشتند و او را داخل یک جعبه انداختند.
La caja era pequeña y tenía la forma de una tosca jaula de hierro.
جعبه کوچک و به شکل یک قفس آهنی ناهموار بود.
Buck permaneció allí toda la noche, lleno de ira y orgullo herido.
باک تمام شب آنجا دراز کشید، پر از خشم و غرور جریحه‌دار شده.
No podía ni siquiera empezar a comprender lo que le estaba pasando.
او نمی‌توانست شروع به درک آنچه بر او می‌گذرد، کند.
¿Por qué estos hombres extraños lo mantenían en esa pequeña caja?
چرا این مردان عجیب او را در این جعبه کوچک نگه می‌داشتند؟
¿Qué querían de él y por qué este cruel cautiverio?
آنها با او چه می‌خواستند، و چرا این اسارت ظالمانه را تحمل می‌کردند؟

Sintió una presión oscura; una sensación de desastre que se acercaba.

او فشار تاریکی را احساس کرد؛ حسی از فاجعه که نزدیکتر می‌شد.

Era un miedo vago, pero que se apoderó pesadamente de su espíritu.

ترس مبهمی بود، اما به شدت بر روحش نشست.

Saltó varias veces cuando la puerta del cobertizo vibró.

چندین بار وقتی در انباری به صدا درآمد، از جا پرید.

Esperaba que el juez o los muchachos aparecieran y lo rescataran.

او انتظار داشت قاضی یا پسرها ظاهر شوند و او را نجات دهند.

Pero cada vez sólo se asomaba el rostro gordo del tabernero.

اما هر بار فقط صورت چاق متصدی بار به داخل نگاه می‌کرد.

El rostro del hombre estaba iluminado por el tenue resplandor de una vela de sebo.

صورت مرد با نور ضعیف شمع پیه سوز روشن شده بود.

Cada vez, el alegre ladrido de Buck cambiaba a un gruñido bajo y enojado.

هر بار، پارس شادمانه‌ی باک به غرشی آرام و خشمگین تبدیل می‌شد.

El tabernero lo dejó solo durante la noche en el cajón.

متصدی بار او را برای شب در قفس تنها گذاشت

Pero cuando se despertó por la mañana, venían más hombres.

اما وقتی صبح از خواب بیدار شد، مردان بیشتری داشتند می‌آمدند.

Llegaron cuatro hombres y recogieron la caja con cuidado y sin decir palabra.

چهار مرد آمدند و با احتیاط و بدون هیچ حرفی جعبه را برداشتند.

Buck supo de inmediato en qué situación se encontraba.

باک فوراً متوجه موقعیتی شد که در آن قرار گرفته بود.

Eran otros torturadores contra los que tenía que luchar y a los que tenía que temer.

آنها شکنجه‌گران بیشتری بودند که او مجبور بود با آنها بجنگد و از آنها بترسد.

Estos hombres parecían malvados, andrajosos y muy mal arreglados.

این مردان شرور، ژنده‌پوش و بسیار بدلباس به نظر می‌رسیدند.

Buck gruñó y se abalanzó sobre ellos ferozmente a través de los barrotes.

باک غرید و با خشم از میان میله‌ها به سمت آنها حمله‌ور شد.

Ellos simplemente se rieron y lo golpearon con largos palos de madera.

آنها فقط می‌خندیدند و با چوب‌های بلند به او ضربه می‌زدند.

Buck mordió los palos y luego se dio cuenta de que eso era lo que les gustaba.

باک چوب‌ها را گاز گرفت، بعد فهمید که این چیزی است که آنها دوست دارند.

Así que se quedó acostado en silencio, hosco y ardiendo de rabia silenciosa.

پس او آرام دراز کشید، عبوس و در حالی که از خشم خاموش می‌سوخت.

Subieron la caja a un carro y se fueron con él.

آنها جعبه را بلند کردند و داخل گاری گذاشتند و او را با خود بردند.

La caja, con Buck encerrado dentro, cambiaba de manos a menudo.

جعبه، که باک درون آن قفل شده بود، اغلب دست به دست می‌شد.

Los empleados de la oficina exprés se hicieron cargo de él y lo atendieron brevemente.

کارمندان دفتر اکسپرس مسئولیت را به عهده گرفتند و برای مدت کوتاهی به او رسیدگی کردند.

Luego, otro carro transportó a Buck a través de la ruidosa ciudad.

سپس گاری دیگری باک را از میان شهر پر سر و صدا عبور داد.

Un camión lo llevó con cajas y paquetes a un ferry.

یک کامیون او را با جعبه‌ها و بسته‌ها به داخل یک قایق مسافربری برد.

Después de cruzar, el camión lo descargó en una estación ferroviaria.

پس از عبور، کامیون او را در یک ایستگاه راه‌آهن پیاده کرد.

Finalmente, colocaron a Buck dentro de un vagón expreso que lo esperaba.

بالاخره، باک را داخل یک واگن اکسپرس که منتظرش بود، گذاشتند.

Durante dos días y dos noches, los trenes arrastraron el vagón expreso.

دو شبانه‌روز، قطارها واگن سریع‌السیر را از آنجا دور می‌کردند.

Buck no comió ni bebió durante todo el doloroso viaje.

باک در تمام طول سفر دردناک نه چیزی خورد و نه چیزی نوشید.

Cuando los mensajeros expresos intentaron acercarse a él, gruñó.

وقتی پیک‌های سریع‌السیر سعی کردند به او نزدیک شوند، غرغر کرد.

Ellos respondieron burlándose de él y molestándolo cruelmente.

آنها با مسخره کردن و آزار و اذیت بی‌رحمانه او پاسخ دادند.

Buck se arrojó contra los barrotes, echando espuma y temblando.

باک در حالی که کف کرده بود و می‌لرزید، خودش را به سمت میله‌ها انداخت.

Se rieron a carcajadas y se burlaron de él como matones del patio de la escuela.

آنها با صدای بلند می‌خندیدند و مثل قلدرهای مدرسه او را مسخره می‌کردند.

Ladraban como perros de caza y agitaban los brazos.

آنها مثل سگ‌های قلابی پارس می‌کردند و دست‌هایشان را تکان می‌دادند.

Incluso cantaron como gallos sólo para molestarlo más.

آنها حتی مثل خروس بانگ می‌زدند تا او را بیشتر ناراحت کنند.

Fue un comportamiento tonto y Buck sabía que era ridículo.

رفتار احمقانه‌ای بود و باک می‌دانست که مسخره است.

Pero eso sólo profundizó su sentimiento de indignación y vergüenza.

اما این فقط احساس خشم و شرم او را تشدید کرد.

Durante el viaje no le molestó mucho el hambre.

در طول سفر گرسنگی زیاد اذیتش نکرد.

Pero la sed traía consigo un dolor agudo y un sufrimiento insoportable.

اما تشنگی درد شدید و رنج غیرقابل تحملی به همراه داشت.

Su garganta y lengua secas e inflamadas ardían de calor.

گلو و زبان خشک و ملتهبش از شدت گرما می‌سوخت.

Este dolor alimentó la fiebre que crecía dentro de su orgulloso cuerpo.

این درد، تبی را که در بدن مغرورش بالا می‌گرفت، تشدید می‌کرد.

Buck estuvo agradecido por una sola cosa durante esta prueba.

باک در طول این محاکمه فقط برای یک چیز سپاسگزار بود۔

Le habían quitado la cuerda que le rodeaba el grueso cuello.

طناب از دور گردن کلفتش باز شده بود۔

La cuerda había dado a esos hombres una ventaja injusta y cruel.

طناب به آن مردان برتری ناعادلانه و ظالمانه‌ای داده بود۔

Ahora la cuerda había desaparecido y Buck juró que nunca volvería.

حالا طناب رفته بود و باک قسم خورد که دیگر هرگز برنمی‌گردد۔

Decidió que nunca más volvería a pasarle una cuerda al cuello.

او تصمیم گرفت که دیگر هیچ طنابی دور گردنش نیفتد۔

Durante dos largos días y noches sufrió sin comer.

دو شبانه‌روز طولانی، او بدون غذا رنج کشید۔

Y en esas horas se fue acumulando en su interior una rabia enorme.

و در آن ساعات، خشم عظیمی را در درونش انباشته کرد۔

Sus ojos se volvieron inyectados en sangre y salvajes por la ira constante.

چشمانش از خشم مداوم، خونین و وحشی شده بود۔

Ya no era Buck, sino un demonio con mandíbulas chasqueantes.

او دیگر باک نبود، بلکه دیوی با آرواره‌های تیز بود۔

Ni siquiera el juez habría reconocido a esta loca criatura.

حتی قاضی هم این موجود دیوانه را نمی‌شناخت۔

Los mensajeros exprés suspiraron aliviados cuando llegaron a Seattle.

پیک‌های سریع‌السیر وقتی به سیاتل رسیدند، نفس راحتی کشیدند۔

Cuatro hombres levantaron la caja y la llevaron a un patio trasero.

چهار مرد جعبه را بلند کردند و به حیاط خلوت بردند۔

El patio era pequeño, rodeado de muros altos y sólidos.

حیاط کوچک بود و دیوارهای بلند و محکمی دور تا دور آن را احاطه کرده بود۔

Un hombre corpulento salió con una camisa roja holgada.

مردی هیکلی با پیراهن ژاکت قرمز گشاد از ماشین بیرون آمد۔

Firmó el libro de entrega con letra gruesa y atrevida.

او با دستی کلفت و جسورانه دفتر تحویل را امضا کرد.

Buck sintió de inmediato que este hombre era su próximo torturador.

باک فوراً احساس کرد که این مرد شکنجه‌گر بعدی اوست.

Se abalanzó violentamente contra los barrotes, con los ojos rojos de furia.

او با چشمانی قرمز از خشم، با خشونت به سمت میله‌ها حمله کرد.

El hombre simplemente sonrió oscuramente y fue a buscar un hacha.

مرد فقط لبخند تلخی زد و رفت تا یک تبر بیاورد.

También traía un garrote en su gruesa y fuerte mano derecha.

او همچنین یک چماق در دست راست ضخیم و قوی خود آورد.

"¿Vas a sacarlo ahora?" preguntó preocupado el conductor.

«راننده با نگرانی پرسید» :الان می‌خوای ببریش بیرون؟

—Claro —dijo el hombre, metiendo el hacha en la caja a modo de palanca.

مرد گفت» :البته. «و تبر را به عنوان اهرم داخل جعبه فرو کرد.

Los cuatro hombres se dispersaron instantáneamente y saltaron al muro del patio.

چهار مرد فوراً پراکنده شدند و روی دیوار حیاط پریدند.

Desde sus lugares seguros arriba, esperaban para observar el espectáculo.

از نقاط امن خود در بالا، منتظر تماشای این منظره بودند.

Buck se abalanzó sobre la madera astillada, mordiéndola y sacudiéndola ferozmente.

باک به سمت چوب خرد شده حمله کرد، گاز گرفت و به شدت لرزید.

Cada vez que el hacha golpeaba la jaula, Buck estaba allí para atacarla.

هر بار که تبر به قفس می‌خورد، باک آنجا بود تا به آن حمله کند.

Gruñó y chasqueó los dientes con furia salvaje, ansioso por ser liberado.

او با خشمی وحشیانه غرید و فریاد زد، مشتاق آزادی بود.

El hombre que estaba afuera estaba tranquilo y firme, concentrado en su tarea.

مردی که بیرون بود، آرام و متین، مصمم به کارش بود.

"Muy bien, demonio de ojos rojos", dijo cuando el agujero fue grande.

«وقتی سوراخ بزرگ شد، گفت» :پس، ای شیطان چشم‌قرمز ـ

Dejó caer el hacha y tomó el garrote con su mano derecha.

تبر را انداخت و چماق را در دست راستش گرفت ـ

Buck realmente parecía un demonio; con los ojos inyectados en sangre y llameantes.

باک واقعاً شبیه یک شیطان بود؛ چشمانی خون گرفته و شعله‌ور ـ

Su pelaje se erizó, le salía espuma por la boca y sus ojos brillaban.

موهایش سیخ شده بود، کف از دهانش بیرون زده بود و چشمانش برق می‌زد ـ

Tensó los músculos y se lanzó directamente hacia el suéter rojo.

عضلاتش را منقبض کرد و مستقیم به سمت ژاکت قرمز پرید ـ

Ciento cuarenta libras de furia volaron hacia el hombre tranquilo.

صد و چهل پوند خشم به سمت مرد آرام هجوم آورد ـ

Justo antes de que sus mandíbulas se cerraran, un golpe terrible lo golpeó.

درست قبل از اینکه فکش بسته شود، ضربه وحشتناکی به او وارد شد ـ

Sus dientes chasquearon al chocar contra nada más que el aire.

دندان‌هایش فقط با هوا به هم می‌خوردند

Una sacudida de dolor resonó a través de su cuerpo

موجی از درد در بدنش پیچید

Dio una vuelta en el aire y se estrelló sobre su espalda y su costado.

او در هوا غلتید و به پشت و پهلو به زمین خورد ـ

Nunca antes había sentido el golpe de un garrote y no podía agarrarlo.

او قبلاً هرگز ضربه‌ی چماق را حس نکرده بود و نمی‌توانست آن را درک کند ـ

Con un gruñido estridente, mitad ladrido, mitad grito, saltó de nuevo.

با غرشی گوشخراش، که نیمی پارس و نیمی جیغ بود، دوباره پرید ـ

Otro golpe brutal lo alcanzó y lo arrojó al suelo.

ضربه محکم دیگری به او وارد شد و او را به زمین انداخت.

Esta vez Buck lo entendió: era el pesado garrote del hombre.

این بار باک فهمید—این ضربه از چماق سنگین مرد بود.

Pero la rabia lo cegó y no pensó en retirarse.

اما خشم کورش کرده بود و خیال عقب‌نشینی نداشت.

Doce veces se lanzó y doce veces cayó.

دوازده بار خودش را به آب انداخت و دوازده بار هم افتاد.

El palo de madera lo golpeaba cada vez con una fuerza despiadada y aplastante.

چماق چوبی هر بار با نیرویی بی‌رحمانه و خردکننده او را له می‌کرد.

Después de un golpe feroz, se tambaleó hasta ponerse de pie, aturdido y lento.

پس از یک ضربه‌ی سهمگین، او تلوتلوخوران، گیج و آهسته، از جایش بلند شد.

Le salía sangre de la boca, de la nariz y hasta de las orejas.

خون از دهان، بینی و حتی گوش‌هایش جاری بود.

Su pelaje, otrora hermoso, estaba manchado de espuma sanguinolenta.

کتِ زمانی زیباش، حالا با کفِ خونین آغشته شده بود.

Entonces el hombre se adelantó y le dio un golpe tremendo en la nariz.

سپس مرد جلو آمد و ضربه‌ی محکمی به بینی‌اش زد.

La agonía fue más aguda que cualquier cosa que Buck hubiera sentido jamás.

درد و رنج از هر چیزی که باک تا به حال احساس کرده بود، شدیدتر بود.

Con un rugido más de bestia que de perro, saltó nuevamente para atacar.

با غرشی که بیشتر شبیه غرش یک حیوان بود تا یک سگ، دوباره برای حمله پرید.

Pero el hombre se agarró la mandíbula inferior y la torció hacia atrás.

اما مرد فک پایینش را گرفت و آن را به عقب چرخاند.

Buck se dio una vuelta de cabeza y volvió a caer con fuerza.

باک سرش را از روی پاشنه‌هایش برگرداند و دوباره محکم به زمین خورد.

Una última vez, Buck cargó contra él, ahora apenas capaz de mantenerse en pie.

برای آخرین بار، باک به سمت او حمله کرد، حالا به سختی می‌توانست بایستد.

El hombre atacó con una sincronización experta, dando el golpe final.

مرد با زمان‌بندی ماهرانه ضربه زد و ضربه آخر را وارد کرد.

Buck se desplomó en un montón, inconsciente e inmóvil.

باک بی‌هوش و بی‌حرکت روی زمین افتاد.

"No es ningún inútil a la hora de domar perros, eso es lo que digo", gritó un hombre.

مردی فریاد زد» :اون تو سگ‌شکنی بی‌عرضه نیست، این چیزیه که من «میگم.

"Druther puede quebrar la voluntad de un perro cualquier día de la semana".

دروتر می‌تواند اراده‌ی یک سگ شکاری را در هر روزی از هفته » «بشکند.

"¡Y dos veces el domingo!" añadió el conductor.

«راننده اضافه کرد» :و دو بار هم یکشنبه‌ها.

Se subió al carro y tiró de las riendas para partir.

او سوار گاری شد و افسار را فشرد تا برود.

Buck recuperó lentamente el control de su conciencia.

باک به آرامی کنترل هوشیاری خود را به دست آورد

Pero su cuerpo todavía estaba demasiado débil y roto para moverse.

اما بدنش هنوز خیلی ضعیف و شکسته بود و نمی‌توانست حرکت کند.

Se quedó donde había caído, observando al hombre del suéter rojo.

همان جایی که افتاده بود دراز کشیده بود و مرد ژاکت قرمزپوش را تماشا می‌کرد.

"Responde al nombre de Buck", dijo el hombre, leyendo en voz alta.

مرد در حالی که با صدای بلند می‌خواند گفت» :او به نام باک پاسخ «می‌دهد.

Citó la nota enviada con la caja de Buck y los detalles.

او از یادداشتی که همراه جعبه باک و جزئیات آن ارسال شده بود، نقل قول کرد.

—Bueno, Buck, muchacho —continuó el hombre con tono amistoso—.

«،مرد با لحنی دوستانه ادامه داد» :خب، باک، پسرم

"Hemos tenido nuestra pequeña pelea y ahora todo ha terminado entre nosotros".

ما دعوای کوچک خودمان را کردیم، و حالا دیگر بین ما تمام شده » است».

"Tú has aprendido cuál es tu lugar y yo he aprendido cuál es el mío", añadió.

او اضافه کرد» :تو جایگاه خودت را یاد گرفته‌ای، و من هم جایگاه خودم را».

"Sé bueno y todo irá bien y la vida será placentera".

خوب باش، همه چیز خوب پیش خواهد رفت و زندگی دلپذیر خواهد » بود».

"Pero si te portas mal, te daré una paliza, ¿entiendes?"

«اما بد باش، و من لهت می‌کنم، فهمیدی؟»

Mientras hablaba, extendió la mano y acarició la cabeza dolorida de Buck.

همینطور که حرف می‌زد، دستش را دراز کرد و سر دردناک باک را نوازش کرد.

El cabello de Buck se erizó ante el toque del hombre, pero no se resistió.

با لمس مرد، موهای باک سیخ شد، اما مقاومتی نکرد.

El hombre le trajo agua, que Buck bebió a grandes tragos.

مرد برایش آب آورد که باک آن را جرعه جرعه نوشید.

Luego vino la carne cruda, que Buck devoró trozo a trozo.

بعد گوشت خام از راه رسید، که باک تکه تکه آن را بلعید.

Sabía que estaba derrotado, pero también sabía que no estaba roto.

او می‌دانست که شکست خورده است، اما این را هم می‌دانست که نشکسته است.

No tenía ninguna posibilidad contra un hombre armado con un garrote.

او در برابر مردی که مسلح به چماق بود، هیچ شانسی نداشت.

Había aprendido la verdad y nunca olvidó esa lección.

او حقیقت را آموخته بود و هرگز آن درس را فراموش نکرد.

Esa arma fue el comienzo de la ley en el nuevo mundo de
Buck.

آن سلاح، آغاز قانون در دنیای جدید باک بود.

Fue el comienzo de un orden duro y primitivo que no podía
negar.

این آغاز یک نظم خشن و بدوی بود که او نمی‌توانست آن را انکار کند.

Aceptó la verdad; sus instintos salvajes ahora estaban
despiertos.

او حقیقت را پذیرفت؛ غرایز وحشی‌اش حالا بیدار شده بودند.

El mundo se había vuelto más duro, pero Buck lo afrontó
con valentía.

دنیا خشن‌تر شده بود، اما باک شجاعانه با آن روبرو شد.

Afrontó la vida con nueva cautela, astucia y fuerza
silenciosa.

او با احتیاط، حیله‌گری و قدرتی آرام، زندگی را از نو پذیرفت.

Llegaron más perros, atados con cuerdas o cajas como había
estado Buck.

سگ‌های بیشتری رسیدند، مثل باک که با طناب یا جعبه بسته شده بودند.

Algunos perros llegaron con calma, otros se enfurecieron y
pelearon como bestias salvajes.

بعضی از سگ‌ها آرام می‌آمدند، بعضی دیگر خشمگین بودند و مثل
حیوانات وحشی می‌جنگیدند.

Todos ellos quedaron bajo el dominio del hombre del suéter
rojo.

همه آنها تحت حکومت مرد ژاکت قرمز قرار گرفتند.

Cada vez, Buck observaba y veía cómo se desarrollaba la
misma lección.

هر بار، باک تماشا می‌کرد و می‌دید که همان درس عبرت از او گرفته
می‌شود.

El hombre con el garrote era la ley, un amo al que había que
obedecer.

مردی که چماق به دست داشت، قانون بود؛ اربابی که باید از او اطاعت
می‌شد.

No necesitaba ser querido, pero sí obedecido.

او نیازی به دوست داشته شدن نداشت، اما باید از او اطاعت می‌شد.

Buck nunca adulaba ni meneaba la cola como lo hacían los perros más débiles.

باک هیچوقت مثل سگ‌های ضعیف‌تر تملق نمی‌گفت یا دست تکان نمی‌داد.

Vio perros que estaban golpeados y todavía lamían la mano del hombre.

او سگ‌هایی را دید که کتک خورده بودند و همچنان دست مرد را لیس می‌زدند.

Vio un perro que no obedecía ni se sometía en absoluto.

او سگی را دید که به هیچ وجه اطاعت نمی‌کرد و تسلیم نمی‌شد.

Ese perro luchó hasta que murió en la batalla por el control.

آن سگ آنقدر جنگید تا در نبرد برای کنترل کشته شد.

A veces, desconocidos venían a ver al hombre del suéter rojo.

گاهی غریبه‌ها به دیدن مرد ژاکت قرمز می‌آمدند.

Hablaban en tonos extraños, suplicando, negociando y riendo.

آنها با لحن‌های عجیبی صحبت می‌کردند، التماس می‌کردند، چانه می‌زدند و می‌خندیدند.

Cuando se intercambiaba dinero, se iban con uno o más perros.

وقتی پول رد و بدل می‌شد، آنها با یک یا چند سگ آنجا را ترک می‌کردند.

Buck se preguntó a dónde habían ido esos perros, pues ninguno regresaba jamás.

باک از خود پرسید که این سگ‌ها کجا رفتند، چون هیچ‌کدامشان دیگر برنگشتند.

El miedo a lo desconocido llenaba a Buck cada vez que un hombre extraño se acercaba.

هر بار که مرد غریبه‌ای می‌آمد، ترس از ناشناخته‌ها باک را فرا می‌گرفت.

Se alegraba cada vez que se llevaban a otro perro en lugar de a él mismo.

او هر بار که سگ دیگری به جای خودش گرفته می‌شد، خوشحال می‌شد.

Pero finalmente, llegó el turno de Buck con la llegada de un hombre extraño.

اما سرانجام، نوبت باک با ورود مردی عجیب فرا رسید.
Era pequeño, fibroso y hablaba un inglés deficiente y decía palabrotas.
او ریزنقش و لاغر اندام بود و به انگلیسی دست و پا شکسته صحبت می‌کرد و فحش می‌داد.
—¡Sacredam! —gritó cuando vio el cuerpo de Buck.
«وقتی چشمش به هیکل باک افتاد، فریاد زد» :مقدس.
—¡Qué perro tan bravucón! ¿Eh? ¿Cuánto? —preguntó en voz alta.
«با صدای بلند پرسید» :این یه سگ قلدرِ لعنتیه. ها؟ چقدر؟
"Trescientos, y es un regalo a ese precio".
«سیصد، و او با این قیمت یک هدیه است.»
—Como es dinero del gobierno, no deberías quejarte, Perrault.
«چون پول دولته، نباید شکایت کنی، پرو.»
Perrault sonrió ante el trato que acababa de hacer con aquel hombre.
پرو به معامله‌ای که تازه با آن مرد کرده بود، پوزخندی زد.
El precio de los perros se disparó debido a la repentina demanda.
قیمت سگ‌ها به دلیل تقاضای ناگهانی، سر به فلک کشیده بود.
Trescientos dólares no era injusto para una bestia tan bella.
سیصد دلار برای چنین جانور زیبایی ناعادلانه نبود.
El gobierno canadiense no perdería nada con el acuerdo
دولت کانادا در این معامله چیزی از دست نخواهد داد
Además sus despachos oficiales tampoco sufrirían demoras en el tránsito.
همچنین ارسال‌های رسمی آنها در حین حمل و نقل به تأخیر نمی‌افتاد.
Perrault conocía bien a los perros y podía ver que Buck era algo raro.
پرو سگ‌ها را خوب می‌شناخت و متوجه شد که باک موجود نادری است.
"Uno entre diez diez mil", pensó mientras estudiaba la complexión de Buck.
او در حالی که هیکل باک را بررسی می‌کرد، با خود فکر کرد» :یک در ده، ده هزار«.

Buck vio que el dinero cambiaba de manos, pero no mostró sorpresa.

باک دید که پول دست به دست شد، اما تعجب نکرد.

Pronto él y Curly, un gentil Terranova, fueron llevados lejos.

خیلی زود او و کرلی، یک نیوفاندلندی مهربان، با خود بردند.

Siguieron al hombrecito desde el patio del suéter rojo.

آنها مرد کوچک را از حیاط ژاکت قرمز دنبال کردند.

Esa fue la última vez que Buck vio al hombre con el garrote de madera.

آن آخرین باری بود که باک مرد چماق به دست را دید.

Desde la cubierta del Narwhal vio cómo Seattle se desvanecía en la distancia.

از عرشه کشتی ناروال، سیاتل را تماشا می‌کرد که در دوردست‌ها محو می‌شد.

También fue la última vez que vio las cálidas tierras del Sur.

همچنین آخرین باری بود که او سرزمین گرم جنوب را دید.

Perrault los llevó bajo cubierta y los dejó con François.

پرو آنها را به زیر عرشه برد و پیش فرانسوا گذاشت.

François era un gigante de cara negra y manos ásperas y callosas.

فرانسوا غولی سیاه چهره با دستانی خشن و پینه بسته بود.

Era oscuro y moreno, un mestizo francocanadiense.

او سبزه و سبزه بود؛ یک دورگه فرانسوی-کانادایی.

Para Buck, estos hombres eran de un tipo que nunca había visto antes.

از نظر باک، این مردان از نوعی بودند که او قبلاً هرگز ندیده بود.

En los días venideros conocería a muchos hombres así.

او در روزهای آینده با بسیاری از این مردان آشنا خواهد شد.

No llegó a encariñarse con ellos, pero llegó a respetarlos.

او به آنها علاقه‌ای پیدا نکرد، اما کم‌کم به آنها احترام گذاشت.

Eran justos y sabios, y no se dejaban engañar fácilmente por ningún perro.

آنها عادل و خردمند بودند و به راحتی فریب هیچ سگی را نمی‌خوردند.

Juzgaban a los perros con calma y castigaban sólo cuando lo merecían.

آنها سگ‌ها را با آرامش قضاوت می‌کردند و فقط زمانی که سزاوار بودند، آنها را تنبیه می‌کردند.

En la cubierta inferior del Narwhal, Buck y Curly se encontraron con dos perros.

در عرشه پایینی کشتی ناروال، باک و کرلی با دو سگ آشنا شدند.

Uno de ellos era un gran perro blanco procedente de la lejana y gélida región de Spitzbergen.

یکی از آنها سگ سفید بزرگی از اسپیتزبرگنِ یخیِ دوردست بود.

Una vez navegó con un ballenero y se unió a un grupo de investigación.

او زمانی با یک صیاد نهنگ سفر دریایی کرده و به یک گروه نقشه‌برداری پیوسته بود.

Era amigable de una manera astuta, deshonesta y tramposa.

او به شیوه‌ای زیرکانه، پنهانی و حیله‌گرانه دوستانه رفتار می‌کرد.

En su primera comida, robó un trozo de carne de la sartén de Buck.

در اولین وعده غذایی‌شان، او تکه‌ای گوشت از تابه باک دزدید.

Buck saltó para castigarlo, pero el látigo de François golpeó primero.

باک از جا پرید تا او را تنبیه کند، اما شلاق فرانسوا اول از همه به او ضربه زد.

El ladrón blanco gritó y Buck recuperó el hueso robado.

دزد سفید پوست فریاد زد و باک استخوان دزدیده شده را پس گرفت.

Esa imparcialidad impresionó a Buck y François se ganó su respeto.

این انصاف باک را تحت تأثیر قرار داد و فرانسوا احترام او را جلب کرد.

El otro perro no saludó y no quiso recibir saludos a cambio.

سگ دیگر هیچ سلامی نکرد و در عوض هم سلامی نخواست.

No robaba comida ni olfateaba con interés a los recién llegados.

او نه غذا می‌دزدید و نه با علاقه تازه‌واردها را بو می‌کشید.

Este perro era sombrío y silencioso, melancólico y de movimientos lentos.

این سگ، عبوس و ساکت، غمگین و کند حرکت بود.

Le advirtió a Curly que se mantuviera alejada simplemente mirándola fijamente.

او با نگاه خیره به کرلی، به او هشدار داد که از او دور بماند.

Su mensaje fue claro: déjenme en paz o habrá problemas.

پیام او واضح بود؛ مرا تنها بگذارید وگرنه دردسر درست می‌شود.
Se llamaba Dave y apenas se fijaba en su entorno.
او را دیو صدا می‌زدند و به سختی متوجه اطرافش می‌شد.
Dormía a menudo, comía tranquilamente y bostezaba de vez en cuando.
او اغلب می‌خوابید، آرام غذا می‌خورد و هر از گاهی خمیازه می‌کشید.

El barco zumbaba constantemente con la hélice golpeando debajo.
کشتی با صدای ملخِ در حال حرکتِ زیرینش، مدام زمزمه می‌کرد.
Los días pasaron con pocos cambios, pero el clima se volvió más frío.
روزها با کمی تغییر می‌گذشتند، اما هوا سردتر می‌شد.
Buck podía sentirlo en sus huesos y notó que los demás también lo sentían.
باک می‌توانست این را با تمام وجودش حس کند و متوجه شد که دیگران هم همین حس را دارند.
Entonces, una mañana, la hélice se detuvo y todo quedó en silencio.
سپس یک روز صبح، پروانه از کار افتاد و همه چیز آرام گرفت.
Una energía recorrió la nave; algo había cambiado.
انرژی‌ای سراسر کشتی را فرا گرفت؛ چیزی تغییر کرده بود.
François bajó, les puso las correas y los trajo arriba.
فرانسوا پایین آمد، قلاده‌هایشان را بست و بالا آورد.
Buck salió y encontró el suelo suave, blanco y frío.
باک بیرون آمد و زمین را نرم، سفید و سرد یافت.
Saltó hacia atrás alarmado y resopló totalmente confundido.
او با وحشت به عقب پرید و با گیجی کامل پوزخندی زد.
Una extraña sustancia blanca caía del cielo gris.
چیزهای سفید عجیبی از آسمان خاکستری در حال سقوط بودند.
Se sacudió, pero los copos blancos seguían cayendo sobre él.
خودش را تکان داد، اما دانه‌های سفید همچنان رویش فرود می‌آمدند.
Olió con cuidado la sustancia blanca y lamió algunos trocitos helados.
او ماده سفید را با دقت بو کشید و چند تکه یخی را لیس زد.
El polvo ardió como fuego y luego desapareció de su lengua.
باروت مثل آتش سوخت، سپس از روی زبانش ناپدید شد.

Buck lo intentó de nuevo, desconcertado por la extraña frialdad que desaparecía.

باک دوباره امتحان کرد، از سردی عجیب و غریبِ رو به زوال گیج شده بود.

Los hombres que lo rodeaban se rieron y Buck se sintió avergonzado.

مردان اطرافش خندیدند و باک خجالت کشید.

No sabía por qué, pero le avergonzaba su reacción.

نمی دانست چرا، اما از واکنش خودش شرمنده بود.

Fue su primera experiencia con la nieve y le confundió.

این اولین تجربه او با برف بود و همین موضوع او را گیج کرد.

La ley del garrote y el colmillo
قانون چماق و نیش

El primer día de Buck en la playa de Dyea se sintió como una terrible pesadilla.
اولین روز باک در ساحل دیئا مثل یک کابوس وحشتناک بود.
Cada hora traía nuevas sorpresas y cambios inesperados para Buck.
هر ساعت شوک‌های جدید و تغییرات غیرمنتظره‌ای برای باک به همراه داشت.
Lo habían sacado de la civilización y lo habían arrojado a un caos salvaje.
او از تمدن بیرون کشیده شده و به هرج و مرج وحشیانه‌ای پرتاب شده بود.
Aquella no era una vida soleada y tranquila, llena de aburrimiento y descanso.
این زندگی، زندگی شاد و آرامی نبود که در آن کسالت و استراحت موج بزنند.
No había paz, ni descanso, ni momento sin peligro.
هیچ آرامشی، هیچ استراحتی و هیچ لحظه‌ای بدون خطر نبود.
La confusión lo dominaba todo y el peligro siempre estaba cerca.
آشفتگی بر همه چیز حاکم بود و خطر همیشه نزدیک بود.
Buck tuvo que mantenerse alerta porque estos hombres y perros eran diferentes.
باک مجبور بود هوشیار بماند، چون این مردها و سگ‌ها با هم فرق داشتند.
No eran de pueblos; eran salvajes y sin piedad.
آنها اهل شهر نبودند؛ وحشی و بی‌رحم بودند.
Estos hombres y perros sólo conocían la ley del garrote y el colmillo.
این مردان و سگ‌ها فقط قانون چماق و دندان نیش را می‌دانستند.
Buck nunca había visto perros pelear como estos salvajes huskies.
باک هرگز ندیده بود که سگ‌ها مثل این هاسکی‌های وحشی با هم دعوا کنند.

Su primera experiencia le enseñó una lección que nunca olvidaría.

اولین تجربه‌اش درسی به او داد که هرگز فراموش نخواهد کرد۔

Tuvo suerte de que no fuera él, o habría muerto también.

شانس آورد که خودش نبود، وگرنه او هم می‌مرد۔

Curly fue el que sufrió mientras Buck observaba y aprendía.

کرلی کسی بود که رنج می‌کشید در حالی که باک تماشا می‌کرد و درس می‌گرفت۔

Habían acampado cerca de una tienda construida con troncos.

آنها نزدیک انباری که از کنده‌های درخت ساخته شده بود، اردو زده بودند۔

Curly intentó ser amigable con un husky grande, parecido a un lobo.

کرلی سعی کرد با یک سگ هاسکی بزرگ و گرگ مانند دوستانه رفتار کند۔

El husky era más pequeño que Curly, pero parecía salvaje y malvado.

هاسکی از کرلی کوچکتر بود، اما وحشی و بدجنس به نظر می‌رسید۔

Sin previo aviso, saltó y le abrió el rostro.

بدون هیچ هشداری، پرید و صورتش را شکافت۔

Sus dientes la atravesaron desde el ojo hasta la mandíbula en un solo movimiento.

دندان‌هایش با یک حرکت از چشم او تا فکش را برید۔

Así era como peleaban los lobos: golpeaban rápido y saltaban.

گرگ‌ها این‌طور می‌جنگیدند—سریع حمله می‌کردند و می‌پریدند۔

Pero había mucho más que aprender de ese único ataque.

اما چیزهای بیشتری برای یادگیری از آن حمله وجود داشت۔

Decenas de huskies entraron corriendo y formaron un círculo silencioso.

ده‌ها سگ هاسکی به سرعت وارد شدند و در سکوت دایره‌ای تشکیل دادند۔

Observaron atentamente y se lamieron los labios con hambre.

آنها با دقت تماشا می‌کردند و لب‌هایشان را از روی ولع می‌لیسیدند۔

Buck no entendió su silencio ni sus miradas ansiosas.

باک نه سکوت آنها را درک می‌کرد و نه نگاه مشتاقشان را.

Curly se apresuró a atacar al husky por segunda vez.

کرلی برای بار دوم به هاسکی حمله کرد.

Él usó su pecho para derribarla con un movimiento fuerte.

او با یک حرکت قوی از سینه‌اش استفاده کرد تا او را سرنگون کند.

Ella cayó de lado y no pudo levantarse más.

او به پهلو افتاد و دیگر نتوانست بلند شود.

Eso era lo que los demás habían estado esperando todo el tiempo.

این همان چیزی بود که بقیه مدت‌ها منتظرش بودند.

Los perros esquimales saltaron sobre ella, aullando y gruñendo frenéticamente.

سگ‌های هاسکی در حالی که دیوانه‌وار جیغ می‌زدند و خرناس می‌کشیدند، به سمتش پریدند.

Ella gritó cuando la enterraron bajo una pila de perros.

او جیغ می‌کشید وقتی که او را زیر انبوهی از سگ‌ها دفن می‌کردند.

El ataque fue tan rápido que Buck se quedó paralizado por la sorpresa.

حمله آنقدر سریع بود که باک از شدت شوک در جایش خشکش زد.

Vio a Spitz sacar la lengua de una manera que parecía una risa.

او دید که اسپیتز زبانش را به شکلی که شبیه خنده بود، بیرون آورد.

François cogió un hacha y corrió directamente hacia el grupo de perros.

فرانسوا تبری برداشت و مستقیماً به سمت گروه سگ‌ها دوید.

Otros tres hombres usaron palos para ayudar a ahuyentar a los perros esquimales.

سه مرد دیگر با چماق به هاسکی‌ها کمک کردند تا آنها را دور کنند.

En sólo dos minutos, la pelea terminó y los perros desaparecieron.

تنها در عرض دو دقیقه، دعوا تمام شد و سگ‌ها رفتند.

Curly yacía muerta en la nieve roja y pisoteada, con su cuerpo destrozado.

کرلی در برف قرمز و لگدمال شده، مرده افتاده بود و بدنش تکه تکه شده بود.

Un hombre de piel oscura estaba de pie sobre ella, maldiciendo la brutal escena.

مردی تیرهپوست بالای سر او ایستاده بود و به آن صحنهی وحشیانه فحش میداد.

El recuerdo permaneció con Buck y atormentó sus sueños por la noche.

این خاطره با باک ماند و شبها خوابهایش را تسخیر میکرد.

Así era aquí: sin justicia, sin segundas oportunidades.

اینجا اوضاع همین بود؛ نه انصافی، نه شانس دوبارهای.

Una vez que un perro caía, los demás lo mataban sin piedad.

به محض اینکه سگی از پا درمیآمد، بقیه بیرحمانه او را میکشتند.

Buck decidió entonces que nunca se permitiría caer.

باک آن موقع تصمیم گرفت که هرگز اجازه ندهد زمین بخورد.

Spitz volvió a sacar la lengua y se rió de la sangre.

اسپیتز دوباره زبانش را بیرون آورد و به خون خندید.

Desde ese momento, Buck odió a Spitz con todo su corazón.

از آن لحظه به بعد، باک با تمام وجود از اسپیتز متنفر شد.

Antes de que Buck pudiera recuperarse de la muerte de Curly, sucedió algo nuevo.

قبل از اینکه باک بتواند از مرگ کرلی بهبود یابد، اتفاق جدیدی افتاد.

François se acercó y ató algo alrededor del cuerpo de Buck.

فرانسوا آمد و چیزی را دور بدن باک بست.

Era un arnés como los que usaban los caballos en el rancho.

این یک افسار بود، مثل افسارهایی که در مزرعه برای اسبها استفاده میشد.

Así como Buck había visto trabajar a los caballos, ahora él también estaba obligado a trabajar.

همانطور که باک دیده بود اسبها کار میکنند، حالا خودش هم مجبور به کار کردن بود.

Tuvo que arrastrar a François en un trineo hasta el bosque cercano.

او مجبور شد فرانسوا را با سورتمه به جنگل نزدیک بکشد.

Después tuvo que arrastrar una carga de leña pesada.

سپس مجبور شد بار سنگینی از هیزم را عقب بکشد.

Buck era orgulloso, por eso le dolía que lo trataran como a un animal de trabajo.

باک مغرور بود، بنابراین از اینکه با او مثل یک حیوان کار رفتار می‌شد، ناراحت می‌شد.

Pero él era sabio y no intentó luchar contra la nueva situación.

اما او عاقل بود و سعی نکرد با شرایط جدید بجنگد.

Aceptó su nueva vida y dio lo mejor de sí en cada tarea.

او زندگی جدیدش را پذیرفت و در هر وظیفه‌ای نهایت تلاشش را کرد.

Todo en la obra le resultaba extraño y desconocido.

همه چیز در مورد کار برایش عجیب و ناآشنا بود.

Francisco era estricto y exigía obediencia sin demora.

فرانسوا سخت‌گیر بود و اطاعت بی‌درنگ را مطالبه می‌کرد.

Su látigo garantizaba que cada orden fuera seguida al instante.

شلاق او تضمین می‌کرد که هر دستوری فوراً اجرا شود.

Dave era el que conducía el trineo, el perro que estaba más cerca de él, detrás de Buck.

دیو چرخزن بود، سگی که پشت سر باک به سورتمه نزدیک‌تر بود.

Dave mordió a Buck en las patas traseras si cometía un error.

اگر باک اشتباه می‌کرد، دیو پاهای عقبش را گاز می‌گرفت.

Spitz era el perro líder, hábil y experimentado en su función.

اسپیتز سگ راهنما بود، در این نقش ماهر و باتجربه.

Spitz no pudo alcanzar a Buck fácilmente, pero aún así lo corrigió.

اسپیتز نتوانست به راحتی به باک برسد، اما با این حال او را اصلاح کرد.

Gruñó con dureza o tiró del trineo de maneras que le enseñaron a Buck.

او با خشونت غرغر می‌کرد یا سورتمه را به روش‌هایی می‌کشید که به باک یاد می‌داد.

Con este entrenamiento, Buck aprendió más rápido de lo que cualquiera de ellos esperaba.

تحت این آموزش، باک سریع‌تر از آنچه که هر یک از آنها انتظار داشتند، یاد گرفت.

Trabajó duro y aprendió tanto de François como de los otros perros.

او سخت کار کرد و از فرانسوا و سگ‌های دیگر چیزهای زیادی یاد گرفت.
Cuando regresaron, Buck ya conocía los comandos clave.
وقتی برگشتند، باک از قبل دستورات کلیدی را می‌دانست.
Aprendió a detenerse al oír la palabra "ho" gracias a François.
او یاد گرفت که با شنیدن صدای »هو« از فرانسوا بایستد.
Aprendió cuando tenía que tirar del trineo y correr.
او یاد گرفت وقتی که باید سورتمه را بکشد و بدود.
Aprendió a girar abiertamente en las curvas del camino sin problemas.
او یاد گرفت که در پیچ‌های مسیر، بدون مشکل، به سرعت دور بزند.
También aprendió a evitar a Dave cuando el trineo descendía rápidamente.
او همچنین یاد گرفت که وقتی سورتمه با سرعت به سمت پایین سرازیری می‌رفت، از دیو دوری کند.
"Son perros muy buenos", le dijo orgulloso François a Perrault.
«فرانسوا با افتخار به پرو گفت» :آنها سگ‌های خیلی خوبی هستند.
"Ese Buck tira como un demonio. Le enseño rapidísimo".
«اون باک خیلی قویه—من خیلی سریع بهش یاد میدم.»

Más tarde ese día, Perrault regresó con dos perros husky más.
بعداً در همان روز، پرو با دو سگ هاسکی دیگر برگشت.
Se llamaban Billee y Joe y eran hermanos.
اسم آنها بیلی و جو بود و برادر بودند.
Venían de la misma madre, pero no se parecían en nada.
آنها از یک مادر بودند، اما اصلاً شبیه هم نبودند.
Billee era de carácter dulce y muy amigable con todos.
بیلی خوش‌خلق و با همه خیلی صمیمی بود.
Joe era todo lo contrario: tranquilo, enojado y siempre gruñendo.
جو برعکس بود - ساکت، عصبانی و همیشه غرغرو.
Buck los saludó de manera amigable y se mostró tranquilo con ambos.
باک با رویی دوستانه از آنها استقبال کرد و با هر دو آرام بود.

Dave no les prestó atención y permaneció en silencio como siempre.

دیو به آنها توجهی نکرد و طبق معمول ساکت ماند۔

Spitz atacó primero a Billee, luego a Joe, para demostrar su dominio.

اسپیتز ابتدا به بیلی و سپس به جو حمله کرد تا تسلط خود را نشان دهد۔

Billee movió la cola y trató de ser amigable con Spitz.

بیلی دمش را تکان داد و سعی کرد با اسپیتز دوستانه رفتار کند۔

Cuando eso no funcionó, intentó huir.

وقتی این کار جواب نداد، سعی کرد فرار کند۔

Lloró tristemente cuando Spitz lo mordió fuerte en el costado.

وقتی اسپیتز پهلویش را محکم گاز گرفت، با ناراحتی گریه کرد۔

Pero Joe era muy diferente y se negaba a dejarse intimidar.

اما جو خیلی متفاوت بود و حاضر نشد مورد آزار و اذیت قرار بگیرد۔

Cada vez que Spitz se acercaba, Joe giraba rápidamente para enfrentarlo.

هر بار که اسپیتز نزدیک می‌شد، جو سریع می‌چرخید تا رو به او بایستد۔

Su pelaje se erizó, sus labios se curvaron y sus dientes chasquearon salvajemente.

موهایش سیخ شد، لب‌هایش جمع شد و دندان‌هایش وحشیانه به هم خورد۔

Los ojos de Joe brillaron de miedo y rabia, desafiando a Spitz a atacar.

چشمان جو از ترس و خشم برق زد و اسپیتز را به حمله کردن واداشت۔

Spitz abandonó la lucha y se alejó, humillado y enojado.

اسپیتز از مبارزه دست کشید و تحقیر شده و عصبانی، رویش را برگرداند۔

Descargó su frustración en el pobre Billee y lo ahuyentó.

او عصبانیتش را سر بیلی بیچاره خالی کرد و او را از خود راند۔

Esa noche, Perrault añadió un perro más al equipo.

آن شب، پرو یک سگ دیگر به تیم اضافه کرد۔

Este perro era viejo, delgado y cubierto de cicatrices de batalla.

این سگ پیر، لاغر و پوشیده از زخم‌های نبرد بود۔

Le faltaba un ojo, pero el otro brillaba con poder.

یکی از چشمانش کور بود، اما چشم دیگرش برق می‌زد۔

El nombre del nuevo perro era Solleks, que significaba "el enojado".

اسم سگ جدید سولکس بود، به معنی خشمگین.

Al igual que Dave, Solleks no pidió nada a los demás y no dio nada a cambio.

سولکس، مانند دیو، چیزی از دیگران نخواست و چیزی هم نداد.

Cuando Solleks entró lentamente al campamento, incluso Spitz se mantuvo alejado.

وقتی سولکس به آرامی وارد اردوگاه شد، حتی اسپیتز هم از آنها دوری کرد.

Tenía un hábito extraño que Buck tuvo la mala suerte de descubrir.

او عادت عجیبی داشت که باک بدشانس بود که آن را کشف کرد.

A Solleks le disgustaba que se acercaran a él por el lado donde estaba ciego.

سولکس از اینکه کسی از سمتی که نابینا بود به او نزدیک شود، متنفر بود.

Buck no sabía esto y cometió ese error por accidente.

باک این را نمی‌دانست و تصادفاً آن اشتباه را مرتکب شد.

Solleks se dio la vuelta y cortó el hombro de Buck profunda y rápidamente.

سولکس چرخید و ضربه‌ای عمیق و سریع به شانه‌ی باک زد.

A partir de ese momento, Buck nunca se acercó al lado ciego de Solleks.

از آن لحظه به بعد، باک دیگر هرگز به نقطه کور سولکس نزدیک هم نشد.

Nunca volvieron a tener problemas durante el resto del tiempo que estuvieron juntos.

آنها دیگر در تمام مدتی که با هم بودند، هرگز مشکلی نداشتند.

Solleks sólo quería que lo dejaran solo, como el tranquilo Dave.

سولکس فقط می‌خواست تنها باشد، مثل دیوِ آرام.

Pero Buck se enteraría más tarde de que cada uno tenía otro objetivo secreto.

اما باک بعداً فهمید که هر کدام از آنها هدف مخفی دیگری هم دارند.

Esa noche, Buck se enfrentó a un nuevo y preocupante desafío: cómo dormir.

آن شب باک با یک چالش جدید و نگران‌کننده روبرو شد - چگونه بخوابد.

La tienda brillaba cálidamente con la luz de las velas en el campo nevado.

چادر با نور شمع در میان برفزار به گرمی می‌درخشید.

Buck entró, pensando que podría descansar allí como antes.

باک به داخل رفت، با این فکر که می‌تواند مثل قبل آنجا استراحت کند.

Pero Perrault y François le gritaron y le lanzaron sartenes.

اما پرو و فرانسوا سرش داد زدند و تابه پرتاب کردند.

Sorprendido y confundido, Buck corrió hacia el frío helado.

باک، شوکه و گیج، به سمت سرمای شدید دوید.

Un viento amargo le azotó el hombro herido y le congeló las patas.

باد تندی شانه‌ی زخمی‌اش را گزید و پنجه‌هایش را یخ زد.

Se tumbó en la nieve y trató de dormir al aire libre.

او روی برف دراز کشید و سعی کرد در فضای باز بخوابد.

Pero el frío pronto le obligó a levantarse de nuevo, temblando mucho.

اما سرما خیلی زود او را مجبور کرد که در حالی که به شدت می‌لرزید، دوباره بلند شود.

Deambuló por el campamento intentando encontrar un lugar más cálido.

او در اردوگاه پرسه می‌زد و سعی می‌کرد جای گرم‌تری پیدا کند.

Pero cada rincón estaba tan frío como el anterior.

اما هر گوشه به همان سردیِ گوشه‌ی قبل بود.

A veces, perros salvajes saltaban sobre él desde la oscuridad.

گاهی سگ‌های وحشی از تاریکی به سمتش می‌پریدند.

Buck erizó su pelaje, mostró los dientes y gruñó en señal de advertencia.

باک موهایش را سیخ کرد، دندان‌هایش را نشان داد و با لحنی هشداردهنده غرید.

Estaba aprendiendo rápido y los otros perros se alejaban rápidamente.

او سریع یاد می‌گرفت و سگ‌های دیگر سریع عقب‌نشینی می‌کردند.

Aún así, no tenía dónde dormir ni idea de qué hacer.

با این حال، او جایی برای خوابیدن نداشت و نمی‌دانست چه کار کند.

Por fin se le ocurrió una idea: ver cómo estaban sus compañeros de equipo.

بالاخره فکری به ذهنش رسید – سری به همتیمی‌هایش بزند.

Regresó a su zona y se sorprendió al descubrir que habían desaparecido.

او به منطقه آنها برگشت و با کمال تعجب دید که آنها رفته‌اند.

Nuevamente buscó por todo el campamento, pero todavía no pudo encontrarlos.

دوباره اردوگاه را جستجو کرد، اما هنوز آنها را پیدا نکرد.

Sabía que ellos no podían estar en la tienda, o él también lo estaría.

او می‌دانست که آنها نمی‌توانند در چادر باشند، وگرنه خودش هم آنجا خواهد بود.

Entonces ¿a dónde se habían ido todos los perros en este campamento helado?

پس این همه سگ توی این کمپ یخزده کجا رفته بودند؟

Buck, frío y miserable, caminó lentamente alrededor de la tienda.

باک، سرد و رنجور، به آرامی دور چادر چرخید.

De repente, sus patas delanteras se hundieron en la nieve blanda y lo sobresaltó.

ناگهان، پاهای جلویی‌اش در برف نرم فرو رفت و او را از جا پراند.

Algo se movió bajo sus pies y saltó hacia atrás asustado.

چیزی زیر پایش لغزید و از ترس به عقب پرید.

Gruñó y rugió sin saber qué había debajo de la nieve.

او غرید و غرید، بی‌آنکه بداند زیر برف‌ها چه چیزی نهفته است.

Entonces oyó un ladrido amistoso que alivió su miedo.

سپس صدای پارس دوستانه و آرامی شنید که ترسش را فرو نشاند.

Olfateó el aire y se acercó para ver qué estaba oculto.

هوا را بو کشید و نزدیک‌تر آمد تا ببیند چه چیزی پنهان شده است.

Bajo la nieve, acurrucada en una bola cálida, estaba la pequeña Billee.

بیلی کوچولو زیر برف، خودش را مثل یک توپ گرم جمع کرده بود.

Billee movió la cola y lamió la cara de Buck para saludarlo.

بیلی دمش را تکان داد و صورت باک را لیسید تا به او سلام کند.

Buck vio cómo Billee había hecho un lugar para dormir en la nieve.

باک دید که بیلی چطور توی برف‌ها جای خواب درست کرده بود.

Había cavado y usado su propio calor para mantenerse caliente.

او زمین را کنده بود و از گرمای خودش برای گرم ماندن استفاده می‌کرد.

Buck había aprendido otra lección: así era como dormían los perros.

باک درس دیگری هم آموخته بود ـ سگ‌ها این‌طور می‌خوابیدند.

Eligió un lugar y comenzó a cavar su propio hoyo en la nieve.

او جایی را انتخاب کرد و شروع به کندن گودالی در برف کرد.

Al principio, se movía demasiado y desperdiciaba energía.

اولش، خیلی زیاد این‌ور و آن‌ور می‌رفت و انرژی‌اش را هدر می‌داد.

Pero pronto su cuerpo calentó el espacio y se sintió seguro.

اما خیلی زود بدنش فضا را گرم کرد و احساس امنیت کرد.

Se acurrucó fuertemente y al poco tiempo estaba profundamente dormido.

او محکم در خودش جمع شد و خیلی زود به خواب عمیقی فرو رفت.

El día había sido largo y duro, y Buck estaba exhausto.

روز طولانی و سختی بود و باک خسته بود.

Durmió profundamente y cómodamente, aunque sus sueños fueron salvajes.

او عمیق و راحت خوابید، هرچند رویاهایش دیوانه‌وار بودند.

Gruñó y ladró mientras dormía, retorciéndose mientras soñaba.

او در خواب غرغر می‌کرد و پارس می‌کرد و در خواب به خود می‌پیچید.

Buck no se despertó hasta que el campamento ya estaba cobrando vida.

باک تا زمانی که اردوگاه دوباره جان نگرفته بود، از خواب بیدار نشد.

Al principio, no sabía dónde estaba ni qué había sucedido.

اولش نمی‌دانست کجاست و چه اتفاقی افتاده است.

Había nevado durante la noche y había enterrado completamente su cuerpo.

برف تمام شب باریده بود و جسد او را کاملاً دفن کرده بود.

La nieve lo apretaba por todos lados.

برف از هر طرف، دور تا دورش را گرفته بود و به او فشار می‌آورد.

De repente, una ola de miedo recorrió todo el cuerpo de Buck.

ناگهان موجی از ترس تمام وجود باک را فرا گرفت.

Era el miedo a quedar atrapado, un miedo que provenía de instintos profundos.

ترس از به دام افتادن بود، ترسی برخاسته از غرایز عمیق.

Aunque nunca había visto una trampa, el miedo vivía dentro de él.

اگرچه او هرگز تله‌ای ندیده بود، اما ترس در درونش زنده بود.

Era un perro domesticado, pero ahora sus viejos instintos salvajes estaban despertando.

او سگی رام بود، اما حالا غرایز وحشی قدیمی‌اش بیدار شده بودند.

Los músculos de Buck se tensaron y se le erizó el pelaje por toda la espalda.

عضلات باک منقبض شدند و خزهایش تمام پشتش سیخ شد.

Gruñó ferozmente y saltó hacia arriba a través de la nieve.

او با خشم غرید و مستقیماً از میان برف‌ها بالا پرید.

La nieve voló en todas direcciones cuando estalló la luz del día.

وقتی او به روشنایی روز رسید، برف از هر طرف به هوا برخاست.

Incluso antes de aterrizar, Buck vio el campamento extendido ante él.

باک حتی قبل از فرود آمدن، اردوگاه را دید که پیش رویش گسترده شده بود.

Recordó todo del día anterior, de repente.

او همه چیز را از روز قبل، همه و همه را یکجا به یاد آورد.

Recordó pasear con Manuel y terminar en ese lugar.

او قدم زدن با مانوئل و رسیدن به این مکان را به یاد آورد.

Recordó haber cavado el hoyo y haberse quedado dormido en el frío.

یادش آمد که گودال را کنده و در سرما خوابش برده است.

Ahora estaba despierto y el mundo salvaje que lo rodeaba estaba claro.

حالا او بیدار شده بود و دنیای وحشی اطرافش برایش واضح بود.

Un grito de François saludó la repentina aparición de Buck.

فریادی از فرانسوا، ظهور ناگهانی باک را اعلام کرد.

—¿Qué te dije? —gritó en voz alta el conductor del perro a Perrault.

«سگبان با صدای بلند به پرو فریاد زد» :من چی گفتم؟

"Ese Buck sin duda aprende muy rápido", añadió François.

«فرانسوا اضافه کرد» :اون باک مطمئناً خیلی سریع یاد می‌گیره.

Perrault asintió gravemente, claramente satisfecho con el resultado.

پرو با جدیت سر تکان داد، مشخص بود که از نتیجه راضی است.

Como mensajero del gobierno canadiense, transportaba despachos.

او به عنوان پیک دولت کانادا، نامه‌ها را حمل می‌کرد.

Estaba ansioso por encontrar los mejores perros para su importante misión.

او مشتاق بود بهترین سگ‌ها را برای ماموریت مهمش پیدا کند.

Se sintió especialmente complacido ahora que Buck era parte del equipo.

حالا که باک عضوی از تیم بود، احساس خوشحالی خاصی می‌کرد.

Se agregaron tres huskies más al equipo en una hora.

سه سگ هاسکی دیگر ظرف یک ساعت به تیم اضافه شدند.

Eso elevó el número total de perros en el equipo a nueve.

این تعداد کل سگ‌های تیم را به نه نفر رساند.

En quince minutos todos los perros estaban en sus arneses.

ظرف پانزده دقیقه همه سگ‌ها قلاده‌هایشان را به گردن آویختند.

El equipo de trineos avanzaba por el sendero hacia Dyea Cañón.

تیم سورتمه‌سواری در حال بالا رفتن از مسیر به سمت دینا کانیون بود.

Buck se sintió contento de partir, incluso si el trabajo que tenía por delante era duro.

باک از رفتن خوشحال بود، هرچند کار پیش رو سخت بود.

Descubrió que no despreciaba especialmente el trabajo ni el frío.

او متوجه شد که از کار یا سرما به طور خاص بیزار نیست.

Le sorprendió el entusiasmo que llenaba a todo el equipo.

او از اشتیاقی که کل تیم را پر کرده بود، شگفت‌زده شد.

Aún más sorprendente fue el cambio que se produjo en Dave y Solleks.

حتی تعجب‌آورتر، تغییری بود که در دیو و سولکس ایجاد شده بود.

Estos dos perros eran completamente diferentes cuando estaban enjaezados.

این دو سگ وقتی مهار شدند کاملاً متفاوت بودند۔

Su pasividad y falta de preocupación habían desaparecido por completo.

انفعال و بی‌توجهی آنها کاملاً از بین رفته بود۔

Estaban alertas y activos, y ansiosos por hacer bien su trabajo.

آنها هوشیار و فعال بودند و مشتاق بودند که کارشان را به خوبی انجام دهند۔

Se irritaban ferozmente ante cualquier cosa que causara retraso o confusión.

آنها از هر چیزی که باعث تأخیر یا سردرگمی می‌شد، به شدت عصبانی می‌شدند۔

El duro trabajo en las riendas era el centro de todo su ser.

کار سخت روی افسار، تمام وجودشان را در بر گرفته بود۔

Tirar del trineo parecía ser lo único que realmente disfrutaban.

به نظر می‌رسید کشیدن سورتمه تنها چیزی بود که واقعاً از آن لذت می‌بردند۔

Dave estaba en la parte de atrás del grupo, más cerca del trineo.

دیو در انتهای گروه، نزدیک‌ترین فاصله به خود سورتمه، بود۔

Buck fue colocado delante de Dave, y Solleks se adelantó a Buck.

باک جلوی دیو قرار گرفت و سولکس از باک جلو زد۔

El resto de los perros estaban dispersos adelante, en una sola fila.

بقیه سگ‌ها در یک ردیف جلوتر به دار آویخته شده بودند۔

La posición de cabeza en la parte delantera quedó ocupada por Spitz.

جایگاه رهبری در جلو توسط اسپیتز پر شد۔

Buck había sido colocado entre Dave y Solleks para recibir instrucción.

باک برای آموزش بین دیو و سولکس قرار داده شده بود۔

Él aprendía rápido y sus profesores eran firmes y capaces.

او خیلی زود یاد می‌گرفت و آنها معلم‌های قاطع و توانمندی بودند۔

Nunca permitieron que Buck permaneciera en el error por mucho tiempo.

آنها هرگز اجازه ندادند باک مدت زیادی در اشتباه بماند.

Enseñaron sus lecciones con dientes afilados cuando era necesario.

آنها در صورت نیاز با دندان‌های تیز درس‌هایشان را تدریس می‌کردند.

Dave era justo y mostraba un tipo de sabiduría tranquila y seria.

دیو منصف بود و نوعی خردمندی آرام و جدی از خود نشان می‌داد.

Él nunca mordió a Buck sin una buena razón para hacerlo.

او هیچ‌وقت بدون دلیل موجه باک را گاز نمی‌گرفت.

Pero nunca dejó de morder cuando Buck necesitaba corrección.

اما وقتی باک به اصلاح نیاز داشت، او هرگز از گاز گرفتن دست نکشید.

El látigo de Francisco estaba siempre listo y respaldaba su autoridad.

شلاق فرانسوا همیشه آماده بود و از اقتدار آنها پشتیبانی می‌کرد.

Buck pronto descubrió que era mejor obedecer que defenderse.

باک خیلی زود فهمید که اطاعت کردن بهتر از مقابله به مثل کردن است.

Una vez, durante un breve descanso, Buck se enredó en las riendas.

یک بار، در طول یک استراحت کوتاه، باک در افسار اسب گیر کرد.

Retrasó el inicio y confundió los movimientos del equipo.

او شروع را به تأخیر انداخت و حرکت تیم را گیج کرد.

Dave y Solleks se abalanzaron sobre él y le dieron una paliza brutal.

دیو و سولکس به سمتش حمله کردند و حسابی کتکش زدند.

El enredo sólo empeoró, pero Buck aprendió bien la lección.

گره فقط بدتر شد، اما باک درسش را خوب یاد گرفت.

A partir de entonces, mantuvo las riendas tensas y trabajó con cuidado.

از آن به بعد، افسار را محکم نگه داشت و با دقت کار کرد.

Antes de que terminara el día, Buck había dominado gran parte de su tarea.

قبل از پایان روز، باک بخش زیادی از کارش را انجام داده بود.

Sus compañeros casi dejaron de corregirlo y morderlo.

همتیمی‌هایش تقریباً دیگر او را سرزنش یا سرزنش نمی‌کردند.

El látigo de François resonaba cada vez con menos frecuencia en el aire.

صدای شلاق فرانسوا کمتر و کمتر در هوا شنیده می‌شد.

Perrault incluso levantó los pies de Buck y examinó cuidadosamente cada pata.

پرو حتی پاهای باک را بلند کرد و با دقت هر پنجه را بررسی کرد.

Había sido un día de carrera duro, largo y agotador para todos ellos.

دویدن روز سختی بود، برای همه آنها طولانی و طاقت فرسا.

Viajaron por el Cañón, atravesando Sheep Camp y pasando por Scales.

آنها از طریق کانیون، از میان کمپ گوسفندان و از کنار فلس‌ها عبور کردند.

Cruzaron la línea de árboles, luego glaciares y bancos de nieve de muchos metros de profundidad.

آنها از مرز درختان جنگلی، سپس یخچال‌های طبیعی و توده‌های برفی به عمق چندین فوت عبور کردند.

Escalaron la gran, fría y prohibitiva divisoria de Chilkoot.

آنها از تنگه‌ی بزرگ و سرد و صعب‌العبور چیلکوت بالا رفتند.

Esa alta cresta se encontraba entre el agua salada y el interior helado.

آن پشته بلند بین آب شور و قسمت داخلی یخزده قرار داشت.

Las montañas custodiaban con hielo y empinadas subidas el triste y solitario Norte.

کوه‌ها با یخ و سربالایی‌های تند، از شمال غمگین و تنها محافظت می‌کردند.

Avanzaron a buen ritmo por una larga cadena de lagos debajo de la divisoria.

آنها در امتداد زنجیره‌ای طولانی از دریاچه‌ها، پایین‌تر از مرز، اوقات خوشی را سپری کردند.

Esos lagos llenaban los antiguos cráteres de volcanes extintos.

آن دریاچه‌ها دهانه‌های باستانی آتشفشان‌های خاموش را پر می‌کردند.

Tarde esa noche, llegaron a un gran campamento en el lago Bennett.

اواخر آن شب، آنها به اردوگاه بزرگی در دریاچه بنت رسیدند.
Miles de buscadores de oro estaban allí, construyendo barcos para la primavera.
هزاران جوینده طلا آنجا بودند و برای بهار قایق می‌ساختند.
El hielo se rompería pronto y tenían que estar preparados.
یخ به زودی آب می‌شد و آنها باید آماده می‌بودند.
Buck cavó su hoyo en la nieve y cayó en un sueño profundo.
باک سوراخش را در برف کند و به خواب عمیقی فرو رفت.
Durmió como un trabajador, exhausto por la dura jornada de trabajo.
او مانند یک کارگر، خسته از یک روز سخت و طاقت‌فرسا، به خواب رفت.
Pero demasiado pronto, en la oscuridad, fue sacado del sueño.
اما خیلی زود، در تاریکی، او را از خواب بیدار کردند.
Fue enganchado nuevamente con sus compañeros y sujeto al trineo.
او دوباره به همراه دوستانش مهار شد و به سورتمه وصل شد.
Aquel día hicieron cuarenta millas, porque la nieve estaba muy pisoteada.
آن روز آنها چهل مایل پیشروی کردند، زیرا برف به خوبی زیر پا گذاشته شده بود.
Al día siguiente, y durante muchos días más, la nieve estaba blanda.
روز بعد، و تا چند روز بعد، برف نرم بود.
Tuvieron que hacer el camino ellos mismos, trabajando más duro y moviéndose más lento.
آنها مجبور بودند خودشان مسیر را بسازند، سخت‌تر کار کنند و آهسته‌تر حرکت کنند.
Por lo general, Perrault caminaba delante del equipo con raquetas de nieve palmeadas.
معمولاً، پرو با کفش‌های برفیِ پرده‌دار جلوتر از تیم حرکت می‌کرد.
Sus pasos compactaron la nieve, facilitando el movimiento del trineo.
قدم‌هایش برف را فشرده می‌کرد و حرکت سورتمه را آسان‌تر می‌کرد.
François, que dirigía el barco desde la dirección, a veces tomaba el relevo.

فرانسوا، که از روی دکل هدایت می‌کرد، گاهی اوقات سکان را به دست می‌گرفت.

Pero era raro que François tomara la iniciativa.

اما به ندرت پیش می‌آمد که فرانسوا رهبری را به دست بگیرد

porque Perrault tenía prisa por entregar las cartas y los paquetes.

زیرا پرو برای رساندن نامه‌ها و بسته‌ها عجله داشت.

Perrault estaba orgulloso de su conocimiento de la nieve, y especialmente del hielo.

پرو به دانش خود در مورد برف و به خصوص یخ افتخار می‌کرد.

Ese conocimiento era esencial porque el hielo en otoño era peligrosamente delgado.

این دانش ضروری بود، زیرا یخ پاییزی به طرز خطرناکی نازک بود.

Allí donde el agua fluía rápidamente bajo la superficie, no había hielo en absoluto.

جایی که آب به سرعت در زیر سطح جریان داشت، اصلاً یخی وجود نداشت.

Día tras día, la misma rutina se repetía sin fin.

روز به روز، همان روال همیشگی و بی‌پایان تکرار می‌شد.

Buck trabajó incansablemente en las riendas desde el amanecer hasta la noche.

باک از سپیده دم تا شب بی‌وقفه افسار را در دست داشت و زحمت می‌کشید.

Abandonaron el campamento en la oscuridad, mucho antes de que saliera el sol.

آنها در تاریکی، مدت‌ها قبل از طلوع خورشید، اردوگاه را ترک کردند.

Cuando amaneció, ya habían recorrido muchos kilómetros.

وقتی هوا روشن شد، کیلومترها از آنها عقب مانده بود.

Acamparon después del anochecer, comieron pescado y excavaron en la nieve.

آنها بعد از تاریکی هوا اردو زدند، ماهی خوردند و در برف‌ها نقب زدند.

Buck siempre tenía hambre y nunca estaba realmente satisfecho con su ración.

باک همیشه گرسنه بود و هیچ‌وقت واقعاً از جیره‌اش راضی نبود.

Recibía una libra y media de salmón seco cada día.

او هر روز یک و نیم پوند ماهی سالمون خشک دریافت می‌کرد.

Pero la comida parecía desaparecer dentro de él, dejando atrás el hambre.

اما به نظر می‌رسید غذا در درونش ناپدید شده و گرسنگی را پشت سر گذاشته است.

Sufría constantes dolores de hambre y soñaba con más comida.

او از گرسنگی مداوم رنج می‌برد و رویای غذای بیشتر را در سر می‌پروراند.

Los otros perros sólo ganaron una libra, pero se mantuvieron fuertes.

سگ‌های دیگر فقط یک پوند غذا دریافت کردند، اما قوی ماندند.

Eran más pequeños y habían nacido en la vida del norte.

آنها کوچکتر بودند و در زندگی شمالی متولد شده بودند.

Perdió rápidamente la meticulosidad que había caracterizado su antigua vida.

او به سرعت آن وسواس و دقتی را که در زندگی گذشته‌اش داشت، از دست داد.

Había sido un comensal delicado, pero ahora eso ya no era posible.

او قبلاً غذاهای لذیذ می‌خورد، اما حالا دیگر این امکان برایش وجود نداشت.

Sus compañeros terminaron primero y le robaron su ración sobrante.

رفقایش زودتر از بقیه تمام کردند و جیره ناتمامش را دزدیدند.

Una vez que empezaron, no había forma de defender su comida de ellos.

وقتی شروع کردند، دیگر هیچ راهی برای دفاع از غذایش در برابرشان وجود نداشت.

Mientras él luchaba contra dos o tres perros, los otros le robaron el resto.

در حالی که او با دو یا سه سگ درگیر بود، بقیه سگ‌ها بقیه را دزدیدند.

Para solucionar esto, comenzó a comer tan rápido como los demás.

برای رفع این مشکل، او شروع کرد به همان سرعتی که بقیه غذا می‌خوردند.

El hambre lo empujó tan fuerte que incluso tomó comida que no era suya.

گرسنگی آنقدر به او فشار آورد که حتی غذایی غیر از غذای خودش را هم خورد.

Observó a los demás y aprendió rápidamente de sus acciones.

او دیگران را تماشا می‌کرد و به سرعت از اعمال آنها درس می‌گرفت.

Vio a Pike, un perro nuevo, robarle una rebanada de tocino a Perrault.

او پایک، سگ جدید، را دید که یک تکه بیکن از پرو دزدید.

Pike había esperado hasta que Perrault se dio la espalda para robarle el tocino.

پایک صبر کرده بود تا پرالت پشتش را به او کند و بعد بیکن را بدزدد.

Al día siguiente, Buck copió a Pike y robó todo el trozo.

روز بعد، باک از روی پایک کپی کرد و کل آن تکه را دزدید.

Se produjo un gran alboroto, pero no se sospechó de Buck.

غوغای بزرگی به پا شد، اما کسی به باک مظنون نشد.

Dub, un perro torpe que siempre era atrapado, fue castigado.

داب، سگ دست و پا چلفتی که همیشه گیر می‌افتاد، به جای او تنبیه شد.

Ese primer robo marcó a Buck como un perro apto para sobrevivir en el Norte.

آن اولین دزدی، باک را به عنوان سگی مناسب برای زنده ماندن در شمال معرفی کرد.

Demostró que podía adaptarse a nuevas condiciones y aprender rápidamente.

او نشان داد که می‌تواند به سرعت با شرایط جدید سازگار شود و یاد بگیرد.

Sin esa adaptabilidad, habría muerto rápida y gravemente.

بدون چنین سازگاری، او به سرعت و به طرز بدی می‌مرد.

También marcó el colapso de su naturaleza moral y de sus valores pasados.

همچنین نشانگر فروپاشی طبیعت اخلاقی و ارزش‌های گذشته او بود.

En el Sur, había vivido bajo la ley del amor y la bondad.

در سرزمین جنوبی، او تحت قانون عشق و مهربانی زندگی کرده بود.

Allí tenía sentido respetar la propiedad y los sentimientos de los otros perros.

در آنجا احترام به مالکیت و احساسات سگ‌های دیگر منطقی بود.

Pero en el Norte se aplicaba la ley del garrote y la ley del colmillo.

اما سرزمین شمالی از قانون چماق و قانون نیش پیروی می‌کرد.

Quienquiera que respetara los viejos valores aquí sería un tonto y fracasaría.

هر کسی که اینجا به ارزش‌های قدیمی احترام می‌گذاشت، احمق بود و شکست می‌خورد.

Buck no razonó todo esto en su mente.

باک همه اینها را در ذهنش استدلال نکرد.

Estaba en forma y se adaptó sin necesidad de pensar.

او سرحال بود، و بنابراین بدون نیاز به فکر کردن، خودش را وفق داد.

Durante toda su vida, nunca había huido de una pelea.

در تمام عمرش، هرگز از مبارزه فرار نکرده بود.

Pero el garrote de madera del hombre del suéter rojo cambió esa regla.

اما چماق چوبی مرد ژاکت قرمزپوش این قانون را تغییر داد.

Ahora seguía un código más profundo y antiguo escrito en su ser.

حالا او از یک قانون قدیمی‌تر و عمیق‌تر که در وجودش نوشته شده بود، پیروی می‌کرد.

No robó por placer sino por el dolor del hambre.

او از روی لذت دزدی نمی‌کرد، بلکه از درد گرسنگی دزدی می‌کرد.

Él nunca robaba abiertamente, sino que hurtaba con astucia y cuidado.

او هرگز آشکارا دزدی نمی‌کرد، بلکه با زیرکی و دقت دزدی می‌کرد.

Actuó por respeto al garrote de madera y por miedo al colmillo.

او از روی احترام به چماق چوبی و ترس از نیش عمل کرد.

En resumen, hizo lo que era más fácil y seguro que no hacerlo.

خلاصه اینکه، او کاری را انجام داد که آسان‌تر و ایمن‌تر از انجام ندادنش بود.

Su desarrollo —o quizás su regreso a los viejos instintos— fue rápido.

پیشرفت او - یا شاید بازگشتش به غرایز قدیمی - سریع بود.

Sus músculos se endurecieron hasta sentirse tan fuertes como el hierro.

عضلاتش آنقدر سفت شدند که انگار مثل آهن محکم شده بودند.

Ya no le importaba el dolor, a menos que fuera grave.

او دیگر به درد اهمیتی نمی‌داد، مگر اینکه خیلی جدی بود.

Se volvió eficiente por dentro y por fuera, sin desperdiciar nada.

او از درون و بیرون کارآمد شد و هیچ چیز را هدر نداد.

Podía comer cosas viles, podridas o difíciles de digerir.

او می‌توانست چیزهایی را بخورد که بد، فاسد یا هضمشان سخت بود.

Todo lo que comía, su estómago aprovechaba hasta el último vestigio de valor.

هر چه می‌خورد، معده‌اش تا آخرین ذره‌ی ارزشش را مصرف می‌کرد.

Su sangre transportaba los nutrientes a través de su poderoso cuerpo.

خون او مواد مغذی را در بدن قدرتمندش به دوردست‌ها منتقل می‌کرد.

Esto creó tejidos fuertes que le dieron una resistencia increíble.

این باعث ایجاد بافت‌های قوی شد که به او استقامت باورنکردنی بخشید.

Su vista y su olfato se volvieron mucho más sensibles que antes.

حس بینایی و بویایی او بسیار حساس‌تر از قبل شد.

Su audición se agudizó tanto que podía detectar sonidos débiles durante el sueño.

شنوایی او آنقدر تیز شد که می‌توانست صداهای ضعیف را در خواب تشخیص دهد.

Sabía en sueños si los sonidos significaban seguridad o peligro.

او در خواب‌هایش می‌دانست که آیا صداها به معنای امنیت هستند یا خطر.

Aprendió a morder el hielo entre los dedos de los pies con los dientes.

یاد گرفت که یخ بین انگشتان پایش را با دندان گاز بگیرد.

Si un charco de agua se congelaba, rompía el hielo con las piernas.

اگر جوی آب یخ می‌زد، او با پاهایش یخ را می‌شکست.

Se encabritó y golpeó con fuerza el hielo con sus rígidas patas delanteras.

او دوباره بلند شد و با پاهای جلویی سفتش محکم به یخ کوبید.

Su habilidad más sorprendente era predecir los cambios del viento durante la noche.

قابل توجه‌ترین توانایی او پیش‌بینی تغییرات باد در طول شب بود.

Incluso cuando el aire estaba quieto, elegía lugares protegidos del viento.

حتی وقتی هوا آرام بود، او نقاطی را انتخاب می‌کرد که از باد در امان باشند.

Dondequiera que cavaba su nido, el viento del día siguiente lo pasaba de largo.

هر جا که لانه‌اش را حفر می‌کرد، باد روز بعد از کنارش می‌گذشت.

Siempre acababa abrigado y protegido, a sotavento de la brisa.

او همیشه در نهایت دنج و محفوظ، و در پناه نسیم خنک، می‌ماند.

Buck no sólo aprendió con la experiencia: sus instintos también regresaron.

باک نه تنها از طریق تجربه یاد گرفت، بلکه غرایزش نیز بازگشتند.

Los hábitos de las generaciones domesticadas comenzaron a desaparecer.

عادات نسل‌های اهلی‌شده شروع به از بین رفتن کرد.

De manera vaga, recordaba los tiempos antiguos de su raza.

او به شیوه‌های مبهمی دوران باستان نژاد خود را به یاد می‌آورد.

Recordó cuando los perros salvajes corrían en manadas por los bosques.

او به زمانی فکر کرد که سگ‌های وحشی دسته‌جمعی در جنگل‌ها می‌دویدند.

Habían perseguido y matado a su presa mientras la perseguían.

آنها طعمه خود را تعقیب کرده و هنگام دویدن کشته بودند.

Para Buck fue fácil aprender a pelear con dientes y velocidad.

برای باک آسان بود که یاد بگیرد چگونه با چنگ و دندان و سرعت بجنگد.

Utilizaba cortes, tajos y chasquidos rápidos igual que sus antepasados.

او درست مانند اجدادش از بریدن، بریدن‌های ناگهانی و ضربات سریع استفاده می‌کرد.

Aquellos antepasados se agitaron dentro de él y despertaron su naturaleza salvaje.

آن اجداد در درون او به جنبش درآمدند و طبیعت وحشی او را بیدار کردند.

Sus antiguas habilidades habían pasado a él a través de la línea de sangre.

مهارت‌های قدیمی آنها از طریق نسل به او منتقل شده بود.

Sus trucos ahora eran suyos, sin necesidad de práctica ni esfuerzo.

ترفندهای آنها حالا مال او بود، بدون نیاز به تمرین یا تلاش.

En las noches frías y quietas, Buck levantaba la nariz y aullaba.

در شب‌های سرد و بی‌حرکت، باک بینی‌اش را بالا می‌گرفت و زوزه می‌کشید.

Aulló largo y profundamente, como lo hacían los lobos antaño.

او زوزه‌های طولانی و عمیقی کشید، همانطور که گرگ‌ها مدت‌ها پیش زوزه می‌کشیدند.

A través de él, sus antepasados muertos apuntaron sus narices y aullaron.

اجداد مرده‌اش از طریق او بینی‌هایشان را به سمتش نشانه گرفتند و زوزه کشیدند.

Aullaron a través de los siglos con su voz y su forma.

آنها در طول قرن‌ها با صدا و شکل او زوزه می‌کشیدند.

Sus cadencias eran las de ellos, viejos gritos que hablaban de dolor y frío.

آهنگ صدایش، صدای خودشان بود، فریادهای قدیمی که از غم و سرما حکایت می‌کردند.

Cantaron sobre la oscuridad, el hambre y el significado del invierno.

آنها از تاریکی، از گرسنگی و معنای زمستان آواز خواندند.

Buck demostró cómo la vida está determinada por fuerzas ajenas a uno mismo.

باک ثابت کرد که چگونه زندگی توسط نیروهایی فراتر از خود شکل می‌گیرد،

La antigua canción se elevó a través de Buck y se apoderó de
su alma.

آن آهنگ باستانی در وجود باک طنین انداخت و روحش را تسخیر کرد۔

Se encontró a sí mismo porque los hombres habían
encontrado oro en el Norte.

او خودش را پیدا کرد، چون مردانی در شمال طلا پیدا کرده بودند۔

Y se encontró porque Manuel, el ayudante del jardinero,
necesitaba dinero.

و خودش را پیدا کرد چون مانوئل، دستیار باغبان، به پول نیاز داشت۔

La Bestia Primordial Dominante
جانور غالب اولیه

La bestia primordial dominante era tan fuerte como siempre en Buck.

هیولای ازلیِ غالب، در وجود باک، مثل همیشه قوی بود.

Pero la bestia primordial dominante yacía latente en él.

اما آن هیولای ازلیِ غالب، در او خفته بود.

La vida en el camino era dura, pero fortalecía a la bestia que Buck llevaba dentro.

زندگی در مسیرهای کوهستانی سخت بود، اما هیولای درون باک را تقویت می‌کرد.

En secreto, la bestia se hacía cada día más fuerte.

مخفیانه، آن هیولا هر روز قوی‌تر و قوی‌تر می‌شد.

Pero ese crecimiento interior permaneció oculto para el mundo exterior.

اما آن رشد درونی از دید دنیای بیرون پنهان ماند.

Una fuerza primordial, tranquila y calmada se estaba construyendo dentro de Buck.

یک نیروی اولیه‌ی آرام و بی‌صدا در درون باک در حال شکل‌گیری بود.

Una nueva astucia le proporcionó a Buck equilibrio, calma, control y aplomo.

حیله‌گری جدید به باک تعادل، آرامش و کنترل وقار بخشید.

Buck se concentró mucho en adaptarse, sin sentirse nunca totalmente relajado.

باک سخت روی سازگاری تمرکز کرد، و هرگز احساس آرامش کامل نکرد.

Él evitaba los conflictos, nunca iniciaba peleas ni buscaba problemas.

او از درگیری اجتناب می‌کرد، هرگز دعوا راه نمی‌انداخت و دنبال دردسر هم نمی‌گشت.

Una reflexión lenta y constante moldeó cada movimiento de Buck.

اندیشه‌ای آرام و پیوسته، هر حرکت باک را شکل می‌داد.

Evitó las elecciones precipitadas y las decisiones repentinas e imprudentes.

از انتخاب‌های عجولانه و تصمیمات ناگهانی و نسنجیده پرهیز می‌کرد.

Aunque Buck odiaba profundamente a Spitz, no le mostró ninguna agresión.

اگرچه باک عمیقاً از اسپیتز متنفر بود، اما هیچ پرخاشگری به او نشان نداد.

Buck nunca provocó a Spitz y mantuvo sus acciones moderadas.

باک هرگز اسپیتز را تحریک نکرد و اعمالش را مهار کرد.

Spitz, por otro lado, percibió el creciente peligro en Buck.

از طرف دیگر، اسپیتز خطر رو به رشدی را در باک حس کرد.

Él veía a Buck como una amenaza y un serio desafío a su poder.

او باک را تهدیدی و چالشی جدی برای قدرت خود می دید.

Aprovechó cada oportunidad para gruñir y mostrar sus afilados dientes.

او از هر فرصتی برای غریدن و نشان دادن دندان‌های تیزش استفاده می‌کرد.

Estaba tratando de iniciar la pelea mortal que estaba por venir.

او سعی داشت نبرد مرگباری را که قرار بود اتفاق بیفتد، آغاز کند.

Al principio del viaje casi se desató una pelea entre ellos.

در اوایل سفر، نزدیک بود بین آنها دعوایی در بگیرد.

Pero un accidente inesperado detuvo la pelea.

اما یک حادثه غیرمنتظره مانع از وقوع این مبارزه شد.

Esa tarde acamparon en el gélido lago Le Barge.

آن شب آنها در کنار دریاچه بسیار سرد لو بارج اردو زدند.

La nieve caía con fuerza y el viento cortaba como un cuchillo.

برف شدیدی می‌بارید و باد مثل چاقو همه جا را می‌برید.

La noche había llegado demasiado rápido y la oscuridad los rodeaba.

شب خیلی سریع از راه رسیده بود و تاریکی آنها را احاطه کرده بود.

Difícilmente podrían haber elegido un peor lugar para descansar.

آنها به سختی می‌توانستند جای بدتری را برای استراحت انتخاب کنند.

Los perros buscaban desesperadamente un lugar donde tumbarse.

سگ‌ها با ناامیدی دنبال جایی برای دراز کشیدن می‌گشتند.

Detrás del pequeño grupo se alzaba una alta pared de roca.
یک دیوار صخره‌ای بلند با شیب تندی پشت سر گروه کوچک قد علم کرده بود.
La tienda de campaña había sido abandonada en Dyea para aligerar la carga.
چادر برای سبک‌تر شدن بار، در دایه (Dyea) باقی مانده بود.
No les quedó más remedio que hacer el fuego sobre el propio hielo.
آنها چاره‌ای جز روشن کردن آتش روی خود یخ نداشتند.
Extendieron sus batas para dormir directamente sobre el lago helado.
آنها لباس خواب خود را مستقیماً روی دریاچه یخ زده پهن کردند.
Unos cuantos palitos de madera flotante les dieron un poco de fuego.
چند تکه چوب آب آورده کمی آتش به آنها می‌داد.
Pero el fuego se construyó sobre el hielo y se descongeló a través de él.
اما آتش روی یخ برپا شده بود و از میان آن آب می‌شد.
Al final, estaban comiendo su cena en la oscuridad.
سرانجام آنها شام خود را در تاریکی خوردند.
Buck se acurrucó junto a la roca, protegido del viento frío.
باک کنار صخره چمباتمه زد، پناه گرفته از باد سرد.
El lugar era tan cálido y seguro que Buck odiaba mudarse.
آن مکان آنقدر گرم و امن بود که باک از رفتن به آنجا بیزار بود.
Pero François había calentado el pescado y estaba repartiendo raciones.
اما فرانسوا ماهی‌ها را گرم کرده بود و داشت جیره غذایی پخش می‌کرد.
Buck terminó de comer rápidamente y regresó a su cama.
باک سریع غذایش را تمام کرد و به رختخوابش برگشت.
Pero Spitz ahora estaba acostado donde Buck había hecho su cama.
اما اسپیتز حالا جایی که باک تختش را پهن کرده بود، دراز کشیده بود.
Un gruñido bajo advirtió a Buck que Spitz se negaba a moverse.
غرشی آرام به باک هشدار داد که اسپیتز از حرکت خودداری می‌کند.
Hasta ahora, Buck había evitado esta pelea con Spitz.
تا این لحظه، باک از این مبارزه با اسپیتز اجتناب کرده بود.

Pero en lo más profundo de Buck la bestia finalmente se liberó.

اما در اعماق وجود باک، هیولا بالاخره آزاد شد.

El robo de su lugar para dormir era algo demasiado difícil de tolerar.

دزدیده شدن محل خوابش غیرقابل تحمل بود.

Buck se lanzó hacia Spitz, lleno de ira y rabia.

باک، پر از خشم و غضب، خودش را به سمت اسپیتز پرتاب کرد.

Hasta ahora Spitz había pensado que Buck era sólo un perro grande.

تا همین اواخر، اسپیتز فکر نمی‌کرد باک فقط یک سگ بزرگ است.

No creía que Buck hubiera sobrevivido a través de su espíritu.

او فکر نمی‌کرد که باک به لطف روح او زنده مانده باشد.

Esperaba miedo y cobardía, no furia y venganza.

او انتظار ترس و بزدلی داشت، نه خشم و انتقام.

François se quedó mirando mientras los dos perros salían del nido en ruinas.

فرانسوا خیره شد به هر دو سگ که از لانه‌ی ویران بیرون پریدند.

Comprendió de inmediato lo que había iniciado la salvaje lucha.

او فوراً فهمید که چه چیزی باعث شروع آن کشمکش وحشیانه شده است.

—¡Ah! —gritó François en apoyo del perro marrón.

«فرانسوا در حمایت از سگ قهوه‌ای فریاد زد» :آآآه.

¡Dale una paliza! ¡Por Dios, castiga a ese ladrón astuto!

«کتکش بزن۔ تو رو خدا، اون دزد موذی رو مجازات کن۔»

Spitz mostró la misma disposición y un entusiasmo salvaje por luchar.

اسپیتز به همان اندازه آمادگی و اشتیاق وحشی برای جنگیدن نشان داد.

Gritó de rabia mientras giraba rápidamente en busca de una abertura.

او در حالی که به سرعت دور خود می‌چرخید و به دنبال روزنه می‌گشت، از خشم فریاد زد۔

Buck mostró el mismo hambre de luchar y la misma cautela.

باک همان عطش مبارزه و همان احتیاط را نشان داد.

También rodeó a su oponente, intentando obtener la ventaja en la batalla.

او حریفش را نیز دور خود حلقه زد و سعی کرد در نبرد دست بالا را
داشته باشد.

Entonces sucedió algo inesperado y lo cambió todo.

سپس اتفاقی غیرمنتظره رخ داد و همه چیز را تغییر داد.

Ese momento retrasó la eventual lucha por el liderazgo.

آن لحظه، مبارزه نهایی برای رهبری را به تأخیر انداخت.

Muchos kilómetros de camino y lucha aún nos esperaban
antes del final.

هنوز کیلومترها راه و سختی در انتظار پایان بود.

Perrault gritó un juramento cuando un garrote impactó
contra el hueso.

پرو فریاد زد و فحش داد، در حالی که باتومی به استخوانش خورد.

Se escuchó un agudo grito de dolor y luego el caos explotó
por todas partes.

ناله‌ی تیزی از درد به گوش رسید، سپس هرج و مرج همه جا را فرا
گرفت.

En el campamento se movían figuras oscuras: perros
esquimales salvajes, hambrientos y feroces.

موجوداتی تاریک در اردوگاه حرکت می‌کردند؛ هاسکی‌های وحشی،
گرسنه و درنده.

Cuatro o cinco docenas de perros esquimales habían
olfateado el campamento desde lejos.

چهار یا پنج دوجین سگ هاسکی از دور، اردوگاه را بو کشیده بودند.

Se habían colado sigilosamente mientras los dos perros
peleaban cerca.

آنها یواشکی وارد شده بودند در حالی که دو سگ در همان نزدیکی
مشغول دعوا بودند.

François y Perrault atacaron con garrotes a los invasores.

فرانسوا و پرو با چماق به سمت مهاجمان حمله کردند.

Los perros esquimales hambrientos mostraron los dientes y
contraatacaron frenéticamente.

هاسکی‌های گرسنه دندان‌هایشان را نشان دادند و دیوانه‌وار جنگیدند.

El olor a carne y a pan les había hecho perder todo miedo.

بوی گوشت و نان آنها را از هر ترسی رها کرده بود.

Perrault golpeó a un perro que había enterrado su cabeza en
el cajón de comida.

پرو سگی را که سرش را در ظرف غذا فرو کرده بود، کتک زد.

El golpe fue muy fuerte y la caja se volcó, derramándose comida.

ضربه محکمی خورد و جعبه واژگون شد و غذا بیرون ریخت.

En cuestión de segundos, una veintena de bestias salvajes destrozaron el pan y la carne.

در عرض چند ثانیه، دهها حیوان وحشی نان و گوشت را پاره کردند.

Los garrotes de los hombres asestaron golpe tras golpe, pero ningún perro se apartó.

چماق‌های مردانه پشت سر هم فرود می‌آمدند، اما هیچ سگی رو برنمی‌گرداند.

Aullaron de dolor, pero lucharon hasta que no quedó comida.

آنها از درد زوزه می‌کشیدند، اما آنقدر جنگیدند تا دیگر غذایی باقی نماند.

Mientras tanto, los perros de trineo habían saltado de sus camas nevadas.

در همین حال، سگ‌های سورتمه از تخت‌های برفی خود بیرون پریده بودند.

Fueron atacados instantáneamente por los feroces y hambrientos huskies.

آنها فوراً مورد حمله هاسکی‌های گرسنه و وحشی قرار گرفتند.

Buck nunca había visto criaturas tan salvajes y hambrientas antes.

باک قبلاً هرگز چنین موجودات وحشی و گرسنه‌ای ندیده بود.

Su piel colgaba suelta, ocultando apenas sus esqueletos.

پوستشان شل و آویزان بود و به سختی اسکلتشان را پنهان می‌کرد.

Había un fuego en sus ojos, de hambre y locura.

آتشی در چشمانشان بود، از گرسنگی و جنون

No había manera de detenerlos, de resistirse a su ataque salvaje.

هیچ چیز جلودارشان نبود؛ هیچ مقاومتی در برابر هجوم وحشیانه‌شان وجود نداشت.

Los perros de trineo fueron empujados hacia atrás y presionados contra la pared del acantilado.

سگ‌های سورتمه به عقب رانده شدند و به دیواره صخره فشرده شدند.

Tres perros esquimales atacaron a Buck a la vez, desgarrando su carne.

سه سگ هاسکی به یکباره به باک حمله کردند و گوشت بدنش را پاره پاره کردند.

La sangre le brotaba de la cabeza y de los hombros, donde había recibido el corte.

خون از سر و شانه‌هایش، جایی که بریده شده بود، جاری بود.

El ruido llenó el campamento: gruñidos, aullidos y gritos de dolor.

سر و صدا اردوگاه را پر کرد؛ غرش، زوزه و فریادهای درد.

Billee gritó fuerte, como siempre, atrapada en la pelea y el pánico.

بیلی، مثل همیشه، در میان هیاهو و وحشت، با صدای بلند گریه می‌کرد.

Dave y Solleks estaban uno al lado del otro, sangrando pero desafiantes.

دیو و سولکس کنار هم ایستاده بودند، خون‌آلود اما جسور.

Joe peleó como un demonio, mordiendo todo lo que se acercaba.

جو مثل یک دیو می‌جنگید و هر چیزی را که نزدیک می‌شد، گاز می‌گرفت.

Aplastó la pata de un husky con un brutal chasquido de sus mandíbulas.

او با یک ضربه وحشیانه فکش، پای یک سگ هاسکی را له کرد.

Pike saltó sobre el husky herido y le rompió el cuello instantáneamente.

پایک روی هاسکی زخمی پرید و فوراً گردنش را شکست.

Buck agarró a un husky por el cuello y le arrancó la vena.

باک گلوی یک سگ هاسکی را گرفت و رگش را پاره کرد.

La sangre salpicó y el sabor cálido llevó a Buck al frenesí.

خون پاشیده شد و طعم گرم آن، باک را به جنون کشاند.

Se abalanzó sobre otro atacante sin dudarlo.

او بدون هیچ تردیدی خودش را به سمت مهاجم دیگری پرتاب کرد.

En ese mismo momento, unos dientes afilados se clavaron en la garganta de Buck.

در همان لحظه، دندان‌های تیزی گلوی خود باک را فرو بردند.

Spitz había atacado desde un costado, sin previo aviso.

اسپیتز از پهلو حمله کرده بود و بدون هشدار حمله کرده بود.

Perrault y François habían derrotado a los perros robando la comida.

پرو و فرانسوا سگ‌هایی را که غذا می‌دزدیدند، شکست داده بودند.

Ahora se apresuraron a ayudar a sus perros a luchar contra los atacantes.

حالا آنها برای کمک به سگ‌هایشان در مبارزه با مهاجمان شتافتند.

Los perros hambrientos se retiraron mientras los hombres blandían sus garrotes.

سگ‌های گرسنه عقب‌نشینی کردند، در حالی که مردان باتوم‌هایشان را به اهتزاز در می‌آوردند.

Buck se liberó del ataque, pero el escape fue breve.

باک از حمله جان سالم به در برد، اما فرارش کوتاه بود.

Los hombres corrieron a salvar a sus perros, y los huskies volvieron a atacarlos.

مردها برای نجات سگ‌هایشان دویدند و سگ‌های هاسکی دوباره هجوم آوردند.

Billee, aterrorizado y valiente, saltó hacia la jauría de perros.

بیلی که از ترس شجاع شده بود، به میان گله سگ‌ها پرید.

Pero luego huyó a través del hielo, presa del terror y el pánico.

اما سپس او در وحشت و هراس شدید، از روی یخ فرار کرد.

Pike y Dub los siguieron de cerca, corriendo para salvar sus vidas.

پایک و داب، برای نجات جانشان، با فاصله کمی از پشت سر آنها را دنبال می‌کردند.

El resto del equipo se separó y se dispersó, siguiéndolos.

بقیه‌ی اعضای تیم هم متفرق و پراکنده شدند و آنها را دنبال کردند.

Buck reunió sus fuerzas para correr, pero entonces vio un destello.

باک تمام توانش را جمع کرد تا فرار کند، اما ناگهان برقی دید.

Spitz se abalanzó sobre el costado de Buck, intentando derribarlo al suelo.

اسپیتز به پهلوی باک حمله کرد و سعی داشت او را به زمین بیندازد.

Bajo esa turba de perros esquimales, Buck no habría tenido escapatoria.

باک زیر آن جمعیت سگ‌های هاسکی، راه فراری نداشت.

Pero Buck se mantuvo firme y se preparó para el golpe de Spitz.

اما باک محکم ایستاد و خود را برای ضربه اسپیتز آماده کرد.

Luego se dio la vuelta y salió corriendo al hielo con el equipo que huía.

سپس برگشت و به همراه تیم در حال فرار، روی یخ دوید.

Más tarde, los nueve perros de trineo se reunieron al abrigo del bosque.

کمی بعد، نه سگ سورتمه‌سوار در پناه جنگل جمع شدند.

Ya nadie los perseguía, pero estaban maltratados y heridos.

دیگر کسی آنها را تعقیب نکرد، اما آنها کتک خورده و زخمی بودند.

Cada perro tenía heridas: cuatro o cinco cortes profundos en cada cuerpo.

هر سگ زخم‌هایی داشت؛ چهار یا پنج بریدگی عمیق روی بدن هر کدام.

Dub tenía una pata trasera herida y ahora le costaba caminar.

داب پای عقبش آسیب دیده بود و حالا برای راه رفتن تقلا می‌کرد.

Dolly, la perrita más nueva de Dyea, tenía la garganta cortada.

دالی، جدیدترین سگ دایه، گلویش بریده شده بود.

Joe había perdido un ojo y la oreja de Billee estaba cortada en pedazos.

جو یک چشمش را از دست داده بود و گوش بیلی تکه تکه شده بود

Todos los perros lloraron de dolor y derrota durante toda la noche.

تمام سگ‌ها تمام شب از درد و شکست گریه می‌کردند.

Al amanecer regresaron al campamento doloridos y destrozados.

سپیده دم، زخمی و شکسته، یواشکی به اردوگاه بازگشتند.

Los perros esquimales habían desaparecido, pero el daño ya estaba hecho.

سگ‌های هاسکی ناپدید شده بودند، اما خسارت وارد شده بود.

Perrault y François estaban de mal humor ante las ruinas.

پرو و فرانسوا با عصبانیت بالای سر خرابه ایستاده بودند.

La mitad de la comida había desaparecido, robada por los ladrones hambrientos.

نیمی از غذا تمام شده بود و دزدان گرسنه آن را ربوده بودند.

Los perros esquimales habían destrozado las ataduras y la lona del trineo.

سگ‌های هاسکی بندهای سورتمه و پارچه‌های برزنتی را پاره کرده
بودند.

Todo lo que tenía olor a comida había sido devorado por
completo.

هر چیزی که بوی غذا می‌داد، کاملاً بلعیده شده بود.

Se comieron un par de botas de viaje de piel de alce de
Perrault.

آنها یک جفت چکمه مسافرتی از پوست گوزن پرو را خوردند.

Masticaban correas de cuero y arruinaban las correas hasta
dejarlas inservibles.

آنها ریس چرمی را می‌جویدند و تسمه‌ها را طوری خراب می‌کردند که
دیگر قابل استفاده نبودند.

François dejó de mirar el látigo roto para revisar a los perros.

فرانسوا از خیره شدن به شلاق پاره شده دست کشید تا سگ‌ها را بررسی
کند.

—Ah, amigos míos —dijo en voz baja y llena de
preocupación.

«او با صدایی آرام و پر از نگرانی گفت» :آه، دوستان من.

"Tal vez todas estas mordeduras os conviertan en bestias
locas."

«شاید همه این گازها تو را به جانوران دیوانه تبدیل کند.»

—¡Quizás todos sean perros rabiosos, sacredam! ¿Qué
opinas, Perrault?

«شاید همه سگ‌های هار، خدای من. نظرت چیه، پرو؟»

Perrault meneó la cabeza; sus ojos estaban oscuros por la
preocupación y el miedo.

پرو، در حالی که چشمانش از نگرانی و ترس تیره شده بود، سرش را
تکان داد.

Todavía había cuatrocientas millas entre ellos y Dawson.

هنوز چهارصد مایل بین آنها و داوسون فاصله بود.

La locura canina ahora podría destruir cualquier posibilidad
de supervivencia.

جنون سگ اکنون می‌تواند هرگونه شانس بقا را از بین ببرد.

Pasaron dos horas maldiciendo y tratando de arreglar el
engranaje.

آنها دو ساعت فحش دادند و سعی کردند تجهیزات را درست کنند.

El equipo herido finalmente abandonó el campamento, destrozado y derrotado.

تیم زخمی سرانجام، شکسته و شکست خورده، اردوگاه را ترک کرد.

Éste fue el camino más difícil hasta ahora y cada paso era doloroso.

این سخت‌ترین مسیر تا آن موقع بود، و هر قدم دردناک بود.

El río Treinta Millas no se había congelado y su caudal corría con fuerza.

رودخانه سی مایلی یخ نزده بود و به طرز وحشیانه‌ای خروشان بود.

Sólo en los lugares tranquilos y en los remolinos el hielo logró retenerse.

تنها در نقاط آرام و گرداب‌های چرخان، یخ می‌توانست خود را حفظ کند.

Pasaron seis días de duro trabajo hasta recorrer las treinta millas.

شش روز کار طاقت‌فرسا گذشت تا سی مایل طی شد.

Cada kilómetro del camino traía consigo peligro y amenaza de muerte.

هر مایل از مسیر، خطر و تهدید مرگ را به همراه داشت.

Los hombres y los perros arriesgaban sus vidas con cada doloroso paso.

مردان و سگ‌ها با هر قدم دردناک، جان خود را به خطر می‌انداختند.

Perrault rompió delgados puentes de hielo una docena de veces diferentes.

پرو دوازده بار از پل‌های یخی نازک عبور کرد.

Llevó un palo y lo dejó caer sobre el agujero que había hecho su cuerpo.

او چوبی را حمل کرد و آن را از روی سوراخی که بدنش ایجاد کرده بود، انداخت.

Más de una vez ese palo salvó a Perrault de ahogarse.

آن تیرک بیش از یک بار پرو را از غرق شدن نجات داد.

La ola de frío se mantuvo firme y el aire estaba a cincuenta grados bajo cero.

سرمای ناگهانی پابرجا بود، هوا پنجاه درجه زیر صفر بود.

Cada vez que se caía, Perrault tenía que encender un fuego para sobrevivir.

هر بار که در آب می‌افتاد، پرو مجبور بود برای زنده ماندن آتش روشن کند.

La ropa mojada se congelaba rápidamente, por lo que la secaba cerca del calor abrasador.

لباس‌های خیس سریع یخ می‌زدند، بنابراین او آنها را نزدیک به حرارت سوزان خشک کرد.

Ningún miedo afectó jamás a Perrault, y eso lo convirtió en mensajero.

پرو هرگز ترسی نداشت و همین او را به یک پیک تبدیل کرد.

Fue elegido para el peligro y lo afrontó con tranquila resolución.

او برای خطر انتخاب شده بود، و با عزمی راسخ با آن روبرو شد.

Avanzó contra el viento, con el rostro arrugado y congelado.

او در حالی که صورت چروکیده‌اش از سرما یخ زده بود، به سمت باد هجوم آورد.

Desde el amanecer hasta el anochecer, Perrault los condujo hacia adelante.

از سپیده دم تا شامگاه، پرو آنها را به پیش راند.

Caminó sobre un estrecho borde de hielo que se agrietaba con cada paso.

او روی یخ‌های باریکی که با هر قدم ترک می‌خوردند، راه می‌رفت.

No se atrevieron a detenerse: cada pausa suponía el riesgo de un colapso mortal.

آنها جرات توقف نداشتند ـ هر مکثی خطر سقوط مرگباری را به همراه داشت.

Una vez, el trineo se abrió paso y arrastró a Dave y Buck.

یک بار سورتمه از میان شکافت و دیو و باک را به داخل کشید.

Cuando los liberaron, ambos estaban casi congelados.

زمانی که آنها را آزاد کردند، هر دو تقریباً یخ زده بودند.

Los hombres hicieron un fuego rápidamente para mantener con vida a Buck y Dave.

مردان به سرعت آتشی روشن کردند تا باک و دیو را زنده نگه دارند.

Los perros estaban cubiertos de hielo desde la nariz hasta la cola, rígidos como madera tallada.

سگ‌ها از بینی تا دم با یخ پوشانده شده بودند، سفت و سخت مثل چوب کنده‌کاری شده.

Los hombres los hicieron correr en círculos cerca del fuego para descongelar sus cuerpos.

مردها آنها را دور آتش می‌چرخاندند تا یخ بدنشان آب شود.

Se acercaron tanto a las llamas que su pelaje se quemó.

آنها آنقدر به شعله‌های آتش نزدیک شدند که موهایشان سوخت.

Luego Spitz rompió el hielo y arrastró al equipo detrás de él.

اسپیتز نفر بعدی بود که یخ را شکست و تیم را به دنبال خود کشید.

La ruptura llegó hasta donde Buck estaba tirando.

این شکستگی تا جایی که باک داشت طناب را می‌کشید، رسیده بود.

Buck se reclinó con fuerza hacia atrás, sus patas resbalaron y temblaron en el borde.

باک محکم به عقب تکیه داد، پنجه‌هایش روی لبه‌ی دیوار می‌لغزیدند و می‌لرزیدند.

Dave también se esforzó hacia atrás, justo detrás de Buck en la línea.

دیو هم به عقب خم شد، درست پشت سر باک روی طناب.

François tiró del trineo; sus músculos crujían por el esfuerzo.

فرانسوا سورتمه را به دنبال خود می‌کشید، عضلاتش از شدت تلاش منقبض می‌شدند.

En otra ocasión, el borde del hielo se agrietó delante y detrás del trineo.

بار دیگر، یخ‌های لبه‌ی سورتمه، چه در جلو و چه در پشت آن، ترک خوردند.

No tenían otra salida que escalar una pared del acantilado congelado.

آنها هیچ راه فراری نداشتند جز اینکه از دیواره‌ی صخره‌ای یخ‌زده بالا بروند.

De alguna manera Perrault logró escalar el muro; un milagro lo mantuvo con vida.

پرو به نحوی از دیوار بالا رفت؛ معجزه‌ای او را زنده نگه داشت.

François se quedó abajo, rezando por tener la misma suerte.

فرانسوا پایین ماند و برای همان نوع شانس دعا کرد.

Ataron todas las correas, amarres y tirantes hasta formar una cuerda larga.

آنها هر بند، طناب و ردپا را به یک طناب بلند گره زدند.

Los hombres subieron cada perro, uno a uno, hasta la cima.

مردها هر سگ را یکی یکی به بالا کشیدند.

François subió el último, después del trineo y toda la carga.

فرانسوا آخرین نفر، بعد از سورتمه و کل بار، بالا رفت.

Entonces comenzó una larga búsqueda de un camino para
bajar de los acantilados.

سپس جستجوی طولانی برای یافتن مسیری به پایین از صخره‌ها آغاز
شد.

Finalmente descendieron usando la misma cuerda que
habían hecho.

آنها سرانجام با استفاده از همان طنابی که ساخته بودند، فرود آمدند.

La noche cayó cuando regresaron al lecho del río, exhaustos
y doloridos.

شب فرا رسید و آنها خسته و کوفته به بستر رودخانه بازگشتند.

El día completo les había proporcionado sólo un cuarto de
milla de ganancia.

آنها یک روز کامل را صرف پیمودن تنها یک چهارم مایل کرده بودند.

Cuando llegaron a Hootalinqua, Buck estaba agotado.

زمانی که به هوتالینکوا رسیدند، باک دیگر از پا افتاده بود.

Los demás perros sufrieron igual de mal las condiciones del
sendero.

سگ‌های دیگر هم به همان اندازه از شرایط مسیر رنج می‌بردند.

Pero Perrault necesitaba recuperar tiempo y los presionaba
cada día.

اما پرو نیاز به بازیابی زمان داشت و هر روز آنها را به جلو هل می‌داد.

El primer día viajaron treinta millas hasta Big Salmon.

روز اول آنها سی مایل تا بیگ سالمون سفر کردند.

Al día siguiente viajaron treinta y cinco millas hasta Little
Salmon.

روز بعد آنها سی و پنج مایل تا لیتل سالمون سفر کردند.

Al tercer día avanzaron a través de cuarenta largas y heladas
millas.

در روز سوم، آنها چهل مایل یخزده را طی کردند.

Para entonces, se estaban acercando al asentamiento de Five
Fingers.

در آن زمان، آنها به آبادی فایو فینگرز نزدیک شده بودند.

Los pies de Buck eran más suaves que los duros pies de los
huskies nativos.

پاهای باک نرم‌تر از پاهای سفت هاسکی‌های بومی بود.

Sus patas se habían vuelto tiernas a lo largo de muchas generaciones civilizadas.

پنجه‌هایش در طول نسل‌های متمدن بسیاری، نرم و لطیف شده بودند.

Hace mucho tiempo, sus antepasados habían sido domesticados por hombres del río o cazadores.

مدت‌ها پیش، اجداد او توسط مردان رودخانه یا شکارچیان رام شده بودند.

Todos los días Buck cojeaba de dolor, caminando sobre sus patas doloridas y en carne viva.

باک هر روز از درد می‌لنگید و روی پنجه‌های زخمی و دردناک راه می‌رفت.

En el campamento, Buck cayó como un cuerpo sin vida sobre la nieve.

در اردوگاه، باک مانند جسمی بی‌جان روی برف افتاد.

Aunque estaba hambriento, Buck no se levantó a comer su cena.

باک با اینکه خیلی گرسنه بود، برای خوردن شامش بلند نشد.

François le trajo a Buck su ración, poniendo pescado junto a su hocico.

فرانسوا جیره غذایی باک را برایش آورد و ماهی‌ها را از پوزه‌اش بیرون گذاشت.

Cada noche, el conductor frotaba los pies de Buck durante media hora.

هر شب راننده نیم ساعت پاهای باک را ماساژ می‌داد.

François incluso cortó sus propios mocasines para hacer calzado para perros.

فرانسوا حتی کفش‌های پاشنه‌بلند خودش را هم می‌برید تا برایش پاپوش سگ درست کند.

Cuatro zapatos cálidos le dieron a Buck un gran y bienvenido alivio.

چهار کفش گرم به باک آرامشی فراوان و خوشایند بخشید.

Una mañana, François olvidó los zapatos y Buck se negó a levantarse.

یک روز صبح، فرانسوا کفش‌ها را فراموش کرد و باک از خواب بیدار نشد.

Buck yacía de espaldas, con los pies en el aire, agitándolos lastimeramente.

باک به پشت دراز کشیده بود، پاهایش را در هوا گرفته بود و با ترحم آنها را تکان می‌داد.

Incluso Perrault sonrió al ver la dramática súplica de Buck.

حتی پرو هم با دیدن التماس دراماتیک باک پوزخندی زد.

Pronto los pies de Buck se endurecieron y los zapatos pudieron desecharse.

خیلی زود پاهای باک سفت شدند و کفش‌ها را می‌شد دور انداخت.

En Pelly, durante el periodo de uso del arnés, Dolly emitió un aullido terrible.

در پلی، در زمان مهار اسب، دالی زوزه وحشتناکی کشید.

El grito fue largo y lleno de locura, sacudiendo a todos los perros.

فریاد طولانی و پر از جنون بود و هر سگی را به لرزه می‌انداخت.

Cada perro se erizaba de miedo sin saber el motivo.

هر سگی از ترس مو به تن می‌پیچید، بی‌آنکه دلیلش را بداند.

Dolly se volvió loca y se arrojó directamente hacia Buck.

دالی دیوانه شده بود و خودش را مستقیماً به سمت باک پرتاب کرد.

Buck nunca había visto la locura, pero el horror llenó su corazón.

باک هرگز دیوانگی ندیده بود، اما وحشت قلبش را پر کرده بود.

Sin pensarlo, se dio la vuelta y huyó presa del pánico absoluto.

بدون هیچ فکری، برگشت و با وحشت مطلق فرار کرد.

Dolly lo persiguió con los ojos desorbitados y la saliva saliendo de sus mandíbulas.

دالی با چشمانی وحشی و بزاق دهانی که از دهانش جاری بود، او را تعقیب کرد.

Ella se mantuvo justo detrás de Buck, sin ganar terreno ni quedarse atrás.

او درست پشت سر باک حرکت می‌کرد، نه جلو می‌رفت و نه عقب می‌نشست.

Buck corrió a través del bosque, bajó por la isla y cruzó el hielo irregular.

باک از میان جنگل‌ها، پایین جزیره، و روی یخ‌های ناهموار دوید.

Cruzó hacia una isla, luego hacia otra, dando la vuelta nuevamente hasta el río.

او از یک جزیره عبور کرد، سپس به جزیره دیگری رفت و دوباره به سمت رودخانه برگشت.

Aún así Dolly lo persiguió, con su gruñido detrás de cada paso.

دالی همچنان او را تعقیب می‌کرد و با هر قدم غرغرکنان از پشت سرش می‌آمد.

Buck podía oír su respiración y su rabia, aunque no se atrevía a mirar atrás.

باک می‌توانست صدای نفس‌ها و خشم او را بشنود، هرچند جرأت نداشت به عقب نگاه کند.

François gritó desde lejos y Buck se giró hacia la voz.

فرانسوا از دور فریاد زد و باک به سمت صدا برگشت.

Todavía jadeando en busca de aire, Buck pasó corriendo, poniendo toda su esperanza en François.

باک که هنوز نفس نفس می‌زد، از کنارش گذشت و تمام امیدش را به فرانسوا بست.

El conductor del perro levantó un hacha y esperó mientras Buck pasaba volando.

سگبان تبری بلند کرد و منتظر ماند تا باک از آنجا عبور کند.

El hacha cayó rápidamente y golpeó la cabeza de Dolly con una fuerza mortal.

تبر به سرعت پایین آمد و با نیرویی مرگبار به سر دالی برخورد کرد.

Buck se desplomó cerca del trineo, jadeando e incapaz de moverse.

باک در نزدیکی سورتمه از حال رفت، خس خس می‌کرد و قادر به حرکت نبود.

Ese momento le dio a Spitz la oportunidad de golpear a un enemigo exhausto.

آن لحظه به اسپیتز فرصتی داد تا به دشمن خسته‌اش ضربه بزند.

Mordió a Buck dos veces, desgarrando la carne hasta el hueso blanco.

دو بار باک را گاز گرفت و گوشت را تا استخوان سفیدش پاره پاره کرد.

El látigo de François hizo chasquear el látigo y golpeó a Spitz con toda su fuerza y furia.

شلاق فرانسوا با صدای ترق تروق، با تمام قدرت و شدت به اسپیتز ضربه زد.

Buck observó con alegría cómo Spitz recibía la paliza más dura que había recibido hasta entonces.

باک با شادی تماشا می‌کرد که اسپیتز سخت‌ترین کتک عمرش را خورد.

"Es un demonio ese Spitz", murmuró Perrault para sí mismo.

«پرو با لحنی تیره با خودش زمزمه کرد» :اون اسپیتز یه شیطانه.

"Algún día, ese maldito perro matará a Buck, lo juro".

«به زودی، آن سگ نفرین‌شده باک را خواهد کشت ـ قسم می‌خورم.»

—Ese Buck tiene dos demonios dentro —respondió François asintiendo.

فرانسوا با تکان دادن سر پاسخ داد» :آن باک دو شیطان در درونش دارد.»

"Cuando veo a Buck, sé que algo feroz le aguarda dentro".

وقتی باک را تماشا می‌کنم، می‌دانم که چیزی درنده در او منتظر است.»

"Un día se pondrá furioso y destrozará a Spitz".

«یه روزی، مثل آتیش عصبانی میشه و اسپیتز رو تیکه تیکه می‌کنه.»

"Masticará a ese perro y lo escupirá en la nieve congelada".

«اون سگ رو گاز میگیره و روی برف یخ زده تفش می‌کنه.»

"Estoy seguro de que lo sé en lo más profundo de mi ser".

«مطمئناً، من این را از اعماق وجودم می‌دانم.»

A partir de ese momento los dos perros quedaron en guerra.

از آن لحظه به بعد، دو سگ درگیر جنگ شدند.

Spitz lideró al equipo y mantuvo el poder, pero Buck lo desafió.

اسپیتز تیم را رهبری می‌کرد و قدرت را در دست داشت، اما باک این را به چالش می‌کشید.

Spitz vio su rango amenazado por este extraño extraño de Southland.

اسپیتز جایگاه خود را در معرض خطر این غریبه‌ی عجیب و غریب اهل جنوب می‌دید.

Buck no se parecía a ningún otro perro sureño que Spitz hubiera conocido antes.

باک با هیچ یک از سگ‌های جنوبی که اسپیتز قبلاً می‌شناخت، فرق داشت.

La mayoría de ellos fracasaron: eran demasiado débiles para sobrevivir al frío y al hambre.

بیشتر آنها شکست خوردند—آنقدر ضعیف بودند که نمی‌توانستند در سرما و گرسنگی دوام بیاورند.
Murieron rápidamente bajo el trabajo, las heladas y el lento ardor del hambre.
آنها به سرعت زیر کار طاقت‌فرسا، یخبندان و قحطیِ تدریجی جان باختند.
Buck se destacó: cada día más fuerte, más inteligente y más salvaje.
باک متمایز بود—هر روز قوی‌تر، باهوش‌تر و وحشی‌تر.
Prosperó a pesar de las dificultades y creció hasta alcanzar el nivel de los perros esquimales del norte.
او با سختی‌ها رشد کرد و به اندازه هاسکی‌های شمالی بزرگ شد.
Buck tenía fuerza, habilidad salvaje y un instinto paciente y mortal.
باک قدرت، مهارت وحشی و غریزه‌ای صبور و مرگبار داشت.
El hombre con el garrote había golpeado la temeridad de Buck.
مردی که چماق به دست داشت، عجول بودن را از باک بیرون کرده بود.
La furia ciega desapareció y fue reemplazada por una astucia silenciosa y control.
خشم کورکورانه از بین رفته بود و جای خود را به حیله‌گری و کنترل آرام داده بود.
Esperó, tranquilo y primario, observando el momento adecuado.
او منتظر ماند، آرام و با صلابت، منتظر لحظه مناسب.
Su lucha por el mando se hizo inevitable y clara.
مبارزه آنها برای فرماندهی اجتناب‌ناپذیر و آشکار شد.
Buck deseaba el liderazgo porque su espíritu lo exigía.
باک رهبری را آرزو داشت زیرا روحیه‌اش آن را ایجاب می‌کرد.
Lo impulsaba el extraño orgullo nacido del camino y del arnés.
غرور عجیبی که از مسیر و مهار اسب سرچشمه می‌گرفت، او را به حرکت در می‌آورد.
Ese orgullo hizo que los perros tiraran hasta caer sobre la nieve.
آن غرور باعث می‌شد سگ‌ها آنقدر برف را بکشند تا روی برف بیفتند.
El orgullo los llevó a dar toda la fuerza que tenían.

غرور آنها را فریب داد تا تمام قدرتی را که داشتند، به کار گیرند.
El orgullo puede atraer a un perro de trineo incluso hasta el punto de la muerte.
غرور می‌تواند یک سگ سورتمه را حتی تا سرحد مرگ فریب دهد.
La pérdida del arnés dejó a los perros rotos y sin propósito.
از دست دادن افسار، سگ‌ها را شکسته و بی‌هدف رها می‌کرد.
El corazón de un perro de trineo puede quedar aplastado por la vergüenza cuando se retira.
قلب یک سگ سورتمه‌سوار می‌تواند وقتی بازنشسته می‌شود از شرم خرد شود.
Dave vivió con ese orgullo mientras arrastraba el trineo desde atrás.
دیو با غروری که داشت سورتمه را از پشت می‌کشید، زندگی می‌کرد.
Solleks también lo dio todo con fuerza y lealtad.
سولکس نیز با قدرت و وفاداریِ وصف‌ناپذیر، تمام توان خود را به کار گرفت.
Cada mañana, el orgullo los transformaba de amargados a decididos.
هر روز صبح، غرور، آنها را از تلخکامی به عزم و اراده تبدیل می‌کرد.
Empujaron todo el día y luego se quedaron en silencio al final del campamento.
آنها تمام روز را به سختی تلاش کردند، سپس در انتهای اردوگاه سکوت کردند.
Ese orgullo le dio a Spitz la fuerza para poner a raya a los evasores.
آن غرور به اسپیتز قدرت می‌داد تا کسانی را که از زیر کار شانه خالی می‌کردند، شکست دهد و به صف برساند.
Spitz temía a Buck porque Buck tenía ese mismo orgullo profundo.
اسپیتز از باک می‌ترسید، چون باک هم همان غرور عمیق را داشت.
El orgullo de Buck ahora se agitó contra Spitz, y no se detuvo.
غرور باک حالا علیه اسپیتز به جوش آمده بود و او دست بردار نبود.
Buck desafió el poder de Spitz y le impidió castigar a los perros.
باک قدرت اسپیتز را به چالش کشید و مانع از تنبیه سگ‌ها توسط او شد.

Cuando otros fallaron, Buck se interpuso entre ellos y su líder.

وقتی دیگران شکست خوردند، باک بین آنها و رهبرشان قرار گرفت.

Lo hizo con intención, dejando claro y abierto su desafío.

او این کار را با قصد و نیت انجام داد و چالش خود را آشکار و واضح ساخت.

Una noche, una fuerte nevada cubrió el mundo con un profundo silencio.

یک شب برف سنگینی دنیا را در سکوتی عمیق فرو برد.

A la mañana siguiente, Pike, perezoso como siempre, no se levantó para ir a trabajar.

صبح روز بعد، پایک، تنبل‌تر از همیشه، برای کار از خواب بیدار نشد.

Se quedó escondido en su nido bajo una gruesa capa de nieve.

او در لانه‌اش زیر لایه‌ای ضخیم از برف پنهان ماند.

François gritó y buscó, pero no pudo encontrar al perro.

فرانسوا فریاد زد و جستجو کرد، اما سگ را پیدا نکرد.

Spitz se puso furioso y atravesó furioso el campamento cubierto de nieve.

اسپیتز خشمگین شد و به اردوگاه پوشیده از برف یورش برد.

Gruñó y olfateó, cavando frenéticamente con ojos llameantes.

او غرید و بو کشید و با چشمانی شعله‌ور، دیوانه‌وار زمین را کاوید.

Su rabia era tan feroz que Pike tembló de miedo bajo la nieve.

خشم او چنان شدید بود که پایک از ترس زیر برف می‌لرزید.

Cuando finalmente encontraron a Pike, Spitz se abalanzó sobre él para castigar al perro que estaba escondido.

وقتی بالاخره پایک پیدا شد، اسپیتز برای تنبیه سگ پنهان شده به سمتش خیز برداشت.

Pero Buck saltó entre ellos con una furia igual a la de Spitz.

اما باک با خشمی برابر با خشم اسپیتز به میان آنها پرید.

El ataque fue tan repentino e inteligente que Spitz cayó al suelo.

این حمله آنقدر ناگهانی و هوشمندانه بود که اسپیتز از پا افتاد.

Pike, que estaba temblando, se animó ante este desafío.

پایک که می‌لرزید، از این سرپیچی شجاعت گرفت.

Saltó sobre el Spitz caído, siguiendo el audaz ejemplo de Buck.

او با پیروی از الگوی جسورانه‌ی باک، روی اسپیتز افتاده پرید.

Buck, que ya no estaba obligado por la justicia, se unió a la huelga de Spitz.

باک، که دیگر پایبند انصاف نبود، به حمله به اسپیتز پیوست.

François, divertido pero firme en su disciplina, blandió su pesado látigo.

فرانسوا، سرگرم و در عین حال قاطع در انضباط، شلاق سنگینش را چرخاند.

Golpeó a Buck con todas sus fuerzas para acabar con la pelea.

او با تمام قدرت به باک ضربه زد تا دعوا را تمام کند.

Buck se negó a moverse y se quedó encima del líder caído.

باک از حرکت خودداری کرد و بالای سر رهبر افتاده ماند.

François entonces utilizó el mango del látigo y golpeó con fuerza a Buck.

سپس فرانسوا از دسته شلاق استفاده کرد و ضربه محکمی به باک زد.

Tambaleándose por el golpe, Buck cayó hacia atrás bajo el asalto.

باک که از شدت ضربه تلوتلو می‌خورد، زیر ضربه به عقب افتاد.

François golpeó una y otra vez mientras Spitz castigaba a Pike.

فرانسوا بارها و بارها ضربه زد در حالی که اسپیتز پایک را تنبیه می‌کرد.

Pasaron los días y Dawson City estaba cada vez más cerca.

روزها می‌گذشت و شهر داوسون هر لحظه نزدیک‌تر می‌شد.

Buck seguía interfiriendo, interponiéndose entre Spitz y otros perros.

باک مدام دخالت می‌کرد و بین اسپیتز و سگ‌های دیگر جابه‌جا می‌شد.

Elegía bien sus momentos, esperando siempre que François se marchase.

او لحظاتش را خوب انتخاب می‌کرد، همیشه منتظر رفتن فرانسوا بود.

La rebelión silenciosa de Buck se extendió y el desorden se arraigó en el equipo.

شورش آرام باک گسترش یافت و بی‌نظمی در تیم ریشه دواند.

Dave y Solleks se mantuvieron leales, pero otros se
volvieron rebeldes.

دیو و سولکس وفادار ماندند، اما دیگران سرکش شدند.

El equipo empeoró: se volvió inquieto, pendenciero y fuera
de lugar.

اوضاع تیم بدتر شد—بی‌قرار، ستیزه‌جو و خارج از نظم.

Ya nada funcionaba con fluidez y las peleas se volvieron
algo habitual.

دیگر هیچ چیز روان پیش نمی‌رفت و دعوا رایج شده بود.

Buck permaneció en el corazón del problema, provocando
siempre malestar.

باک در قلب مشکلات باقی ماند و همیشه باعث ناآرامی می‌شد.

François se mantuvo alerta, temeroso de la pelea entre Buck
y Spitz.

فرانسوا از ترس دعوای بین باک و اسپیتز، هوشیار ماند.

Cada noche, las peleas lo despertaban, temiendo que
finalmente llegara el comienzo.

هر شب، درگیری‌ها او را از خواب بیدار می‌کردند، از ترس اینکه
بالاخره شروع ماجرا فرا رسیده باشد.

Saltó de su túnica, dispuesto a detener la pelea.

او از جامه‌اش بیرون پرید، آماده بود تا دعوا را تمام کند.

Pero el momento nunca llegó y finalmente llegaron a
Dawson.

اما آن لحظه هرگز فرا نرسید و آنها بالاخره به داوسون رسیدند.

El equipo entró en la ciudad una tarde sombría, tensa y
silenciosa.

تیم در یک بعدازظهر دلگیر، پرتنش و ساکت وارد شهر شد.

La gran batalla por el liderazgo todavía estaba suspendida
en el aire.

نبرد بزرگ برای رهبری هنوز در هوای یخ‌زده معلق بود.

Dawson estaba lleno de hombres y perros de trineo, todos
ocupados con el trabajo.

داوسون پر از مرد و سگ سورتمه بود که همگی مشغول کار خود
بودند.

Buck observó a los perros tirar cargas desde la mañana hasta
la noche.

باک از صبح تا شب سگ‌ها را در حال بارکشی تماشا می‌کرد.

Transportaban troncos y leña y transportaban suministros a las minas.

آنها کنده‌های درخت و هیزم را حمل می‌کردند و آذوقه را به معادن می‌بردند.

Donde antes trabajaban los caballos en las tierras del sur, ahora trabajaban los perros.

جایی که زمانی در سرزمین جنوبی اسب‌ها کار می‌کردند، اکنون سگ‌ها کار می‌کردند.

Buck vio algunos perros del sur, pero la mayoría eran huskies parecidos a lobos.

باک چند سگ از جنوب دید، اما بیشترشان هاسکی‌های گرگ‌مانند بودند.

Por la noche, como un reloj, los perros alzaban sus voces cantando.

شب‌ها، مثل ساعت، سگ‌ها صدایشان را با آواز بلند می‌کردند.

A las nueve, a las doce y de nuevo a las tres, empezó el canto.

ساعت نه، نیمه شب و دوباره ساعت سه، آواز خواندن شروع شد.

A Buck le encantaba unirse a su canto misterioso, de sonido salvaje y antiguo.

باک عاشق پیوستن به سرود و هم‌آور آنها بود، سرودی وحشی و باستانی.

La aurora llameó, las estrellas bailaron y la nieve cubrió la tierra.

شفق قطبی شعله‌ور شد، ستارگان رقصیدند و برف زمین را پوشاند.

El canto de los perros se elevó como un grito contra el silencio y el frío intenso.

آواز سگ‌ها همچون فریادی علیه سکوت و سرمای گزنده برخاست.

Pero su aullido contenía tristeza, no desafío, en cada larga nota.

اما زوزه‌هایشان در هر نُتِ بلندشان، نه مبارزه‌طلبی، بلکه اندوه را در خود داشت.

Cada grito lamentable estaba lleno de súplica: el peso de la vida misma.

هر ناله و زاری سرشار از التماس بود؛ بار سنگین زندگی.

Esa canción era vieja, más vieja que las ciudades y más vieja que los incendios.

آن آهنگ قدیمی بود—قدیمی‌تر از شهرها، و قدیمی‌تر از آتش‌ها

Aquella canción era más antigua incluso que las voces de los hombres.

آن آهنگ حتی از صدای انسان‌ها هم قدیمی‌تر بود.

Era una canción del mundo joven, cuando todas las canciones eran tristes.

این آهنگی از دنیای جوانی بود، زمانی که همه آهنگ‌ها غمگین بودند.

La canción transportaba el dolor de incontables generaciones de perros.

این آهنگ غم و اندوه نسل‌های بی‌شماری از سگ‌ها را به همراه داشت.

Buck sintió la melodía profundamente, gimiendo por un dolor arraigado en los siglos.

باک ملودی را عمیقاً حس می‌کرد، از دردی که ریشه در اعصار داشت، ناله می‌کرد.

Sollozaba por un dolor tan antiguo como la sangre salvaje en sus venas.

او از غمی به قدمت خون وحشی در رگ‌هایش، هق هق می‌کرد.

El frío, la oscuridad y el misterio tocaron el alma de Buck.

سرما، تاریکی و رمز و راز، روح باک را لمس کرد.

Esa canción demostró hasta qué punto Buck había regresado a sus orígenes.

آن آهنگ ثابت کرد که باک چقدر به ریشه‌هایش بازگشته است.

Entre la nieve y los aullidos había encontrado el comienzo de su propia vida.

از میان برف و زوزه، او آغاز زندگی خود را یافته بود.

Siete días después de llegar a Dawson, partieron nuevamente.

هفت روز پس از ورود به داوسون، آنها دوباره به راه افتادند.

El equipo descendió del cuartel hasta el sendero Yukon.

تیم از پادگان به مسیر یوکان پیاده شد.

Comenzaron el viaje de regreso hacia Dyea y Salt Water.

آنها سفر بازگشت به سوی دیه‌آ و سالت واتر را آغاز کردند.

Perrault llevaba despachos aún más urgentes que antes.

پرو، نامه‌هایی را ارسال می‌کرد که حتی از قبل هم فوری‌تر بودند.

También se sintió dominado por el orgullo por el sendero y se propuso establecer un récord.

او همچنین دچار غرور مسیر شد و قصد داشت رکوردی ثبت کند.

Esta vez, varias ventajas estaban del lado de Perrault.

این بار، چندین مزیت در سمت پرو وجود داشت.

Los perros habían descansado durante una semana entera y recuperaron su fuerza.

سگ‌ها یک هفته کامل استراحت کرده بودند و قوای خود را بازیافته بودند.

El camino que ellos habían abierto ahora estaba compactado por otros.

مسیری که آنها پیموده بودند، اکنون توسط مسیرهای دیگر پر شده بود.

En algunos lugares, la policía había almacenado comida tanto para perros como para hombres.

در بعضی جاها، پلیس برای سگ‌ها و مردان غذا ذخیره کرده بود.

Perrault viajaba ligero, moviéndose rápido y con poco que lo pesara.

پرو سبک سفر می‌کرد، سریع حرکت می‌کرد و وزن کمی داشت که او را زمین‌گیر کند.

Llegaron a Sixty-Mile, un recorrido de cincuenta millas, en la primera noche.

آنها تا شب اول به شصت مایل، یک مسیر هشتاد کیلومتری، رسیدند.

El segundo día, se apresuraron a subir por el Yukón hacia Pelly.

روز دوم، آنها با عجله از یوکان به سمت پلی بالا رفتند.

Pero estos grandes avances implicaron un gran esfuerzo para François.

اما چنین پیشرفت خوبی برای فرانسوا با سختی‌های زیادی همراه بود.

La rebelión silenciosa de Buck había destrozado la disciplina del equipo.

شورش آرام باک، نظم و انضباط تیم را به هم ریخته بود.

Ya no tiraban juntos como una sola bestia bajo las riendas.

آنها دیگر مثل یک حیوان وحشی افسار را به دست نداشتند.

Buck había llevado a otros al desafío mediante su valiente ejemplo.

باک با نمونه‌ی جسورانه‌ی خود، دیگران را به سرکشی و مخالفت سوق داده بود.

La orden de Spitz ya no fue recibida con miedo ni respeto.

فرمان اسپیتز دیگر با ترس یا احترام روبرو نشد.

Los demás perdieron el respeto que le tenían y se atrevieron a resistirse a su gobierno.

دیگران هیبت او را از دست دادند و جرأت کردند در برابر حکومتش مقاومت کنند.
Una noche, Pike robó medio pescado y se lo comió bajo la mirada de Buck.
یک شب، پایک نصف یک ماهی را دزدید و جلوی چشم باک آن را خورد.
Otra noche, Dub y Joe pelearon contra Spitz y quedaron impunes.
شب دیگری، داب و جو با اسپیتز دعوا کردند و بدون مجازات ماندند.
Incluso Billee se quejó con menos dulzura y mostró una nueva agudeza.
حتی بیلی هم دیگر با ناز و عشوه ناله نمی‌کرد و تیزبینی جدیدی از خود نشان می‌داد.
Buck le gruñó a Spitz cada vez que se cruzaban.
هر بار که با اسپیتز روبرو می‌شدند، باک با غرغر به او نگاه می‌کرد.
La actitud de Buck se volvió audaz y amenazante, casi como la de un matón.
رفتار باک جسورانه و تهدیدآمیز شد، تقریباً مثل یک قلدر.
Caminó delante de Spitz con arrogancia, lleno de amenaza burlona.
او با غروری آمیخته با تمسخر و تهدید، پیشاپیش اسپیتز قدم می‌زد.
Ese colapso del orden se extendió también entre los perros de trineo.
آن فروپاشی نظم در میان سگ‌های سورتمه‌سوار نیز گسترش یافت.
Pelearon y discutieron más que nunca, llenando el campamento de ruido.
آنها بیشتر از همیشه دعوا و بحث می‌کردند و اردوگاه را پر از سر و صدا کرده بودند.
La vida en el campamento se convertía cada noche en un caos salvaje y aullante.
زندگی در اردوگاه هر شب به هرج و مرجی وحشیانه و پرسروصدا تبدیل می‌شد.
Sólo Dave y Solleks permanecieron firmes y concentrados.
فقط دیو و سولکس ثابت قدم و متمرکز ماندند.
Pero incluso ellos se enojaron por las peleas constantes.
اما حتی آنها هم از دعواهای مداوم، زودرنج شدند.

François maldijo en lenguas extrañas y pisoteó con frustración.

فرانسوا با زبان‌های ناآشنا فحش می‌داد و از روی ناامیدی پا به زمین می‌کوبید.

Se tiró del pelo y gritó mientras la nieve volaba bajo sus pies.

موهایش را کند و در حالی که برف زیر پایش جاری بود، فریاد زد.

Su látigo azotó a la manada, pero apenas logró mantenerlos bajo control.

شلاقش با سرعت از میان گله عبور کرد اما به سختی آنها را در یک خط نگه داشت.

Cada vez que él le daba la espalda, la lucha estallaba de nuevo.

هر وقت پشتش را می‌کرد، دوباره جنگ شروع می‌شد.

François utilizó el látigo para azotar a Spitz, mientras Buck lideraba a los rebeldes.

فرانسوا از شلاق برای اسپیتز استفاده کرد، در حالی که باک رهبری شورشیان را بر عهده داشت.

Cada uno conocía el papel del otro, pero Buck evitó cualquier culpa.

هر کدام از نقش دیگری آگاه بود، اما باک از هرگونه سرزنشی طفره می‌رفت.

François nunca sorprendió a Buck iniciando una pelea o eludiendo su trabajo.

فرانسوا هیچ‌وقت باک را در حال شروع دعوا یا طفره رفتن از کارش ندید.

Buck trabajó duro con el arnés; el trabajo ahora emocionaba su espíritu.

باک سخت کار می‌کرد ـ کار طاقت‌فرسا حالا روحش را به وجد می‌آورد.

Pero encontró aún más alegría al provocar peleas y caos en el campamento.

اما او از ایجاد دعوا و هرج و مرج در اردوگاه لذت بیشتری می‌برد.

Una noche, en la desembocadura del Tahkeena, Dub asustó a un conejo.

یک شب، داب در دهان تهکینا، خرگوشی را از جا پراند.

Falló el tiro y el conejo con raquetas de nieve saltó lejos.

او صید را از دست داد و خرگوش کفش برفی از آنجا پرید.

En cuestión de segundos, todo el equipo de trineo los persiguió con gritos salvajes.

در عرض چند ثانیه، تمام تیم سورتمه‌سوار با فریادهای وحشیانه به دنبالش دویدند.

Cerca de allí, un campamento de la Policía del Noroeste albergaba cincuenta perros husky.

در همان نزدیکی، یک اردوگاه پلیس شمال غربی پنجاه سگ هاسکی را در خود جای داده بود.

Se unieron a la caza y navegaron juntos por el río helado.

آنها به شکار پیوستند و با هم از رودخانه یخ زده پایین رفتند.

El conejo se desvió del río y huyó hacia el lecho congelado del arroyo.

خرگوش از رودخانه منحرف شد و از بستر یخزده‌ی نهر بالا رفت.

El conejo saltaba suavemente sobre la nieve mientras los perros se abrían paso con dificultad.

خرگوش به آرامی روی برف می‌پرید در حالی که سگ‌ها تقلا می‌کردند تا از میان برف‌ها عبور کنند.

Buck lideró la enorme manada de sesenta perros en cada curva.

باک، دسته‌ی عظیم شصت سگ را در هر پیچ پیچ هدایت می‌کرد.

Avanzó lentamente y con entusiasmo, pero no pudo ganar terreno.

او با اشتیاق و قدم‌های آهسته به جلو حرکت کرد، اما نتوانست چیزی به دست آورد.

Su cuerpo brillaba bajo la pálida luna con cada poderoso salto.

بدنش با هر جهش قدرتمند، زیر نور ماه رنگ‌پریده برق می‌زد.

Más adelante, el conejo se movía como un fantasma, silencioso y demasiado rápido para atraparlo.

جلوتر، خرگوش مثل یک روح حرکت می‌کرد، بی‌صدا و خیلی سریع که نمی‌توانستند بگیرندش.

Todos esos viejos instintos —el hambre, la emoción— se apoderaron de Buck.

تمام آن غرایز قدیمی ـ گرسنگی، هیجان ـ به باک هجوم آوردند.

Los humanos a veces sienten este instinto y se ven impulsados a cazar con armas de fuego y balas.

انسان‌ها گاهی اوقات این غریزه را احساس می‌کنند و به شکار با تفنگ و گلوله سوق داده می‌شوند.

Pero Buck sintió este sentimiento a un nivel más profundo y personal.

اما باک این احساس را در سطحی عمیق‌تر و شخصی‌تر احساس می‌کرد.

No podían sentir lo salvaje en su sangre como Buck podía sentirlo.

آنها نمی‌توانستند آن وحشیگری را که باک در خونشان حس می‌کرد، حس کنند.

Persiguió carne viva, dispuesto a matar con los dientes y saborear la sangre.

او گوشت زنده را تعقیب می‌کرد، آماده بود تا با دندان‌هایش بکشد و خون را بچشد.

Su cuerpo se tensó de alegría, queriendo bañarse en la cálida vida roja.

بدنش از شادی منقبض می‌شد، دلش می‌خواست در گرمای سرخ زندگی غوطه‌ور شود.

Una extraña alegría marca el punto más alto que la vida puede alcanzar.

شادی عجیبی، بالاترین نقطه‌ای را که زندگی می‌تواند به آن برسد، نشان می‌دهد.

La sensación de una cima donde los vivos olvidan que están vivos.

حس اوجی که در آن زنده‌ها حتی فراموش می‌کنند که زنده هستند.

Esta alegría profunda conmueve al artista perdido en una inspiración ardiente.

این شادی عمیق، هنرمندی را که غرق در الهامات سوزان است، لمس می‌کند.

Esta alegría se apodera del soldado que lucha salvajemente y no perdona a ningún enemigo.

این شادی، سربازی را که وحشیانه می‌جنگد و از هیچ دشمنی در نمی‌گذرد، فرا می‌گیرد.

Esta alegría ahora se apoderó de Buck mientras lideraba la manada con hambre primaria.

این شادی اکنون باک را فرا گرفته بود، چرا که او در گرسنگی اولیه،
گله را رهبری می‌کرد۔

Aulló con el antiguo grito del lobo, emocionado por la
persecución en vida.

او با ناله‌ی باستانی گرگ زوزه می‌کشید، از تعقیب و گریز زنده
هیجان‌زده شده بود۔

Buck recurrió a la parte más antigua de sí mismo, perdida en
la naturaleza.

باک به قدیمی‌ترین بخش وجودش که در طبیعت وحشی گم شده بود،
دست زد۔

Llegó a lo más profundo, más allá de la memoria, al tiempo
crudo y antiguo.

او به اعماق درون، به خاطرات گذشته، به زمان بکر و باستانی دست
یافت۔

Una ola de vida pura recorrió cada músculo y tendón.

موجی از زندگی ناب در تک تک عضلات و تاندون‌هایش موج می‌زد۔

Cada salto gritaba que vivía, que avanzaba a través de la
muerte.

هر جهش فریاد می‌زد که او زنده است، که از میان مرگ عبور کرده
است۔

Su cuerpo se elevaba alegremente sobre una tierra quieta y
fría que nunca se movía.

پیکرش شادمانه بر فراز سرزمینی آرام و سرد که هرگز تکان
نمی‌خورد، اوج گرفت۔

Spitz se mantuvo frío y astuto, incluso en sus momentos más
salvajes.

اسپیتز حتی در وحشی‌ترین لحظات زندگی‌اش هم خونسرد و حیله‌گر
باقی ماند۔

Dejó el sendero y cruzó el terreno donde el arroyo se
curvaba ampliamente.

او مسیر را ترک کرد و از خشکی عبور کرد، جایی که نهر پیچ و تاب
می‌خورد۔

Buck, sin darse cuenta de esto, permaneció en el sinuoso
camino del conejo.

باک، بی‌خبر از این موضوع، در مسیر پر پیچ و خم خرگوش ماند۔

Entonces, cuando Buck dobló una curva, el conejo fantasmal estaba frente a él.

سپس، همین که باک از یک پیچ گذشت، خرگوش روح‌مانند در مقابلش بود۔

Vio una segunda figura saltar desde la orilla delante de la presa.

او دید که شخص دومی جلوتر از طعمه از بانک بیرون پرید۔

La figura era Spitz, aterrizando justo en el camino del conejo que huía.

آن موجود، اسپیتز بود که درست سر راه خرگوش در حال فرار فرود آمده بود۔

El conejo no pudo girar y se encontró con las fauces de Spitz en el aire.

خرگوش نمی‌توانست بچرخد و در هوا به آرواره‌های اسپیتز برخورد کرد۔

La columna vertebral del conejo se rompió con un chillido tan agudo como el grito de un humano moribundo.

ستون فقرات خرگوش با جیغی به تیزی ناله‌ی یک انسان در حال مرگ شکست۔

Ante ese sonido, la caída de la vida a la muerte, la manada aulló fuerte.

با آن صدا ـ سقوط از زندگی به مرگ ـ گله با صدای بلند زوزه کشید۔

Un coro salvaje se elevó detrás de Buck, lleno de oscuro deleite.

صدای کر وحشیانه‌ای از پشت سر باک برخاست، سرشار از لذتی تاریک۔

Buck no emitió ningún grito ni sonido y se lanzó directamente hacia Spitz.

باک نه فریادی زد، نه صدایی، و مستقیماً به سمت اسپیتز حمله کرد۔

Apuntó a la garganta, pero en lugar de eso golpeó el hombro.

او گلو را هدف قرار داد، اما به جای آن به شانه برخورد کرد۔

Cayeron sobre la nieve blanda; sus cuerpos trabados en combate.

آنها در میان برف نرم غلتیدند؛ بدن‌هایشان در نبرد قفل شده بود۔

Spitz se levantó rápidamente, como si nunca lo hubieran derribado.

اسپیتز طوری سریع از جا پرید که انگار اصلاً زمین نخورده بود۔

Cortó el hombro de Buck y luego saltó para alejarse de la pelea.

او شانه‌ی باک را زخمی کرد، سپس از معرکه گریخت.

Sus dientes chasquearon dos veces como trampas de acero y sus labios se curvaron y fueron feroces.

دو بار دندان‌هایش مثل تله‌های فولادی به هم خوردند، لب‌هایش جمع شده و خشمگین بودند.

Retrocedió lentamente, buscando terreno firme bajo sus pies.

او به آرامی عقب رفت و به دنبال زمین سفتی زیر پاهایش گشت.

Buck comprendió el momento instantánea y completamente.

باک آن لحظه را فوراً و به طور کامل درک کرد.

Había llegado el momento; la lucha iba a ser una lucha a muerte.

زمانش رسیده بود؛ مبارزه، مبارزه‌ای تا سر حد مرگ بود.

Los dos perros daban vueltas, gruñendo, con las orejas planas y los ojos entrecerrados.

دو سگ دور هم چرخیدند، غرغر می‌کردند، گوش‌هایشان صاف و چشمانشان تنگ شده بود.

Cada perro esperaba que el otro mostrara debilidad o un paso en falso.

هر سگ منتظر بود تا دیگری ضعف یا خطایی از خود نشان دهد.

Para Buck, la escena era inquietantemente conocida y recordada profundamente.

برای باک، این صحنه به طرز عجیبی آشنا و عمیقاً به یاد ماندنی بود.

El bosque blanco, la tierra fría, la batalla bajo la luz de la luna.

جنگل‌های سفید، زمین سرد، نبرد زیر نور ماه.

Un pesado silencio llenó la tierra, profundo y antinatural.

سکوت سنگینی، عمیق و غیرطبیعی، سرزمین را فرا گرفته بود.

Ningún viento se agitó, ninguna hoja se movió, ningún sonido rompió la quietud.

نه بادی می‌وزید، نه برگی تکان می‌خورد و نه صدایی سکوت را می‌شکست.

El aliento de los perros se elevaba como humo en el aire helado y silencioso.

نفس سگ‌ها مثل دود در هوای یخ‌زده و ساکت بالا می‌رفت.

El conejo fue olvidado hace mucho tiempo por la manada de bestias salvajes.

مدت‌ها بود که گله حیوانات وحشی، خرگوش را فراموش کرده بود.

Estos lobos medio domesticados ahora permanecían quietos formando un amplio círculo.

این گرگ‌های نیمه‌رام‌شده حالا در دایره‌ای وسیع بی‌حرکت ایستاده بودند.

Estaban en silencio, sólo sus ojos brillantes revelaban su hambre.

آنها ساکت بودند، فقط چشمان درخشانشان گرسنگی‌شان را آشکار می‌کرد.

Su respiración se elevó mientras observaban cómo comenzaba la pelea final.

نفسشان به شماره افتاد و شروع نبرد نهایی را تماشا کردند.

Para Buck, esta batalla era vieja y esperada, nada extraña.

برای باک، این نبرد قدیمی و قابل پیش‌بینی بود، اصلاً عجیب نبود.

Parecía el recuerdo de algo que siempre estuvo destinado a suceder.

انگار خاطره‌ای از چیزی بود که همیشه قرار بود اتفاق بیفتد.

Spitz era un perro de pelea entrenado, perfeccionado por innumerables peleas salvajes.

اشپیتز یک سگ جنگی آموزش‌دیده بود که با دعواهای وحشی بی‌شماری ورزیده شده بود.

Desde Spitzbergen hasta Canadá, había vencido a muchos enemigos.

از اسپیتزبرگن تا کانادا، او دشمنان زیادی را شکست داده بود.

Estaba lleno de furia, pero nunca dejó controlar la rabia.

او پر از خشم بود، اما هرگز کنترل خشم را از دست نداد.

Su pasión era aguda, pero siempre templada por un duro instinto.

شور و اشتیاق او تند و تیز بود، اما همیشه با غریزه‌ای سرسخت تعدیل می‌شد.

Nunca atacó hasta que su propia defensa estuvo en su lugar.

او هرگز حمله نمی‌کرد تا زمانی که دفاع خودش را مستقر می‌کرد.

Buck intentó una y otra vez alcanzar el vulnerable cuello de Spitz.

باک بارها و بارها تلاش کرد تا به گردن آسیب‌پذیر اسپیتز برسد.

Pero cada golpe era correspondido con un corte de los afilados dientes de Spitz.

اما هر ضربه با ضربه‌ای از دندان‌های تیز اسپیتز پاسخ داده می‌شد.

Sus colmillos chocaron y ambos perros sangraron por los labios desgarrados.

نیش‌هایشان به هم خورد و هر دو سگ از لب‌های پاره شده‌شان خون جاری شد.

No importaba cuánto se lanzara Buck, no podía romper la defensa.

مهم نبود باک چقدر حمله می‌کرد، نمی‌توانست خط دفاعی را بشکند.

Se puso más furioso y se abalanzó con salvajes ráfagas de poder.

او خشمگین‌تر شد و با قدرتی وحشیانه به سمتش هجوم آورد.

Una y otra vez, Buck atacó la garganta blanca de Spitz.

باک بارها و بارها به گلوی سفید اشپیتز ضربه زد.

Cada vez que Spitz esquivaba el ataque, contraatacaba con un mordisco cortante.

هر بار اسپیتز جاخالی می‌داد و با یک گاز تکه‌تکه‌کننده جواب می‌داد.

Entonces Buck cambió de táctica y se abalanzó nuevamente hacia la garganta.

سپس باک تاکتیک خود را تغییر داد و دوباره طوری هجوم برد که انگار به دنبال گلویش بود.

Pero él retrocedió a mitad del ataque y se giró para atacar desde un costado.

اما او در اواسط حمله عقب‌نشینی کرد و از کنار زمین شروع به حمله کرد.

Le lanzó el hombro a Spitz con la intención de derribarlo.

او شانه‌اش را به سمت اسپیتز انداخت، با این هدف که او را نقش بر زمین کند.

Cada vez que lo intentaba, Spitz lo esquivaba y contraatacaba con un corte.

هر بار که تلاش می‌کرد، اسپیتز جاخالی می‌داد و با یک ضربه‌ی ناگهانی پاسخ می‌داد.

El hombro de Buck se enrojeció cuando Spitz saltó después de cada golpe.

شانه‌ی باک درد می‌گرفت، چون اسپیتز بعد از هر ضربه، از او می‌پرید و فرار می‌کرد.

Spitz no había sido tocado, mientras que Buck sangraba por muchas heridas.

اسپیتز آسیبی ندیده بود، در حالی که باک از زخم‌های زیاد خونریزی داشت۔

La respiración de Buck era rápida y pesada y su cuerpo estaba cubierto de sangre.

نفس باک تند و سنگین شد، بدنش از خون لغزنده بود۔

La pelea se volvió más brutal con cada mordisco y embestida.

با هر گاز گرفتن و حمله، مبارزه وحشیانه‌تر می‌شد۔

A su alrededor, sesenta perros silenciosos esperaban que cayera el primero.

دور و برشان، شصت سگ ساکت منتظر بودند تا اولین سگ بیفتد۔

Si un perro caía, la manada terminaría la pelea.

اگر یک سگ می‌افتاد، گله قرار بود دعوا را تمام کند۔

Spitz vio que Buck se estaba debilitando y comenzó a presionar para atacar.

اسپیتز دید که باک ضعیف می‌شود و شروع به حمله کرد۔

Mantuvo a Buck fuera de equilibrio, obligándolo a luchar para mantener el equilibrio.

او باک را از تعادل خارج کرد و او را مجبور کرد برای حفظ تعادلش بجنگد۔

Una vez Buck tropezó y cayó, y todos los perros se levantaron.

یک بار باک لغزید و افتاد و همه سگ‌ها بلند شدند۔

Pero Buck se enderezó a mitad de la caída y todos volvieron a caer.

اما باک در اواسط پاییز خودش را صاف کرد و همه دوباره غرق شدند۔

Buck tenía algo poco común: una imaginación nacida de un instinto profundo.

باک چیزی نادر داشت - تخیلی که از غریزه‌ای عمیق زاده می‌شد۔

Peleó con impulso natural, pero también peleó con astucia.

او با انگیزه طبیعی می‌جنگید، اما در عین حال با حیله‌گری نیز می‌جنگید۔

Cargó de nuevo como si repitiera su truco de ataque con el hombro.

او دوباره حمله کرد، انگار که داشت ترفند حمله از شانه‌اش را تکرار می‌کرد.

Pero en el último segundo, se agachó y pasó por debajo de Spitz.

اما در آخرین ثانیه، او پایین آمد و از زیر اسپیتز عبور کرد.

Sus dientes se clavaron en la pata delantera izquierda de Spitz con un chasquido.

دندان‌هایش با صدای تق‌تقی روی پای چپ جلویی اسپیتز قفل شدند.

Spitz ahora estaba inestable, con su peso sobre sólo tres patas.

اسپیتز حالا لرزان ایستاده بود و وزنش فقط روی سه پایش بود.

Buck atacó de nuevo e intentó derribarlo tres veces.

باک دوباره ضربه زد، سه بار سعی کرد او را به زمین بیندازد.

En el cuarto intento utilizó el mismo movimiento con éxito.

در تلاش چهارم، او با موفقیت از همان حرکت استفاده کرد

Esta vez Buck logró morder la pata derecha de Spitz.

این بار باک موفق شد پای راست اسپیتز را گاز بگیرد.

Spitz, aunque lisiado y en agonía, siguió luchando por sobrevivir.

اسپیتز، اگرچه فلج و در عذاب بود، اما همچنان برای زنده ماندن تلاش می‌کرد.

Vio que el círculo de huskies se estrechaba, con las lenguas afuera y los ojos brillantes.

او دید که حلقه سگ‌های هاسکی تنگ‌تر شد، زبان‌هایشان بیرون آمد و چشمانشان برق زد.

Esperaron para devorarlo, tal como habían hecho con los otros.

آنها منتظر بودند تا او را ببلعند، همانطور که با دیگران چنین کرده بودند.

Esta vez, él estaba en el centro; derrotado y condenado.

این بار، او در مرکز ایستاده بود؛ شکست خورده و محکوم به فنا.

Ya no había opción de escapar para el perro blanco.

حالا دیگر هیچ راه فراری برای سگ سفید وجود نداشت.

Buck no mostró piedad, porque la piedad no pertenecía a la naturaleza.

باک هیچ رحمی نشان نداد، زیرا رحم و شفقت در طبیعت وحشی جایی ندارد.

Buck se movió con cuidado, preparándose para la carga final.

باک با احتیاط حرکت کرد و برای حمله نهایی آماده شد.

El círculo de perros esquimales se cerró; sintió sus respiraciones cálidas.

حلقه‌ی سگ‌های هاسکی تنگ‌تر شد؛ نفس‌های گرمشان را حس کرد.

Se agacharon, preparados para saltar cuando llegara el momento.

آنها چمباتمه زدند، آماده بودند تا وقتی لحظه موعود فرا رسید، از جا بپرند.

Spitz temblaba en la nieve, gruñendo y cambiando su postura.

اسپیتز در برف می‌لرزید، غرغر می‌کرد و حالتش را تغییر می‌داد.

Sus ojos brillaban, sus labios se curvaron y sus dientes brillaron en una amenaza desesperada.

چشمانش خیره شد، لب‌هایش جمع شد و دندان‌هایش از روی تهدیدی ناامیدانه برق زدند.

Se tambaleó, todavía intentando contener el frío mordisco de la muerte.

او تلو تلو خورد، هنوز سعی می‌کرد از نیش سرد مرگ در امان بماند.

Ya había visto esto antes, pero siempre desde el lado ganador.

او قبلاً هم این را دیده بود، اما همیشه از زاویه دید برنده.

Ahora estaba en el bando perdedor; el derrotado; la presa; la muerte.

حالا او در سمت بازنده بود؛ شکست خورده؛ طعمه؛ مرگ.

Buck voló en círculos para asestar el golpe final, mientras el círculo de perros se acercaba cada vez más.

باک برای ضربه آخر دور زد، حلقه سگ‌ها نزدیک‌تر شد.

Podía sentir sus respiraciones calientes; listas para matar.

او می‌توانست نفس‌های گرم آنها را حس کند؛ آماده برای کشتن.

Se hizo un silencio absoluto, todo estaba en su lugar, el tiempo se había detenido.

سکوتی حکمفرما شد؛ همه چیز سر جایش بود؛ زمان متوقف شده بود.

Incluso el aire frío entre ellos se congeló por un último momento.

حتی هوای سرد بینشان هم برای آخرین لحظه یخ زد.

Sólo Spitz se movió, intentando contener su amargo final.

فقط اسپیتز حرکت کرد و سعی داشت از پایان تلخ خود جلوگیری کند.

El círculo de perros se iba cerrando a su alrededor, tal como era su destino.

حلقه‌ی سگ‌ها دورش تنگ‌تر می‌شد، سرنوشتش هم همینطور.

Ahora estaba desesperado, sabiendo lo que estaba a punto de suceder.

حالا دیگر کاملاً ناامید شده بود، چون می‌دانست چه اتفاقی قرار است بیفتد.

Buck saltó y hombro con hombro chocó una última vez.

باک برای آخرین بار شانه به شانه‌ی هم وارد شد.

Los perros se lanzaron hacia adelante, cubriendo a Spitz en la oscuridad nevada.

سگ‌ها به جلو هجوم آوردند و اسپیتز را در تاریکی برفی پوشش دادند.

Buck observaba, erguido, vencedor en un mundo salvaje.

باک، ایستاده و ایستاده، نظاره می‌کرد؛ پیروز در دنیایی وحشی.

La bestia primordial dominante había cometido su asesinato, y fue bueno.

جانور ازلیِ غالب، شکار خود را انجام داده بود و این خوب بود.

Aquel que ha alcanzado la maestría
او، که به مقام استادی رسیده است

¿Eh? ¿Qué dije? Digo la verdad cuando digo que Buck es un demonio.

«خب؟ چی گفتم؟ وقتی میگم باک یه شیطانه، راست میگم.»

François dijo esto a la mañana siguiente después de descubrir que Spitz había desaparecido.

فرانسوا این را صبح روز بعد، پس از پیدا کردن اسپیتزِ گم‌شده، گفت.

Buck permaneció allí, cubierto de heridas por la feroz pelea.

باک آنجا ایستاده بود، پوشیده از زخم‌های ناشی از نبرد وحشیانه.

François acercó a Buck al fuego y señaló las heridas.

فرانسوا باک را نزدیک آتش کشید و به جراحات اشاره کرد.

"Ese Spitz peleó como Devik", dijo Perrault, mirando los profundos cortes.

پرو در حالی که به زخم‌های عمیق نگاه می‌کرد، گفت» :آن اسپیتز مثل «دویک‌ها جنگید.

—Y ese Buck peleó como dos demonios —respondió François inmediatamente.

«فرانسوا فوراً پاسخ داد» :و اینکه باک مثل دو شیطان با هم می‌جنگید.

"Ahora iremos a buen ritmo; no más Spitz, no más problemas".

حالا وقت خوبی خواهیم داشت؛ دیگر خبری از اسپیتز نیست، دیگر » «دردسری نیست.

Perrault estaba empacando el equipo y cargando el trineo con cuidado.

پرو داشت وسایل را جمع می‌کرد و سورتمه را با احتیاط بار می‌زد.

François enjaezó a los perros para prepararlos para la carrera del día.

فرانسوا سگ‌ها را برای دویدن آن روز مهار کرد.

Buck trotó directamente a la posición de liderazgo que alguna vez ocupó Spitz.

باک مستقیماً به سمت جایگاهی که زمانی اسپیتز در آن قرار داشت، یورتمه رفت.

Pero François, sin darse cuenta, condujo a Solleks hacia el frente.

اما فرانسوا، بی‌توجه به این موضوع، سولکس را به جلو هدایت کرد.

A juicio de François, Solleks era ahora el mejor perro guía.

به نظر فرانسوا، سولکس حالا بهترین سگِ جلودار بود.

Buck se abalanzó furioso sobre Solleks y lo hizo retroceder en protesta.

باک با خشم به سولکس حمله کرد و با اعتراض او را عقب راند.

Se situó en el mismo lugar que una vez estuvo Spitz, ocupando la posición de liderazgo.

او در جایی که اسپیتز زمانی ایستاده بود، ایستاد و جایگاه برتر را از آن خود کرد.

—¿Eh? ¿Eh? —gritó François, dándose palmadas en los muslos, divertido.

فرانسوا در حالی که از روی سرگرمی به ران‌هایش می‌زد، فریاد زد : «ها؟ ها؟»

—Mira a Buck. Mató a Spitz y ahora quiere aceptar el trabajo.

« به باک نگاه کن ـ او اسپیتز را کشت، حالا می‌خواهد شغلش را بگیرد.»

—¡Vete, Chook! —gritó, intentando ahuyentar a Buck.

او فریاد زد» :برو گمشو، چوک.» «و سعی کرد باک را از خود دور کند.

Pero Buck se negó a moverse y se mantuvo firme en la nieve.

اما باک از حرکت خودداری کرد و محکم در برف ایستاد.

François agarró a Buck por la nuca y lo arrastró a un lado.

فرانسوا یقه‌ی باک را گرفت و او را به کناری کشید.

Buck gruñó bajo y amenazante, pero no atacó.

باک غرشی آهسته و تهدیدآمیز کرد اما حمله نکرد.

François puso a Solleks de nuevo en cabeza, intentando resolver la disputa.

فرانسوا سولکس را دوباره به رهبری بازگرداند و سعی کرد اختلاف را حل و فصل کند.

El perro viejo mostró miedo de Buck y no quería quedarse.

سگ پیر از باک ترسید و نخواست بماند.

Cuando François le dio la espalda, Buck expulsó nuevamente a Solleks.

وقتی فرانسوا پشتش را کرد، باک دوباره سولکس را بیرون راند.

Solleks no se resistió y se hizo a un lado silenciosamente una vez más.

سولکس مقاومتی نکرد و دوباره بی‌سروصدا کنار رفت.

François se enojó y gritó: "¡Por Dios, te arreglo!"

«فرانسوا عصبانی شد و فریاد زد» :به خدا قسم، خودم درستت می‌کنم.

Se acercó a Buck sosteniendo un pesado garrote en su mano.

او در حالی که چماق سنگینی در دست داشت، به سمت باک آمد.

Buck recordaba bien al hombre del suéter rojo.

باک مرد با ژاکت قرمز را خوب به یاد داشت.

Se retiró lentamente, observando a François, pero gruñendo
profundamente.

او به آرامی عقب‌نشینی کرد، فرانسوا را تماشا می‌کرد، اما غرغرهای
عمیقی می‌کرد.

No se apresuró a regresar, incluso cuando Solleks ocupó su
lugar.

او حتی وقتی سولکس سر جایش ایستاد، عجله‌ای برای برگشتن نکرد.

Buck voló en círculos fuera de su alcance, gruñendo con
furia y protesta.

باک در حالی که از خشم و اعتراض غرش می‌کرد، درست دور خودش
چرخید و به او رسید.

Mantuvo la vista fija en el palo, dispuesto a esquivarlo si
François lanzaba.

او چشم از گرز برنمی‌داشت، آماده بود تا اگر فرانسوا چوب را انداخت،
جاخالی بدهد.

Se había vuelto sabio y cauteloso en cuanto a las costumbres
de los hombres con armas.

او در شیوه‌های مردان مسلح، خردمند و محتاط شده بود.

François se dio por vencido y llamó a Buck nuevamente a su
antiguo lugar.

فرانسوا منصرف شد و دوباره باک را به جای سابقش فراخواند.

Pero Buck retrocedió con cautela, negándose a obedecer la
orden.

اما باک با احتیاط عقب رفت و از اطاعت دستور سر باز زد.

François lo siguió, pero Buck sólo retrocedió unos pasos
más.

فرانسوا دنبالش رفت، اما باک فقط چند قدم دیگر عقب‌نشینی کرد.

Después de un tiempo, François arrojó el arma al suelo,
frustrado.

بعد از مدتی، فرانسوا با ناامیدی سلاح را به زمین انداخت.

Pensó que Buck tenía miedo de que le dieran una paliza y que iba a venir sin hacer mucho ruido.

او فکر می‌کرد باک از کتک خوردن می‌ترسد و قرار است یواشکی بیاید.

Pero Buck no estaba evitando el castigo: estaba luchando por su rango.

اما باک از مجازات فرار نمی‌کرد—او برای کسب مقام و رتبه می‌جنگید.

Se había ganado el puesto de perro líder mediante una pelea a muerte.

او جایگاه رهبری را از طریق مبارزه تا سر حد مرگ به دست آورده بود

No iba a conformarse con nada menos que ser el líder.

او به چیزی کمتر از رهبر بودن رضایت نمی‌داد.

Perrault participó en la persecución para ayudar a atrapar al rebelde Buck.

پرو در تعقیب و گریز شرکت کرد تا به گرفتن باک سرکش کمک کند.

Juntos lo hicieron correr alrededor del campamento durante casi una hora.

آنها با هم، تقریباً یک ساعت او را در اطراف اردوگاه گرداندند.

Le lanzaron garrotes, pero Buck los esquivó hábilmente.

آنها چماق‌هایی به سمت او پرتاب کردند، اما باک با مهارت از هر کدام جاخالی داد.

Lo maldijeron a él, a sus padres, a sus descendientes y a cada cabello que tenía.

آنها او، اجدادش، فرزندانش و هر مویی که بر تن داشت را نفرین کردند.

Pero Buck sólo gruñó y se quedó fuera de su alcance.

اما باک فقط غرغرکنان جواب داد و کمی دورتر از دسترس آنها ایستاد.

Nunca intentó huir, sino que rodeó el campamento deliberadamente.

او هرگز سعی نکرد فرار کند، بلکه عمداً دور اردوگاه می‌چرخید.

Dejó claro que obedecería una vez que le dieran lo que quería.

او روشن کرد که وقتی آنچه را که می‌خواهد به او بدهند، اطاعت خواهد کرد.

François finalmente se sentó y se rascó la cabeza con frustración.

فرانسوا بالاخره نشست و با ناامیدی سرش را خاراند۔

Perrault miró su reloj, maldijo y murmuró algo sobre el tiempo perdido.

پرو به ساعتش نگاه کرد، فحش داد و درباره زمان از دست رفته غرغر کرد۔

Ya había pasado una hora cuando debían estar en el sendero.

یک ساعت از زمانی که باید در مسیر بودند، گذشته بود۔

François se encogió de hombros tímidamente y miró al mensajero, quien suspiró derrotado.

فرانسوا با خجالت شانه‌هایش را بالا انداخت و پیک آهی از سر شکست کشید۔

Entonces François se acercó a Solleks y llamó a Buck una vez más.

سپس فرانسوا به سمت سولکس رفت و یک بار دیگر باک را صدا زد۔

Buck se rió como se ríe un perro, pero mantuvo una distancia cautelosa.

باک مثل خنده‌ی سگ خندید، اما فاصله‌ی محتاطانه‌اش را حفظ کرد۔

François le quitó el arnés a Solleks y lo devolvió a su lugar.

فرانسوا افسار سولکس را برداشت و او را به جایش برگرداند۔

El equipo de trineo estaba completamente arneses y solo había un lugar libre.

تیم سورتمه‌سواری کاملاً مجهز به تجهیزات بود و تنها یک جای خالی داشت۔

La posición de liderazgo quedó vacía, claramente destinada solo para Buck.

جایگاه رهبری خالی ماند، که مشخصاً فقط برای باک در نظر گرفته شده بود۔

François volvió a llamar, y nuevamente Buck rió y se mantuvo firme.

فرانسوا دوباره صدا زد و باک دوباره خندید و حرفش را پس گرفت۔

—Tira el garrote —ordenó Perrault sin dudarlo.

«پرو بدون هیچ تردیدی دستور داد» :چماق را زمین بگذارید۔

François obedeció y Buck inmediatamente trotó hacia adelante orgulloso.

فرانسوا اطاعت کرد و باک فوراً با غرور به جلو تاخت۔

Se rió triunfante y asumió la posición de líder.

او پیروزمندانه خندید و در جایگاه رهبری قرار گرفت.

François aseguró sus correajes y el trineo se soltó.

فرانسوا رد پایش را محکم کرد و سورتمه از جا کنده شد.

Ambos hombres corrieron al lado del equipo mientras corrían hacia el sendero del río.

هر دو مرد در حالی که تیم به سمت مسیر رودخانه می‌رفت، در کنار هم می‌دویدند.

François tenía en alta estima a los "dos demonios" de Buck.

فرانسوا از «دو شیطان «باک به نیکی یاد کرده بود،

Pero pronto se dio cuenta de que en realidad había subestimado al perro.

اما خیلی زود فهمید که در واقع سگ را دست کم گرفته بود.

Buck asumió rápidamente el liderazgo y trabajó con excelencia.

باک به سرعت رهبری را به دست گرفت و با تعالی عمل کرد.

En juicio, pensamiento rápido y acción veloz, Buck superó a Spitz.

باک در قضاوت، تفکر سریع و اقدام سریع، از اسپیتز پیشی گرفت.

François nunca había visto un perro igual al que Buck mostraba ahora.

فرانسوا هرگز سگی به آن شکلی که باک نشان می‌داد، ندیده بود.

Pero Buck realmente sobresalía en imponer el orden e imponer respeto.

اما باک واقعاً در اجرای نظم و جلب احترام سرآمد بود.

Dave y Solleks aceptaron el cambio sin preocupación ni protesta.

دیو و سولکس بدون نگرانی یا اعتراضی این تغییر را پذیرفتند.

Se concentraron únicamente en el trabajo y en tirar con fuerza de las riendas.

آنها فقط روی کار و سخت‌کوشی در مهار امور تمرکز داشتند.

A ellos les importaba poco quién iba delante, siempre y cuando el trineo siguiera moviéndose.

تا زمانی که سورتمه به حرکت خود ادامه می‌داد، برایشان اهمیتی نداشت چه کسی رهبری می‌کند.

Billee, la alegre, podría haber liderado todo lo que a ellos les importaba.

بیلی، آن دختر شاد، می‌توانست به هر قیمتی که شده رهبری کند.

Lo que les importaba era la paz y el orden en las filas.

آنچه برایشان مهم بود، آرامش و نظم در صفوف بود.

El resto del equipo se había vuelto rebelde durante la
decadencia de Spitz.

بقیه اعضای تیم در دوران افول اسپیتز، سرکش شده بودند.

Se sorprendieron cuando Buck inmediatamente los puso en
orden.

وقتی باک فوراً آنها را سر میز آورد، شوکه شدند.

Pike siempre había sido perezoso y arrastraba los pies detrás
de Buck.

پایک همیشه تنبل بود و باک را به زحمت می‌انداخت.

Pero ahora el nuevo liderazgo lo ha disciplinado
severamente.

اما اکنون توسط رهبری جدید به شدت تنبیه شده بود.

Y rápidamente aprendió a aportar su granito de arena en el
equipo.

و او به سرعت یاد گرفت که در تیم نقش خود را به خوبی ایفا کند.

Al final del día, Pike trabajó más duro que nunca.

در پایان روز، پایک سخت‌تر از همیشه کار کرد.

Esa noche en el campamento, Joe, el perro amargado,
finalmente fue sometido.

آن شب در اردوگاه، جو، سگ ترشرو، بالاخره رام شد.

Spitz no logró disciplinarlo, pero Buck no falló.

اسپیتز در تنبیه او شکست خورده بود، اما باک شکست نخورد.

Utilizando su mayor peso, Buck superó a Joe en segundos.

باک با استفاده از وزن بیشترش، در عرض چند ثانیه جو را مغلوب کرد.

Mordió y golpeó a Joe hasta que gimió y dejó de resistirse.

او آنقدر جو را گاز گرفت و کتک زد تا اینکه جو ناله کرد و دیگر
مقاومت نکرد.

Todo el equipo mejoró a partir de ese momento.

از آن لحظه به بعد کل تیم پیشرفت کرد.

Los perros recuperaron su antigua unidad y disciplina.

سگ‌ها اتحاد و نظم سابق خود را بازیافتند.

En Rink Rapids, se unieron dos nuevos huskies nativos,
Teek y Koona.

در رینک رپیدز، دو سگ هاسکی بومی جدید، تیک و کونا، به آنها ملحق شدند.

El rápido entrenamiento que Buck les dio sorprendió incluso a François.

آموزش سریع آنها توسط باک حتی فرانسوا را نیز شگفت زده کرد.

"¡Nunca hubo un perro como ese Buck!" gritó con asombro.

«او با حیرت فریاد زد» :هیچوقت سگی مثل این باک وجود نداشته.

¡No, jamás! ¡Vale mil dólares, por Dios!

«نه، هرگز. به خدا قسم او هزار دلار می‌ارزد.»

—¿Eh? ¿Qué dices, Perrault? —preguntó con orgullo.

«با غرور پرسید» :چی؟ نظرت چیه، پرو؟

Perrault asintió en señal de acuerdo y revisó sus notas.

پرو به نشانه‌ی موافقت سر تکان داد و یادداشت‌هایش را بررسی کرد.

Ya vamos por delante del cronograma y ganamos más cada día.

ما از برنامه جلوتر هستیم و هر روز بیشتر سود می‌کنیم.

El sendero estaba duro y liso, sin nieve fresca.

مسیر، سخت و هموار بود و خبری از برف تازه نبود.

El frío era constante, rondando los cincuenta grados bajo cero durante todo el tiempo.

سرما یکنواخت بود و در تمام مدت پنجاه درجه زیر صفر را نشان می‌داد.

Los hombres cabalgaban y corrían por turnos para entrar en calor y ganar tiempo.

مردها برای اینکه گرم بمانند و وقت بگیرند، به نوبت سوار اسب می‌شدند و می‌دویدند.

Los perros corrían rápido, con pocas paradas y siempre avanzando.

سگ‌ها با سرعت می‌دویدند و چند لحظه‌ای توقف نمی‌کردند و همیشه به جلو هل می‌دادند.

El río Thirty Mile estaba casi congelado y era fácil cruzarlo.

رودخانه سی مایلی عمدتاً یخ زده بود و عبور از آن آسان بود.

Salieron en un día lo que habían tardado diez días en llegar.

آنها کاری را که ده روز طول کشیده بود تا انجام دهند، در یک روز انجام دادند.

Hicieron una carrera de sesenta millas desde el lago Le Barge hasta White Horse.

آنها شصت مایل از دریاچه لو بارج تا وایت هورس دویدند.

A través de los lagos Marsh, Tagish y Bennett se movieron increíblemente rápido.

آنها با سرعت باورنکردنی در سراسر دریاچه‌های مارش، تاگیش و بنت حرکت کردند.

El hombre corriendo remolcado detrás del trineo por una cuerda.

مرد دونده سورتمه را با طناب به دنبال خود کشید.

En la última noche de la segunda semana llegaron a su destino.

در آخرین شب هفته دوم، آنها به مقصدشان رسیدند.

Habían llegado juntos a la cima del Paso Blanco.

آنها با هم به بالای گردنه سفید رسیده بودند.

Descendieron al nivel del mar con las luces de Skaguay debajo de ellos.

آنها در حالی که چراغ‌های اسکاگوای زیرشان بود، به سطح دریا پایین آمدند.

Había sido una carrera que estableció un récord a través de kilómetros de desierto frío.

این یک رکوردشکنی در پیمودن کیلومترها مسیر سرد و بیابانی بود.

Durante catorce días seguidos, recorrieron un promedio de cuarenta millas.

آنها چهارده روز متوالی، به طور میانگین چهل مایل)حدود 40 کیلومتر (را پیمودند.

En Skaguay, Perrault y François transportaban mercancías por la ciudad.

در اسکاگوئه، پرو و فرانسوا محموله‌ها را در سطح شهر جابجا می‌کردند.

Fueron aplaudidos y la multitud admirada les ofreció muchas bebidas.

جمعیت تحسین‌کننده آنها را تشویق کردند و نوشیدنی‌های زیادی به آنها تعارف کردند.

Los cazadores de perros y los trabajadores se reunieron alrededor del famoso equipo de perros.

سگ‌رباها و کارگران دور تیم معروف جمع‌آوری سگ‌ها جمع شدند.

Luego, los forajidos del oeste llegaron a la ciudad y sufrieron una derrota violenta.

سپس یاغیان غربی به شهر آمدند و با شکست سختی روبرو شدند.

La gente pronto se olvidó del equipo y se centró en un nuevo drama.

مردم خیلی زود تیم را فراموش کردند و روی درام جدید تمرکز کردند.

Luego vinieron las nuevas órdenes que cambiaron todo de golpe.

سپس دستورات جدیدی از راه رسیدند که همه چیز را به یکباره تغییر دادند.

François llamó a Buck y lo abrazó con orgullo entre lágrimas.

فرانسوا باک را به سوی خود فراخواند و با غروری اشکبار او را در آغوش گرفت.

Ese momento fue la última vez que Buck volvió a ver a François.

آن لحظه آخرین باری بود که باک دوباره فرانسوا را دید.

Como muchos hombres antes, tanto François como Perrault se habían ido.

مانند بسیاری از مردان پیش از او، فرانسوا و پرو هر دو رفته بودند.

Un mestizo escocés se hizo cargo de Buck y sus compañeros de equipo de perros de trineo.

یک سگ دورگه اسکاتلندی مسئولیت باک و همتیمی‌های سگ سورتمه‌کشش را بر عهده گرفت.

Con una docena de otros equipos de perros, regresaron por el sendero hasta Dawson.

آنها به همراه دوازده تیم سگ دیگر، در امتداد مسیر به داوسون بازگشتند.

Ya no era una carrera rápida, solo un trabajo duro con una carga pesada cada día.

حالا دیگر کار سریع و طاقت‌فرسا نبود - فقط کار طاقت‌فرسا با بار سنگین هر روز.

Éste era el tren correo que llevaba noticias a los buscadores de oro cerca del Polo.

این قطار پستی بود که به شکارچیان طلا در نزدیکی قطب خبر می‌داد.

A Buck no le gustaba el trabajo, pero lo soportaba bien y se enorgullecía de su esfuerzo.

باک از کار خوشش نمی‌آمد، اما آن را به خوبی تحمل می‌کرد و به تلاش خود افتخار می‌کرد.

Al igual que Dave y Solleks, Buck mostró devoción por cada tarea diaria.

باک، مانند دیو و سولکس، به تک تک کارهای روزانه‌اش پایبند بود.

Se aseguró de que cada uno de sus compañeros hiciera su parte.

او مطمئن شد که هر یک از همتیمی‌هایش به اندازه سهم خود تلاش می‌کنند.

La vida en el sendero se volvió aburrida, repetida con la precisión de una máquina.

زندگی در مسیرهای پیاده‌روی کسل‌کننده شد و با دقت یک ماشین تکرار می‌شد.

Cada día parecía igual, una mañana se fundía con la siguiente.

هر روز حس یکسانی داشت، یک صبح با صبح دیگر در هم می‌آمیخت.

A la misma hora, los cocineros se levantaron para hacer fogatas y preparar la comida.

در همان ساعت، آشپزها برخاستند تا آتش روشن کنند و غذا آماده کنند.

Después del desayuno, algunos abandonaron el campamento mientras otros enjaezaron los perros.

بعد از صبحانه، بعضی‌ها کمپ را ترک کردند در حالی که بعضی دیگر سگ‌ها را مهار کردند.

Se pusieron en marcha antes de que la tenue señal del amanecer tocara el cielo.

آنها قبل از اینکه هشدار کمرنگ سپیده دم آسمان را لمس کند، به مسیر رسیدند.

Por la noche se detenían para acampar, cada hombre con una tarea determinada.

شب هنگام، آنها برای اردو زدن توقف کردند و هر کدام وظیفه مشخصی داشتند.

Algunos montaron tiendas de campaña, otros cortaron leña y recogieron ramas de pino.

بعضی‌ها چادرها را برپا کردند، بعضی دیگر هیزم شکستند و شاخه‌های کاج جمع کردند.

Se llevaba agua o hielo a los cocineros para la cena.

آب یا یخ برای غذای عصرانه به آشپزها برگردانده می‌شد.
Los perros fueron alimentados y esta fue la mejor parte del día para ellos.
به سگ‌ها غذا داده شد و این بهترین بخش روز برایشان بود.
Después de comer pescado, los perros se relajaron y descansaron cerca del fuego.
سگ‌ها بعد از خوردن ماهی، نزدیک آتش استراحت کردند و لم دادند.
Había otros cien perros en el convoy con los que mezclarse.
صد سگ دیگر هم در کاروان بودند که می‌شد با آنها معاشرت کرد.
Muchos de esos perros eran feroces y rápidos para pelear sin previo aviso.
بسیاری از آن سگ‌ها وحشی و سریع بودند و بدون هشدار قبلی می‌جنگیدند.
Pero después de tres victorias, Buck dominó incluso a los luchadores más feroces.
اما پس از سه برد، باک حتی بر خشن‌ترین مبارزان نیز تسلط یافت.
Cuando Buck gruñó y mostró los dientes, se hicieron a un lado.
حالا وقتی باک غرید و دندان‌هایش را نشان داد، آنها کنار رفتند.
Quizás lo mejor de todo es que a Buck le encantaba tumbarse cerca de la fogata parpadeante.
شاید از همه بهتر، باک عاشق دراز کشیدن کنار آتشِ سوسوزن بود.
Se agachó con las patas traseras dobladas y las patas delanteras estiradas hacia adelante.
او چمباتمه زد، پاهای عقبش را جمع کرد و پاهای جلویی‌اش را به جلو کشید.
Levantó la cabeza mientras parpadeaba suavemente ante las llamas brillantes.
سرش را بالا آورد و به آرامی پلک زد و به شعله‌های درخشان خیره شد.
A veces recordaba la gran casa del juez Miller en Santa Clara.
گاهی اوقات خانه بزرگ قاضی میلر در سانتا کلارا را به یاد می‌آورد.
Pensó en la piscina de cemento, en Ysabel y en el pug llamado Toots.
او به استخر سیمانی، به ایزابل و سگ پاگی به نام توتس فکر کرد.

Pero más a menudo recordaba el garrote del hombre del
suéter rojo.

اما بیشتر اوقات مردی را که چماق ژاکت قرمز به سر داشت به یاد
می‌آورد.

Recordó la muerte de Curly y su feroz batalla con Spitz.

او مرگ کرلی و نبرد سهمگین او با اسپیتز را به یاد آورد.

También recordó la buena comida que había comido o con la
que aún soñaba.

او همچنین غذاهای خوبی را که خورده بود یا هنوز آرزویش را داشت،
به یاد آورد.

Buck no sentía nostalgia: el cálido valle era distante e irreal.

باک دلتنگ خانه نبود—دره گرم دور و غیرواقعی بود.

Los recuerdos de California ya no ejercían ninguna atracción
sobre él.

خاطرات کالیفرنیا دیگر هیچ کشش واقعی‌ای به او نمی‌دادند.

Más fuertes que la memoria eran los instintos profundos en
su linaje.

غرایزی که در اعماق خونش ریشه دوانده بودند، از حافظه قوی‌تر
بودند.

Los hábitos que una vez se habían perdido habían
regresado, revividos por el camino y la naturaleza.

عادت‌هایی که زمانی از بین رفته بودند، دوباره بازگشته بودند و مسیر و
طبیعت وحشی آنها را احیا کرده بود.

Mientras Buck observaba la luz del fuego, a veces se
convertía en otra cosa.

همچنان که باک به نور آتش نگاه می‌کرد، گاهی چیز دیگری می‌شد.

Vio a la luz del fuego otro fuego, más antiguo y más
profundo que el actual.

او در نور آتش، آتش دیگری دید، قدیمی‌تر و عمیق‌تر از آتش فعلی.

Junto a ese otro fuego se agazapaba un hombre que no se
parecía en nada al cocinero mestizo.

کنار آن آتش دیگر، مردی چمباتمه زده بود که با آشپز دورگه فرق
داشت.

Esta figura tenía piernas cortas, brazos largos y músculos
duros y anudados.

این پیکره پاهای کوتاه، بازوهای بلند و عضلاتی سخت و گره‌دار داشت.

Su cabello era largo y enmarañado, y caía hacia atrás desde los ojos.

موهایش بلند و ژولیده بود و از کنار چشمانش به عقب متمایل شده بود.

Hizo ruidos extraños y miró con miedo hacia la oscuridad.

او صداهای عجیبی از خودش درمی‌آورد و با ترس به تاریکی خیره شده بود.

Sostenía agachado un garrote de piedra, firmemente agarrado con su mano larga y áspera.

او یک چماق سنگی را پایین نگه داشته بود و آن را محکم در دست دراز و خشنش گرفته بود.

El hombre vestía poco: sólo una piel carbonizada que le colgaba por la espalda.

مرد لباس کمی پوشیده بود؛ فقط یک پوست سوخته که از پشتش آویزان بود.

Su cuerpo estaba cubierto de espeso vello en los brazos, el pecho y los muslos.

بدنش پوشیده از موهای ضخیم در سراسر بازوها، سینه و ران‌ها بود.

Algunas partes del cabello estaban enredadas en parches de pelaje áspero.

بعضی از قسمت‌های مو به صورت تکه‌هایی از خز زبر در هم پیچیده شده بودند.

No se mantenía erguido, sino inclinado hacia delante desde las caderas hasta las rodillas.

او صاف نایستاده بود، بلکه از لگن تا زانو به جلو خم شده بود.

Sus pasos eran elásticos y felinos, como si estuviera siempre dispuesto a saltar.

قدم‌هایش فنری و گربه‌مانند بود، گویی همیشه آماده‌ی جهش بود.

Había un estado de alerta agudo, como si viviera con miedo constante.

هوشیاری شدیدی وجود داشت، انگار که در ترس مداوم زندگی می‌کرد.

Este hombre anciano parecía esperar el peligro, ya sea que lo viera o no.

به نظر می‌رسید این مرد باستانی انتظار خطر را می‌کشید، چه خطر دیده می‌شد و چه نمی‌شد.

A veces, el hombre peludo dormía junto al fuego, con la cabeza metida entre las piernas.

مرد پشمالو گاهی کنار آتش می‌خوابید و سرش را بین پاهایش جمع می‌کرد.

Sus codos descansaban sobre sus rodillas, sus manos entrelazadas sobre su cabeza.

آرنج‌هایش را روی زانوهایش گذاشته بود و دست‌هایش را بالای سرش قلاب کرده بود.

Como un perro, usó sus brazos peludos para protegerse de la lluvia que caía.

مثل سگی از بازوهای پشمالویش برای دفع باران استفاده می‌کرد.

Más allá de la luz del fuego, Buck vio dos brasas brillando en la oscuridad.

باک، آن سوی نور آتش، دو زغال دوقلو را دید که در تاریکی می‌درخشیدند.

Siempre de dos en dos, eran los ojos de las bestias rapaces al acecho.

همیشه دو به دو، آنها چشم حیوانات درنده‌ی در کمین بودند.

Escuchó cuerpos chocando contra la maleza y ruidos en la noche.

او صدای برخورد اجساد را از میان بوته‌ها و صداهایی را که در شب ایجاد می‌شد، شنید.

Acostado en la orilla del Yukón, parpadeando, Buck soñaba junto al fuego.

باک در حالی که روی ساحل یوکان دراز کشیده بود، پلک می‌زد و کنار آتش رویا می‌دید.

Las vistas y los sonidos de ese mundo salvaje le ponían los pelos de punta.

مناظر و صداهای آن دنیای وحشی مو به تن آدم سیخ می‌کرد.

El pelaje se le subió por la espalda, los hombros y el cuello.

خز در امتداد پشت، شانه‌ها و گردنش بلند شده بود.

Él gimió suavemente o emitió un gruñido bajo y profundo en su pecho.

او به آرامی ناله می‌کرد یا غرشی آرام در اعماق سینه‌اش سر می‌داد.

Entonces el cocinero mestizo gritó: "¡Oye, Buck, despierta!"

سپس آشپز دورگه فریاد زد: «هی، باک، بیدار شو»

El mundo de los sueños desapareció y la vida real regresó a los ojos de Buck.

دنیای رویا ناپدید شد و زندگی واقعی به چشمان باک بازگشت.

Iba a levantarse, estirarse y bostezar, como si acabara de despertar de una siesta.

می‌خواست بلند شود، کش و قوسی به بدنش بدهد و خمیازه بکشد، انگار که از خواب نیمروزی بیدار شده باشد.

El viaje fue duro, con el trineo del correo arrastrándose detrás de ellos.

سفر سختی بود، سورتمه پستی آنها را به دنبال خود می‌کشاند.

Las cargas pesadas y el trabajo duro agotaban a los perros cada largo día.

بارهای سنگین و کارهای طاقت‌فرسا، سگ‌ها را در طول روز خسته می‌کرد.

Llegaron a Dawson delgados, cansados y necesitando más de una semana de descanso.

آنها در حالی که لاغر، خسته و نیازمند بیش از یک هفته استراحت بودند، به داوسون رسیدند.

Pero sólo dos días después, emprendieron nuevamente el descenso por el Yukón.

اما تنها دو روز بعد، آنها دوباره به سمت یوکان حرکت کردند.

Estaban cargados con más cartas destinadas al mundo exterior.

آنها پر از نامه‌های بیشتری بودند که قرار بود به دنیای بیرون فرستاده شوند.

Los perros estaban exhaustos y los hombres se quejaban constantemente.

سگ‌ها خسته شده بودند و مردها مدام شکایت می‌کردند.

La nieve caía todos los días, suavizando el camino y ralentizando los trineos.

هر روز برف می‌بارید، مسیر را نرم می‌کرد و حرکت سورتمه‌ها را کند می‌کرد.

Esto provocó que el tirón fuera más difícil y hubo más resistencia para los corredores.

این باعث کشش سخت‌تر و نیروی اصطکاک بیشتری روی دونده‌ها می‌شد.

A pesar de eso, los pilotos fueron justos y se preocuparon por sus equipos.

با وجود این، رانندگان منصف بودند و به تیم‌هایشان اهمیت می‌دادند.

Cada noche, los perros eran alimentados antes de que los hombres pudieran comer.

هر شب، قبل از اینکه مردان غذا بخورند، به سگ‌ها غذا داده می‌شد.

Ningún hombre duerme sin antes revisar las patas de su propio perro.

هیچ مردی قبل از اینکه پاهای سگ خودش را بررسی کند، نمی‌خوابید.

Aún así, los perros se fueron debilitando a medida que los kilómetros iban desgastando sus cuerpos.

با این حال، سگ‌ها با پیمودن مسافت‌های طولانی، ضعیف‌تر می‌شدند.

Habían viajado mil ochocientas millas durante el invierno.

آنها در طول زمستان هزار و هشتصد مایل سفر کرده بودند.

Tiraron de trineos a lo largo de cada milla de esa brutal distancia.

آنها سورتمه‌ها را در هر مایل از آن مسافت وحشتناک می‌کشیدند.

Incluso los perros de trineo más resistentes sienten tensión después de tantos kilómetros.

حتی سرسخت‌ترین سگ‌های سورتمه‌سوار هم بعد از طی کردن این همه کیلومتر احساس خستگی می‌کنند.

Buck aguantó, mantuvo a su equipo trabajando y mantuvo la disciplina.

باک مقاومت کرد، تیمش را به کار واداشت و نظم را حفظ کرد.

Pero Buck estaba cansado, al igual que los demás en el largo viaje.

اما باک خسته بود، درست مثل بقیه‌ی کسانی که در این سفر طولانی بودند.

Billee gemía y lloraba mientras dormía todas las noches sin falta.

بیلی هر شب بدون وقفه در خواب ناله و گریه می‌کرد.

Joe se volvió aún más amargado y Solleks se mantuvo frío y distante.

جو حتی تلخ‌تر شد و سولکس سرد و بی‌تفاوت ماند.

Pero fue Dave quien sufrió más de todo el equipo.

اما این دیو بود که از بین کل تیم بدترین ضربه را خورد.

Algo había ido mal dentro de él, aunque nadie sabía qué.

چیزی در درونش اشتباه پیش رفته بود، هرچند هیچ‌کس نمی‌دانست چه چیزی.

Se volvió más malhumorado y les gritaba a los demás con creciente enojo.

او بدخلق‌تر شد و با خشم فزاینده‌ای به دیگران پرخاش می‌کرد.

Cada noche iba directo a su nido, esperando ser alimentado.

هر شب او مستقیماً به لانه‌اش می‌رفت و منتظر غذا می‌ماند.

Una vez que cayó, Dave no se levantó hasta la mañana.

دیو وقتی که زمین خورد، تا صبح دیگر بلند نشد.

En las riendas, tirones o arranques repentinos le hacían gritar de dolor.

روی افسار، تکان‌ها یا لرزش‌های ناگهانی باعث می‌شد از درد فریاد بزند.

Su conductor buscó la causa, pero no encontró heridos.

راننده‌اش علت را جستجو کرد، اما هیچ آسیبی در او پیدا نکرد.

Todos los conductores comenzaron a observar a Dave y discutieron su caso.

همه رانندگان شروع به تماشای دیو کردند و در مورد پرونده او بحث کردند.

Hablaron durante las comidas y durante el último cigarrillo del día.

آنها سرِ غذا و موقعِ آخرین سیگار کشیدنشان حرف می‌زدند.

Una noche tuvieron una reunión y llevaron a Dave al fuego.

یک شب آنها جلسه‌ای تشکیل دادند و دیو را به آتش کشیدند.

Le apretaron y le palparon el cuerpo, y él gritaba a menudo.

آنها بدنش را فشار می‌دادند و بررسی می‌کردند، و او اغلب فریاد می‌زد.

Estaba claro que algo iba mal, aunque no parecía haber ningún hueso roto.

واضح بود که مشکلی پیش آمده، هرچند به نظر نمی‌رسید استخوانی شکسته باشد.

Cuando llegaron a Cassiar Bar, Dave se estaba cayendo.

وقتی به کاسیار بار رسیدند، دیو داشت زمین می‌خورد.

El mestizo escocés pidió un alto y eliminó a Dave del equipo.

این دورگه اسکاتلندی، کار را متوقف کرد و دیو را از تیم کنار گذاشت.

Sujetó a Solleks en el lugar de Dave, más cerca del frente del trineo.

او سولکس را در جای دیو، نزدیک‌ترین قسمت به جلوی سورتمه، بست.

Su intención era dejar que Dave descansara y corriera libremente detrás del trineo en movimiento.

او می‌خواست دیو استراحت کند و آزادانه پشت سورتمه در حال حرکت بدود۔

Pero incluso estando enfermo, Dave odiaba que lo sacaran del trabajo que había tenido.

اما دیو حتی در حالت بیماری هم از اینکه از شغلی که قبلاً داشت، گرفته شود، متنفر بود۔

Gruñó y gimió cuando le quitaron las riendas del cuerpo.

او غرغر کرد و ناله کرد وقتی افسار از بدنش کشیده شد۔

Cuando vio a Solleks en su lugar, lloró con el corazón roto.

وقتی سولکس را در جای خود دید، با دلی شکسته و دردی عمیق گریست۔

El orgullo por el trabajo en los senderos estaba profundamente arraigado en Dave, incluso cuando se acercaba la muerte.

حتی با نزدیک شدن مرگ، غرور کار در مسیرهای کوهستانی در وجود دیو عمیقاً موج می‌زد۔

Mientras el trineo se movía, Dave se tambaleaba sobre la nieve blanda cerca del sendero.

همینطور که سورتمه حرکت می‌کرد، دیو در نزدیکی مسیر، روی برف نرم به سختی راه می‌رفت۔

Atacó a Solleks, mordiéndolo y empujándolo desde el costado del trineo.

او به سولکس حمله کرد، او را گاز گرفت و از کنار سورتمه هل داد۔

Dave intentó saltar al arnés y recuperar su lugar de trabajo.

دیو سعی کرد به داخل مهار بپرد و محل کارش را پس بگیرد۔

Gritó, se quejó y lloró, dividido entre el dolor y el orgullo por el trabajo.

او فریاد می‌زد، ناله می‌کرد و گریه می‌کرد، در حالی که بین درد و غرور در حین زایمان گیر کرده بود۔

El mestizo usó su látigo para intentar alejar a Dave del equipo.

آن دورگه با شلاقش سعی کرد دیو را از تیم دور کند۔

Pero Dave ignoró el látigo y el hombre no pudo golpearlo más fuerte.

اما دیو به شلاق توجهی نکرد و آن مرد نتوانست ضربه محکم‌تری به او بزند.

Dave rechazó el camino más fácil detrás del trineo, donde la nieve estaba acumulada.

دیو از مسیر آسان‌تر پشت سورتمه، جایی که برف زیادی جمع شده بود، خودداری کرد.

En cambio, luchaba en la nieve profunda junto al sendero, en la miseria.

در عوض، او در برف عمیق کنار مسیر، با بدبختی دست و پنجه نرم می‌کرد.

Finalmente, Dave se desplomó, quedó tendido en la nieve y aullando de dolor.

سرانجام، دیو از حال رفت، روی برف‌ها افتاد و از درد ناله می‌کرد.

Gritó cuando el largo tren de trineos pasó a su lado uno por uno.

او فریاد زد وقتی که قطار طولانی سورتمه‌ها یکی یکی از کنارش رد شدند.

Aún con las fuerzas que le quedaban, se levantó y tropezó tras ellos.

با این حال، با آخرین نیروی باقی مانده، بلند شد و تلوتلوخوران به دنبال آنها رفت.

Lo alcanzó cuando el tren se detuvo nuevamente y encontró su viejo trineo.

وقتی قطار دوباره توقف کرد، به او رسید و سورتمه قدیمی‌اش را پیدا کرد.

Pasó junto a los otros equipos y se quedó de nuevo al lado de Solleks.

او با دستپاچگی از کنار تیم‌های دیگر گذشت و دوباره کنار سولکس ایستاد.

Cuando el conductor se detuvo para encender su pipa, Dave aprovechó su última oportunidad.

همین که راننده مکث کرد تا پیپش را روشن کند، دیو آخرین شانسش را امتحان کرد.

Cuando el conductor regresó y gritó, el equipo no avanzó.

وقتی راننده برگشت و فریاد زد، تیم جلو نرفت.

Los perros habían girado la cabeza, confundidos por la parada repentina.

سگ‌ها، گیج از توقف ناگهانی، سرشان را برگردانده بودند.

El conductor también estaba sorprendido: el trineo no se había movido ni un centímetro hacia adelante.

راننده هم شوکه شده بود—سورتمه حتی یک اینچ هم جلو نرفته بود.

Llamó a los demás para que vinieran a ver qué había sucedido.

او بقیه را صدا زد تا بیایند و ببینند چه اتفاقی افتاده است.

Dave había mordido las riendas de Solleks, rompiéndolas ambas.

دیو افسار سولکس را جویده و هر دو را از هم جدا کرده بود.

Ahora estaba de pie frente al trineo, nuevamente en su posición correcta.

حالا او جلوی سورتمه ایستاده بود، و دوباره در جایگاه درست خود قرار گرفته بود.

Dave miró al conductor y le rogó en silencio que se mantuviera en el carril.

دیو به راننده نگاه کرد و در سکوت التماس کرد که در مسیر بماند.

El conductor estaba desconcertado, sin saber qué hacer con el perro que luchaba.

راننده گیج شده بود و مطمئن نبود برای سگی که تقلا می‌کرد چه کار کند.

Los otros hombres hablaron de perros que habían muerto al ser sacados a la calle.

مردهای دیگر از سگ‌هایی صحبت می‌کردند که در اثر بیرون بردن مرده بودند.

Contaron sobre perros viejos o heridos cuyo corazón se rompió al ser abandonados.

آنها از سگ‌های پیر یا زخمی می‌گفتند که وقتی تنها گذاشته می‌شدند، دلشان می‌شکست.

Estuvieron de acuerdo en que era una misericordia dejar que Dave muriera mientras aún estaba en su arnés.

آنها توافق کردند که این رحمت است که بگذارند دیو در حالی که هنوز افسارش را در دست دارد بمیرد.

Lo volvieron a sujetar al trineo y Dave tiró con orgullo.

او را دوباره به سورتمه بستند و دیو با غرور آن را کشید.

Aunque a veces gritaba, trabajaba como si el dolor pudiera ignorarse.

اگرچه گاهی اوقات فریاد می‌زد، اما طوری کار می‌کرد که انگار می‌توان درد را نادیده گرفت.

Más de una vez se cayó y fue arrastrado antes de levantarse de nuevo.

بیش از یک بار او افتاد و قبل از اینکه دوباره بلند شود، کشیده شد.

Un día, el trineo pasó por encima de él y desde ese momento empezó a cojear.

یک بار، سورتمه از روی او گذشت و از آن لحظه به بعد او لنگید.

Aún así, trabajó hasta llegar al campamento y luego se acostó junto al fuego.

با این حال، او تا رسیدن به اردوگاه کار کرد و سپس کنار آتش دراز کشید.

Por la mañana, Dave estaba demasiado débil para viajar o incluso mantenerse en pie.

تا صبح، دیو آنقدر ضعیف شده بود که نمی‌توانست حرکت کند یا حتی بایستد.

En el momento de preparar el arnés, intentó alcanzar a su conductor con un esfuerzo tembloroso.

در زمان آماده‌سازی مهار، با تلاشی لرزان سعی کرد به راننده‌اش برسد.

Se obligó a levantarse, se tambaleó y se desplomó sobre el suelo nevado.

او به زور بلند شد، تلو تلو خورد و روی زمین برفی افتاد.

Utilizando sus patas delanteras, arrastró su cuerpo hacia el área del arnés.

با استفاده از پاهای جلویی‌اش، بدنش را به سمت محل مهار کشید.

Avanzó poco a poco, centímetro a centímetro, hacia los perros de trabajo.

او خودش را جلو کشید، سانتی‌متر به سانتی‌متر، به سمت سگ‌های کارگر.

Sus fuerzas se acabaron, pero siguió avanzando en su último y desesperado esfuerzo.

نیرویش تحلیل رفت، اما با آخرین تلاش ناامیدانه‌اش به حرکت ادامه داد.

Sus compañeros de equipo lo vieron jadeando en la nieve, todavía deseando unirse a ellos.

همتیمی‌هایش او را دیدند که در برف نفس نفس می‌زد و هنوز آرزوی پیوستن به آنها را داشت.

Lo oyeron aullar de dolor mientras dejaban atrás el campamento.

آنها هنگام ترک اردوگاه، صدای ناله‌های غم‌انگیز او را شنیدند.

Cuando el equipo desapareció entre los árboles, el grito de Dave resonó detrás de ellos.

همین که تیم در میان درختان ناپدید شد، فریاد دیو پشت سرشان طنین‌انداز شد.

El tren de trineos se detuvo brevemente después de cruzar un tramo de bosque junto al río.

قطار سورتمه‌سواری پس از عبور از بخشی از جنگل‌های رودخانه، برای مدت کوتاهی توقف کرد.

El mestizo escocés caminó lentamente de regreso hacia el campamento que estaba detrás.

دورگه اسکاتلندی به آرامی به سمت اردوگاه پشت سر برگشت.

Los hombres dejaron de hablar cuando lo vieron salir del tren de trineos.

مردها وقتی دیدند که او از قطار سورتمه پیاده می‌شود، حرف‌شان را قطع کردند.

Entonces un único disparo se oyó claro y nítido en el camino.

سپس صدای شلیک گلوله‌ای واضح و تیز در سراسر مسیر طنین‌انداز شد.

El hombre regresó rápidamente y ocupó su lugar sin decir palabra.

مرد سریع برگشت و بدون هیچ حرفی سر جایش نشست.

Los látigos crujieron, las campanas tintinearon y los trineos rodaron por la nieve.

شلاق‌ها به صدا درمی‌آمدند، زنگ‌ها جرینگ جرینگ می‌کردند و سورتمه‌ها در میان برف‌ها غلت می‌خوردند.

Pero Buck sabía lo que había sucedido... y todos los demás perros también.

اما باک می‌دانست چه اتفاقی افتاده است - و هر سگ دیگری هم همینطور.

El trabajo de las riendas y el sendero
رنج و زحمت افسار و مسیر

Treinta días después de salir de Dawson, el Salt Water Mail llegó a Skaguay.

سی روز پس از ترک داوسون، کشتی سالت واتر میل به اسکاگوئه رسید.

Buck y sus compañeros tomaron la delantera, llegando en lamentables condiciones.

باک و همتیمی‌هایش در حالی که در شرایط رقت‌انگیزی رسیده بودند، پیشتاز شدند.

Buck había bajado de ciento cuarenta a ciento quince libras.

وزن باک از صد و چهل پوند به صد و پانزده پوند کاهش یافته بود.

Los otros perros, aunque más pequeños, habían perdido aún más peso corporal.

سگ‌های دیگر، هرچند کوچک‌تر بودند، وزن بدنشان حتی بیشتر کاهش یافته بود.

Pike, que antes fingía cojear, ahora arrastraba tras él una pierna realmente herida.

پایک، که زمانی فقط یک لنگ‌زن مصنوعی بود، حالا یک پای واقعاً زخمی را به دنبال خود می‌کشید.

Solleks cojeaba mucho y Dub tenía un omóplato torcido.

سولکس به شدت می‌لنگید و داب از ناحیه کتف دچار شکستگی شده بود.

Todos los perros del equipo tenían las patas doloridas por las semanas que pasaron en el sendero helado.

تمام سگ‌های تیم به خاطر هفته‌ها رانندگی در مسیر یخ‌زده، پاهایشان درد می‌کرد.

Ya no tenían resorte en sus pasos, sólo un movimiento lento y arrastrado.

دیگر رمقی در قدم‌هایشان نمانده بود، فقط حرکاتشان کند و کشیده می‌شد.

Sus pies golpeaban el sendero con fuerza y cada paso añadía más tensión a sus cuerpos.

پاهایشان محکم به مسیر برخورد می‌کرد و با هر قدم، فشار بیشتری به بدنشان وارد می‌شد.

No estaban enfermos, sólo agotados más allá de toda recuperación natural.

آنها بیمار نبودند، فقط آنقدر خسته بودند که دیگر به طور طبیعی بهبود نمی‌یافتند.
No era el cansancio de un día duro que se curaba con una noche de descanso.
این خستگیِ یک روز سخت نبود که با یک شب استراحت برطرف شود.
Fue un agotamiento acumulado lentamente a lo largo de meses de esfuerzo agotador.
این خستگی به آرامی و طی ماه‌ها تلاش طاقت‌فرسا ایجاد شده بود.
No quedaban reservas de fuerza: habían agotado todas las que tenían.
هیچ نیروی ذخیره‌ای باقی نمانده بود - آنها هر چه داشتند را مصرف کرده بودند.
Cada músculo, fibra y célula de sus cuerpos estaba gastado y desgastado.
هر عضله، فیبر و سلول در بدن آنها تحلیل رفته و فرسوده شده بود.
Y había una razón: habían recorrido dos mil quinientas millas.
و دلیلی هم داشت - آنها دو هزار و پانصد مایل را طی کرده بودند.
Habían descansado sólo cinco días durante las últimas mil ochocientas millas.
آنها در طول هزار و هشتصد مایل آخر، فقط پنج روز استراحت کرده بودند.
Cuando llegaron a Skaguay, parecían apenas capaces de mantenerse en pie.
وقتی به اسکاگوئه رسیدند، به نظر می‌رسید که به سختی می‌توانند صاف بایستند.
Se esforzaron por mantener las riendas tensas y permanecer delante del trineo.
آنها تقلا می‌کردند تا افسار را محکم نگه دارند و از سورتمه جلوتر بمانند.
En las bajadas sólo lograron evitar ser atropellados.
در سرازیری‌ها، آنها فقط توانستند از زیر گرفته شدن توسط ماشین جلوگیری کنند.
"Sigan adelante, pobres pies doloridos", dijo el conductor mientras cojeaban.

رانده در حالی که لنگان لنگان راه می‌رفتند گفت» :به راهت ادامه بده، پاهای دردناک بیچاره«.

"Este es el último tramo, luego todos tendremos un largo descanso, seguro".

این آخرین مرحله است، بعدش مطمئناً همه یه استراحت طولانی » «خواهیم داشت.

"Un descanso verdaderamente largo", prometió mientras los observaba tambalearse hacia adelante.

او در حالی که تلوتلو خوردن آنها را به جلو تماشا می‌کرد، قول داد : «یک استراحت واقعاً طولانی.»

Los conductores esperaban que ahora tuvieran un descanso largo y necesario.

رانندگان انتظار داشتند که حالا یک استراحت طولانی و ضروری داشته باشند.

Habían recorrido mil doscientas millas con sólo dos días de descanso.

آنها دوازدهصد مایل را با تنها دو روز استراحت طی کرده بودند.

Por justicia y razón, sintieron que se habían ganado tiempo para relajarse.

انصافاً و منطقاً، آنها احساس می‌کردند که زمانی برای استراحت به دست آورده‌اند.

Pero eran demasiados los que habían llegado al Klondike y muy pocos los que se habían quedado en casa.

اما تعداد زیادی به کلوندایک آمده بودند و تعداد کمی در خانه مانده بودند.

Las cartas de las familias llegaron en masa, creando montañas de correo retrasado.

سیل نامه‌های خانواده‌ها سرازیر شد و انبوهی از نامه‌های معوق ایجاد کرد.

Llegaron órdenes oficiales: nuevos perros de la Bahía de Hudson tomarían el control.

دستورهای رسمی رسید - قرار بود سگ‌های جدید هادسون بی مسئولیت را بر عهده بگیرند.

Los perros exhaustos, ahora llamados inútiles, debían ser eliminados.

قرار بود سگ‌های خسته که حالا بی‌ارزش نامیده می‌شدند، معدوم شوند.

Como el dinero importaba más que los perros, los iban a vender a bajo precio.

از آنجایی که پول از سگ‌ها مهم‌تر بود، قرار بود آنها ارزان فروخته شوند.

Pasaron tres días más antes de que los perros sintieran lo débiles que estaban.

سه روز دیگر گذشت تا سگ‌ها احساس کنند که چقدر ضعیف شده‌اند.

En la cuarta mañana, dos hombres de Estados Unidos compraron todo el equipo.

صبح روز چهارم، دو مرد آمریکایی کل تیم را خریدند.

La venta incluía todos los perros, además de sus arneses usados.

این حراج شامل تمام سگ‌ها، به علاوه‌ی افسار فرسوده‌شان می‌شد.

Los hombres se llamaban entre sí "Hal" y "Charles" mientras completaban el trato.

این دو مرد هنگام انجام معامله، یکدیگر را »هال «و »چارلز »صدا می‌زدند.

Charles era un hombre de mediana edad, pálido, con labios flácidos y puntas de bigote feroces.

چارلز میانسال، رنگ‌پریده، با لب‌های بی‌رمق و سبیل‌های پرپشت بود.

Hal era un hombre joven, de unos diecinueve años, que llevaba un cinturón lleno de cartuchos.

هال مرد جوانی بود، شاید نوزده ساله، که کمربندی پر از فشنگ به کمر داشت.

El cinturón contenía un gran revólver y un cuchillo de caza, ambos sin usar.

کمربند، یک هفت‌تیر بزرگ و یک چاقوی شکاری را در خود جای داده بود، که هر دو استفاده نشده بودند.

Esto demostró lo inexperto e inadecuado que era para la vida en el norte.

این نشان می‌داد که او چقدر برای زندگی در شمال بی‌تجربه و نامناسب است.

Ninguno de los dos pertenecía a la naturaleza; su presencia desafiaba toda razón.

هیچ‌کدام از آن دو مرد به طبیعت وحشی تعلق نداشتند؛ حضورشان با هر منطقی مغایرت داشت.

Buck observó cómo el dinero intercambiaba manos entre el comprador y el agente.

باک تماشا می‌کرد که چطور پول بین خریدار و نماینده‌ی فروش رد و بدل می‌شود.

Sabía que los conductores de trenes correos abandonaban su vida como el resto.

او می‌دانست که رانندگان قطار پستی هم مثل بقیه از زندگی‌اش می‌روند.

Siguieron a Perrault y a François, ahora desaparecidos sin posibilidad de recuperación.

آنها از پرو و فرانسوا پیروی کردند، که اکنون دیگر به یاد نمی‌آیند.

Buck y el equipo fueron conducidos al descuidado campamento de sus nuevos dueños.

باک و تیمش به اردوگاه شلخته‌ی صاحبان جدیدشان هدایت شدند.

La tienda se hundía, los platos estaban sucios y todo estaba desordenado.

چادر فرو ریخته بود، ظرف‌ها کثیف بودند و همه چیز به هم ریخته بود.

Buck también notó que había una mujer allí: Mercedes, la esposa de Charles y hermana de Hal.

باک متوجه زنی هم آنجا شد - مرسدس، همسر چارلز و خواهر هال.

Formaban una familia completa, aunque no eran aptos para el recorrido.

آنها یک خانواده کامل را تشکیل می‌دادند، هرچند که برای مسیر مناسب نبودند.

Buck observó nervioso cómo el trío comenzó a empacar los suministros.

باک با نگرانی نگاه می‌کرد که آن سه نفر شروع به بسته‌بندی وسایل کردند.

Trabajaron duro, pero sin orden: sólo alboroto y esfuerzos desperdiciados.

آنها سخت کار می‌کردند اما بدون نظم - فقط هیاهو و تلاش بیهوده.

La tienda estaba enrollada hasta formar un volumen demasiado grande para el trineo.

چادر لوله شده و به شکل حجیمی درآمده بود، برای سورتمه خیلی بزرگ بود.

Los platos sucios se empaquetaron sin limpiarlos ni secarlos.

ظرف‌های کثیف بدون اینکه اصلاً شسته یا خشک شوند، بسته‌بندی شده بودند.

Mercedes revoloteaba por todos lados, hablando,
corrigiendo y entrometiéndose constantemente.

مرسدس این‌طرف و آن‌طرف می‌رفت، مدام حرف می‌زد، حرف کسی
را تصحیح می‌کرد و دخالت می‌کرد.

Cuando le ponían un saco en el frente, ella insistía en que lo
pusieran en la parte de atrás.

وقتی یک کیسه جلو گذاشته شد، او اصرار داشت که آن را عقب بگذارد.

Metió la bolsa en el fondo y al siguiente momento la
necesitó.

او کیسه را در ته آن گذاشت و لحظه بعد به آن نیاز داشت.

De esta manera, el trineo fue desempaquetado nuevamente
para alcanzar la bolsa específica.

بنابراین سورتمه دوباره از بسته‌بندی خارج شد تا به آن کیسه‌ی خاص
برسد.

Cerca de allí, tres hombres estaban parados afuera de una
tienda de campaña, observando cómo se desarrollaba la
escena.

در همان نزدیکی، سه مرد بیرون چادری ایستاده بودند و صحنه را
تماشا می‌کردند.

Sonrieron, guiñaron el ojo y sonrieron ante la evidente
confusión de los recién llegados.

آنها با دیدن سردرگمی آشکار تازه واردها، لبخند زدند، چشمک زدند و
پوزخند زدند.

"Ya tienes una carga bastante pesada", dijo uno de los
hombres.

«یکی از مردها گفت»: شما همین الان هم بار سنگینی دارید.

"No creo que debas llevar esa tienda de campaña, pero es tu
elección".

فکر نمی‌کنم لازم باشه اون چادر رو با خودت ببری، اما انتخاب با »
«خودته.

"¡Inimaginable!", exclamó Mercedes levantando las manos
con desesperación.

مرسدس با ناامیدی دستانش را بالا برد و فریاد زد» :خوابش هم
«نمی‌دیدم.

"¿Cómo podría viajar sin una tienda de campaña donde
refugiarme?"

«چطور می‌توانستم بدون چادر سفر کنم؟»

"Es primavera, ya no volverás a ver el frío", respondió el hombre.

«مرد پاسخ داد» :بهار است ـ دیگر هوای سرد را نخواهی دید.

Pero ella meneó la cabeza y ellos siguieron apilando objetos en el trineo.

اما او سرش را تکان داد، و آنها همچنان وسایل را روی سورتمه انباشته می‌کردند.

La carga se elevó peligrosamente a medida que añadían los últimos elementos.

وقتی آخرین چیزها را اضافه می‌کردند، بار به طرز خطرناکی بالا رفته بود.

"¿Crees que el trineo se deslizará?" preguntó uno de los hombres con mirada escéptica.

یکی از مردها با نگاهی شکاک پرسید» :فکر می‌کنید سورتمه حرکت خواهد کرد؟«

"¿Por qué no debería?", replicó Charles con gran fastidio.

«چارلز با دلخوری شدیدی جواب داد» :چرا نباید این کار را بکند؟«

—Está bien —dijo rápidamente el hombre, alejándose un poco de la ofensa.

مرد سریع گفت» :اوه، اشکالی ندارد. «و از لحن تهاجمی‌اش عقب‌نشینی کرد.

"Solo me preguntaba, me pareció que tenía la parte superior demasiado pesada".

«فقط داشتم فکر می‌کردم ـ به نظرم یه کم زیادی سنگین اومد.«

Charles se dio la vuelta y ató la carga lo mejor que pudo.

چارلز برگشت و بار را تا جایی که می‌توانست محکم بست.

Pero las ataduras estaban sueltas y el embalaje en general estaba mal hecho.

اما بندها شل بودند و بسته‌بندی در کل ضعیف انجام شده بود.

"Claro, los perros tirarán de eso todo el día", dijo otro hombre con sarcasmo.

مرد دیگری با طعنه گفت» :البته، سگ‌ها تمام روز آن را خواهند کشید.«

—Por supuesto —respondió Hal con frialdad, agarrando el largo palo del trineo.

هال با سردی پاسخ داد» :البته. «و میله‌ی بلندِ جی‌میله‌ی سورتمه را گرفت.

Con una mano en el poste, blandía el látigo con la otra.

با یک دست بر تیرک، شلاق را با دست دیگر چرخاند.

"¡Vamos!", gritó. "¡Muévanse!", instando a los perros a empezar.

او فریاد زد» :بریم. «و سگ‌ها را به شروع کردن تشویق کرد» :تکانش «بدید.

Los perros se inclinaron hacia el arnés y se tensaron durante unos instantes.

سگ‌ها به افسار تکیه دادند و برای چند لحظه تقلا کردند.

Entonces se detuvieron, incapaces de mover ni un centímetro el trineo sobrecargado.

سپس آنها ایستادند، نتوانستند سورتمه پر از بار را حتی یک اینچ هم تکان دهند.

—¡Esos brutos perezosos! —gritó Hal, levantando el látigo para golpearlos.

هال فریاد زد» :تنبل‌های وحشی. «و شلاق را بالا برد تا آنها را بزند.

Pero Mercedes entró corriendo y le arrebató el látigo de las manos a Hal.

اما مرسدس به سرعت وارد شد و شلاق را از دست هال قاپید.

—Oh, Hal, no te atrevas a hacerles daño —gritó alarmada.

«او با وحشت فریاد زد» :اوه، هال، جرأت نکن به آنها آسیبی برسانی.

"Prométeme que serás amable con ellos o no daré un paso más".

به من قول بده که با آنها مهربان باشی، وگرنه دیگر قدمی برنخواهم » «داشت.

—No sabes nada de perros —le espetó Hal a su hermana.

«هال با عصبانیت به خواهرش گفت» :تو هیچی از سگ‌ها نمی‌دونی.

"Son perezosos y la única forma de moverlos es azotándolos".

«آنها تنبل هستند و تنها راه برای حرکت دادنشان شلاق زدن است.»

"Pregúntale a cualquiera, pregúntale a uno de esos hombres de allí si dudas de mí".

از هر کسی بپرس ـ اگر به من شک داری از یکی از آن مردها آنجا » «بپرس.

Mercedes miró a los espectadores con ojos suplicantes y llorosos.

مرسدس با چشمانی اشکبار و التماس‌آمیز به تماشاگران نگاه می‌کرد.

Su rostro mostraba lo profundamente que odiaba ver cualquier dolor.

چهره‌اش نشان می‌داد که چقدر از دیدن هرگونه درد و رنجی متنفر است.

"Están débiles, eso es todo", dijo un hombre. "Están agotados".

«یکی از آنها گفت» :آنها ضعیف هستند، همین. آنها فرسوده شده‌اند.

"Necesitan descansar, han trabajado demasiado tiempo sin descansar".

آنها به استراحت نیاز دارند - مدت زیادی بدون استراحت از آنها کار » «کشیده شده است.

—Maldito sea el resto —murmuró Hal con el labio curvado.

هال با لب‌های جمع‌شده زیر لب گفت» :لعنت به آرامش ابدی)».

Mercedes jadeó, visiblemente dolida por la grosera palabra que pronunció.

مرسدس نفسش بند آمد، مشخص بود که از حرف بی‌ادبانه او رنجیده است.

Aún así, ella se mantuvo leal y defendió instantáneamente a su hermano.

با این حال، او وفادار ماند و فوراً از برادرش دفاع کرد.

—No le hagas caso a ese hombre —le dijo a Hal—. Son nuestros perros.

«او به هال گفت» :به آن مرد اهمیت نده. آنها سگ‌های ما هستند.

"Los conduces como mejor te parezca, haz lo que creas correcto".

شما آنها را هر طور که صلاح می‌دانید هدایت می‌کنید - کاری را که » «فکر می‌کنید درست است انجام دهید.

Hal levantó el látigo y volvió a golpear a los perros sin piedad.

هال شلاق را بالا برد و دوباره بدون رحم سگ‌ها را زد.

Se lanzaron hacia adelante, con el cuerpo agachado y los pies hundidos en la nieve.

آنها به جلو خیز برداشتند، بدن‌هایشان پایین بود و پاهایشان در برف فرو می‌رفت.

Ponían toda su fuerza en tirar, pero el trineo no se movía.

تمام قدرتشان صرف کشیدن سورتمه شد، اما سورتمه حرکت نمی‌کرد.

El trineo quedó atascado, como un ancla congelada en la nieve compacta.

سورتمه مثل لنگری که در برف فشرده یخ زده باشد، گیر کرده بود.

Tras un segundo esfuerzo, los perros se detuvieron de
nuevo, jadeando con fuerza.

پس از دومین تلاش، سگ‌ها دوباره ایستادند و به سختی نفس نفس
می‌زدند.

Hal levantó el látigo una vez más, justo cuando Mercedes
interfirió nuevamente.

هال دوباره شلاق را بالا برد، درست همان موقع مرسدس دوباره دخالت
کرد.

Ella cayó de rodillas frente a Buck y abrazó su cuello.

او جلوی باک زانو زد و گردنش را در آغوش گرفت.

Las lágrimas llenaron sus ojos mientras le suplicaba al perro
exhausto.

در حالی که از سگ خسته التماس می‌کرد، اشک در چشمانش حلقه زده
بود.

"Pobres queridos", dijo, "¿por qué no tiran más fuerte?"

«او گفت» :عزیزان بیچاره، چرا محکم‌تر نمی‌کشید؟

"Si tiras, no te azotarán así".

«اگر بکشی، دیگر نمی‌توانی این‌طور شلاق بخوری.»

A Buck no le gustaba Mercedes, pero estaba demasiado
cansado para resistirse a ella ahora.

باک از مرسدس خوشش نمی‌آمد، اما حالا خیلی خسته بود که در مقابلش
مقاومت کند.

Él aceptó sus lágrimas como una parte más de ese día
miserable.

او اشک‌های او را به عنوان بخشی دیگر از آن روز نحس پذیرفت.

Uno de los hombres que observaban finalmente habló
después de contener su ira.

یکی از مردانی که نظاره‌گر بود، بالاخره پس از اینکه خشمش را فرو
خورد، لب به سخن گشود.

"No me importa lo que les pase a ustedes, pero esos perros
importan".

برای من مهم نیست چه اتفاقی برای شما دوستان می‌افتد، اما آن سگ‌ها »
«مهم هستند.

"Si quieres ayudar, suelta ese trineo: está congelado hasta la
nieve".

«اگر می‌خواهی کمک کنی، آن سورتمه را شل کن - از برف یخ زده.»
"Presiona con fuerza el polo G, derecha e izquierda, y rompe el sello de hielo".
«از راست و چپ محکم به میله‌ی جی‌میل فشار بده و یخبند رو بشکن.»
Se hizo un tercer intento, esta vez siguiendo la sugerencia del hombre.
این بار به پیشنهاد مرد، تلاش سومی انجام شد.
Hal balanceó el trineo de un lado a otro, soltando los patines.
هال سورتمه را از این سو به آن سو تکان داد و باعث شد که تیغه‌های آن شل شوند.
El trineo, aunque sobrecargado y torpe, finalmente avanzó con dificultad.
سورتمه، هرچند بیش از حد سنگین و دست و پا چلفتی بود، بالاخره به جلو حرکت کرد.
Buck y los demás tiraron salvajemente, impulsados por una tormenta de latigazos.
باک و دیگران، در حالی که طوفانی از ضربات شلاق آنها را به حرکت در آورده بود، وحشیانه خود را می‌کشیدند.
Cien metros más adelante, el sendero se curvaba y descendía hacia la calle.
صد یارد جلوتر، مسیر پیچ خورد و به خیابان سرازیر شد.
Se hubiera necesitado un conductor habilidoso para mantener el trineo en posición vertical.
قرار بود یک راننده ماهر سورتمه را سرپا نگه دارد.
Hal no era hábil y el trineo se volcó al girar en la curva.
هال ماهر نبود و سورتمه هنگام پیچیدن کج شد.
Las ataduras sueltas cedieron y la mitad de la carga se derramó sobre la nieve.
تسمه‌های شل شدند و نیمی از بار روی برف ریخت.
Los perros no se detuvieron; el trineo, más ligero, siguió volando de lado.
سگ‌ها توقف نکردند؛ سورتمه سبک‌تر به پهلو به پرواز درآمد.
Enojados por el abuso y la pesada carga, los perros corrieron más rápido.
سگ‌ها که از بدرفتاری و بار سنگین عصبانی بودند، تندتر دویدند.

Buck, furioso, echó a correr, con el equipo siguiéndolo detrás.

باک، با خشم، شروع به دویدن کرد و تیمش هم پشت سرش می‌دوید.

Hal gritó "¡Guau! ¡Guau!", pero el equipo no le hizo caso.

هال فریاد زد »وای- وای- «اما تیم هیچ توجهی به او نکرد.

Tropezó, cayó y fue arrastrado por el suelo por el arnés.

پایش گیر کرد، افتاد و افسار اسب روی زمین کشیده شد.

El trineo volcado saltó sobre él mientras los perros corrían delante.

سورتمه واژگون شده به او برخورد کرد و سگ‌ها به سرعت از او جلو زدند.

El resto de los suministros se dispersaron por la concurrida calle de Skaguay.

بقیه‌ی وسایل در خیابان شلوغ اسکاگوئه پخش شده بود.

La gente bondadosa se apresuró a detener a los perros y recoger el equipo.

مردم مهربان هجوم آوردند تا سگ‌ها را متوقف کنند و وسایل را جمع کنند.

También dieron consejos, contundentes y prácticos, a los nuevos viajeros.

آنها همچنین به مسافران جدید، نصیحت‌هایی رک و صریح و کاربردی ارائه دادند.

"Si quieres llegar a Dawson, lleva la mitad de la carga y el doble de perros".

اگر می‌خواهی به داوسون برسی، نصف بار را بردار و سگ‌ها را دو » برابر کن.«

Hal, Charles y Mercedes escucharon, aunque no con entusiasmo.

هال، چارلز و مرسدس گوش می‌دادند، هرچند نه با اشتیاق.

Instalaron su tienda de campaña y comenzaron a clasificar sus suministros.

چادرشان را برپا کردند و شروع به مرتب کردن وسایلشان کردند.

Salieron alimentos enlatados, lo que hizo reír a carcajadas a los espectadores.

کنسروها بیرون آمدند که باعث خنده‌ی تماشاگران شد.

"¿Enlatado en el camino? Te morirás de hambre antes de que se derrita", dijo uno.

یکی گفت» :غذاهای کنسروی توی مسیر؟ قبل از اینکه آب بشن از
«گرسنگی می‌میری.

¿Mantas de hotel? Mejor tíralas todas.

«پتوهای هتل؟ بهتره همه‌شون رو دور بریزی.»

"Si también deshazte de la tienda de campaña, aquí nadie
lava los platos".

«چادر را هم جمع کنید، اینجا کسی ظرف نمی‌شوید.»

¿Crees que estás viajando en un tren Pullman con sirvientes
a bordo?

فکر می‌کنی سوار قطار پولمن هستی و خدمتکارها هم همراهت »
«هستند؟

El proceso comenzó: todos los objetos inútiles fueron
arrojados a un lado.

روند شروع شد - هر وسیله‌ی بی‌فایده به گوشه‌ای پرتاب شد.

Mercedes lloró cuando sus maletas fueron vaciadas en el
suelo nevado.

مرسدس وقتی چمدان‌هایش روی زمین برفی خالی شد، گریه کرد.

Ella sollozaba por cada objeto que tiraba, uno por uno, sin
pausa.

او برای هر وسیله‌ای که دور انداخته می‌شد، یکی یکی و بدون مکث،
هق هق می‌کرد.

Ella juró no dar un paso más, ni siquiera por diez Charleses.

او قسم خورد که حتی یک قدم دیگر هم جلو نرود - حتی برای ده چارلز.

Ella le rogó a cada persona cercana que le permitiera
conservar sus cosas preciosas.

او از هر کسی که در آن نزدیکی بود التماس کرد که اجازه دهد چیزهای
گران‌بهایش را نگه دارد.

Por último, se secó los ojos y comenzó a arrojar incluso la
ropa más importante.

بالاخره اشک‌هایش را پاک کرد و شروع به دور انداختن لباس‌های
ضروری‌اش کرد.

Cuando terminó con los suyos, comenzó a vaciar los
suministros de los hombres.

وقتی کارش با خودش تمام شد، شروع به خالی کردن آذوقه مردان کرد.

Como un torbellino, destrozó las pertenencias de Charles y
Hal.

او مانند گردبادی، وسایل چارلز و هال را به هم ریخت.

Aunque la carga se redujo a la mitad, todavía era mucho más pesada de lo necesario.

اگرچه بار نصف شده بود، اما هنوز خیلی سنگین‌تر از حد نیاز بود.

Esa noche, Charles y Hal salieron y compraron seis perros nuevos.

آن شب، چارلز و هال بیرون رفتند و شش سگ جدید خریدند.

Estos nuevos perros se unieron a los seis originales, además de Teek y Koona.

این سگ‌های جدید به شش سگ اصلی، به علاوه‌ی تیک و کونا، اضافه شدند.

Juntos formaron un equipo de catorce perros enganchados al trineo.

آنها با هم تیمی از چهارده سگ را تشکیل دادند که به سورتمه بسته شده بودند.

Pero los nuevos perros no eran aptos y estaban mal entrenados para el trabajo con trineos.

اما سگ‌های جدید برای کار با سورتمه نامناسب و آموزش ندیده بودند.

Tres de los perros eran pointers de pelo corto y uno era un Terranova.

سه تا از سگ‌ها از نژاد پوینتر مو کوتاه و یکی از آنها از نژاد نیوفاندلند بود.

Los dos últimos perros eran mestizos, sin ninguna raza ni propósito claros.

دو سگ آخر، سگ‌های بی‌صاحبی بودند که نژاد یا هدف مشخصی نداشتند.

No entendieron el camino y no lo aprendieron rápidamente.

آنها مسیر را نمی‌فهمیدند، و آن را به سرعت یاد نمی‌گرفتند.

Buck y sus compañeros los miraron con desprecio y profunda irritación.

باک و رفقایش با تمسخر و آزردگی عمیقی آنها را تماشا می‌کردند.

Aunque Buck les enseñó lo que no debían hacer, no podía enseñarles cuál era el deber.

اگرچه باک به آنها یاد داد که چه کاری را نباید انجام دهند، اما نمی‌توانست وظیفه‌شناسی را آموزش دهد.

No se adaptaron bien a la vida en senderos ni al tirón de las riendas y los trineos.

آنها از دنبال کردن مسیر یا کشیدن افسار و سورتمه خوششان نمی‌آمد.

Sólo los mestizos intentaron adaptarse, e incluso a ellos les faltó espíritu de lucha.

فقط دورگه‌ها سعی در سازگاری داشتند و حتی آنها هم فاقد روحیه جنگندگی بودند.

Los demás perros estaban confundidos, debilitados y destrozados por su nueva vida.

سگ‌های دیگر گیج، ضعیف و از زندگی جدیدشان شکسته بودند.

Con los nuevos perros desorientados y los viejos exhaustos, la esperanza era escasa.

با بی‌خبری سگ‌های جدید و خستگی سگ‌های قدیمی، امید کمرنگ شده بود.

El equipo de Buck había recorrido dos mil quinientas millas de senderos difíciles.

تیم باک دو هزار و پانصد مایل از مسیر ناهموار را طی کرده بود.

Aún así, los dos hombres estaban alegres y orgullosos de su gran equipo de perros.

با این حال، آن دو مرد شاد بودند و به تیم بزرگ سگ‌هایشان افتخار می‌کردند.

Creían que viajaban con estilo, con catorce perros enganchados.

آنها فکر می‌کردند که با چهارده سگِ به زنجیر کشیده شده، با سبک و سیاق سفر می‌کنند.

Habían visto trineos partir hacia Dawson y otros llegar desde allí.

آنها دیده بودند که سورتمه‌ها به سمت داوسون حرکت می‌کردند و سورتمه‌های دیگری از آنجا می‌رسیدند.

Pero nunca habían visto uno tirado por tantos catorce perros.

اما هرگز ندیده بودند که یکی از آنها توسط چهارده سگ کشیده شود.

Había una razón por la que equipos como ese eran raros en el desierto del Ártico.

دلیلی وجود داشت که چنین تیم‌هایی در طبیعت بکر قطب شمال نادر بودند.

Ningún trineo podría transportar suficiente comida para alimentar a catorce perros durante el viaje.

هیچ سورتمه‌ای نمی‌توانست غذای کافی برای سیر کردن چهارده سگ در طول سفر را حمل کند.

Pero Charles y Hal no lo sabían: habían hecho los cálculos.

اما چارلز و هال این را نمی‌دانستند—آنها محاسبات را انجام داده بودند.

Planificaron la comida: tanta cantidad por perro, tantos días, y listo.

آنها غذا را با مداد نوشتند: فلان مقدار برای هر سگ، فلان تعداد روز، تمام شد.

Mercedes miró sus figuras y asintió como si tuviera sentido.

مرسدس به ارقام آنها نگاه کرد و طوری سر تکان داد که انگار حرفش منطقی بوده است.

Todo le parecía muy sencillo, al menos en el papel.

همه چیز برای او خیلی ساده به نظر می‌رسید، حداقل روی کاغذ.

A la mañana siguiente, Buck guió al equipo lentamente por la calle nevada.

صبح روز بعد، باک تیم را به آرامی در خیابان برفی هدایت کرد.

No había energía ni espíritu en él ni en los perros detrás de él.

هیچ انرژی یا روحی در او یا سگ‌های پشت سرش وجود نداشت.

Estaban muertos de cansancio desde el principio: no les quedaban reservas.

آنها از همان ابتدا کاملاً خسته بودند - دیگر نیروی ذخیره‌ای باقی نمانده بود.

Buck ya había hecho cuatro viajes entre Salt Water y Dawson.

باک تا آن موقع چهار بار بین سالت واتر و داوسون سفر کرده بود.

Ahora, enfrentado nuevamente el mismo desafío, no sentía nada más que amargura.

حالا که دوباره با همان مسیر روبرو شده بود، چیزی جز تلخی احساس نمی‌کرد.

Su corazón no estaba en ello, ni tampoco el corazón de los otros perros.

نه دلش با این کار بود و نه دل سگ‌های دیگر.

Los nuevos perros eran tímidos y los huskies carecían de confianza.

سگ‌های جدید ترسو بودند و هاسکی‌ها هیچ اعتمادی نداشتند.

Buck sintió que no podía confiar en estos dos hombres ni en su hermana.

باک احساس کرد که نمی‌تواند به این دو مرد یا خواهرشان تکیه کند.

No sabían nada y no mostraron señales de aprender en el camino.

آنها هیچ چیز نمی‌دانستند و هیچ نشانه‌ای از یادگیری در مسیر نشان ندادند.

Estaban desorganizados y carecían de cualquier sentido de disciplina.

آنها بی‌نظم بودند و هیچ نظم و انضباطی نداشتند.

Les tomó media noche montar un campamento descuidado cada vez.

هر بار نصف شب طول می‌کشید تا یک کمپ شلخته برپا کنند.

Y la mitad de la mañana siguiente la pasaron otra vez jugueteando con el trineo.

و نیمی از صبح روز بعد را دوباره به ور رفتن با سورتمه گذراندند.

Al mediodía, a menudo se detenían simplemente para arreglar la carga desigual.

تا ظهر، آنها اغلب فقط برای تعمیر بار ناهموار توقف می‌کردند.

Algunos días, viajaron menos de diez millas en total.

بعضی روزها، آنها در مجموع کمتر از ده مایل سفر می‌کردند.

Otros días ni siquiera conseguían salir del campamento.

روزهای دیگر، آنها اصلاً موفق به ترک اردوگاه نشدند.

Nunca llegaron a cubrir la distancia alimentaria planificada.

آنها هرگز به پوشش مسافت غذایی برنامه‌ریزی‌شده نزدیک هم نشدند.

Como era de esperar, muy rápidamente se quedaron sin comida para los perros.

همان‌طور که انتظار می‌رفت، خیلی زود غذای سگ‌ها تمام شد.

Empeoró las cosas sobrealimentándolos en los primeros días.

آنها با تغذیه بیش از حد در روزهای اول، اوضاع را بدتر کردند.

Esto acercaba la hambruna con cada ración descuidada.

این با هر جیره‌بندی بی‌دقت، گرسنگی را نزدیک‌تر می‌کرد.

Los nuevos perros no habían aprendido a sobrevivir con muy poco.

سگ‌های جدید یاد نگرفته بودند که با غذای بسیار کم زنده بمانند.

Comieron con hambre, con apetitos demasiado grandes para el camino.

آنها با ولع غذا خوردند، اشتهایشان برای مسیر بیش از حد زیاد بود.

Al ver que los perros se debilitaban, Hal creyó que la comida no era suficiente.

هال با دیدن ضعف سگ‌ها، معتقد بود که غذا کافی نیست.

Duplicó las raciones, empeorando aún más el error.

او جیره‌ها را دو برابر کرد و این اشتباه را بدتر کرد.

Mercedes añadió más problemas con lágrimas y suaves súplicas.

مرسدس با اشک‌ها و التماس‌های ملایمش مشکل را پیچیده‌تر کرد.

Cuando no pudo convencer a Hal, alimentó a los perros en secreto.

وقتی نتوانست هال را متقاعد کند، مخفیانه به سگ‌ها غذا می‌داد.

Ella robó de los sacos de pescado y se lo dio a sus espaldas.

او از کیسه‌های ماهی دزدید و پشت سر او به آنها داد.

Pero lo que los perros realmente necesitaban no era más comida: era descanso.

اما چیزی که سگ‌ها واقعاً به آن نیاز داشتند، غذای بیشتر نبود، بلکه استراحت بود.

Iban a poca velocidad, pero el pesado trineo aún seguía avanzando.

آنها به سختی راه می‌رفتند، اما سورتمه سنگین هنوز به جلو کشیده می‌شد.

Ese peso solo les quitaba las fuerzas que les quedaban cada día.

آن وزن به تنهایی هر روز نیروی باقی مانده آنها را تحلیل می‌برد.

Luego vino la etapa de desalimentación ya que los suministros escasearon.

سپس با کم شدن آذوقه، مرحله‌ی تغذیه‌ی ناکافی فرا رسید.

Una mañana, Hal se dio cuenta de que la mitad de la comida para perros ya había desaparecido.

هال یک روز صبح متوجه شد که نیمی از غذای سگ تمام شده است.

Sólo habían recorrido una cuarta parte de la distancia total del recorrido.

آنها فقط یک چهارم کل مسیر را طی کرده بودند.

No se podía comprar más comida por ningún precio que se ofreciera.

دیگر هیچ غذایی قابل خرید نبود، فرقی نمی‌کرد چه قیمتی پیشنهاد شود.

Redujo las raciones de los perros por debajo de la ración diaria estándar.

او سهم سگ‌ها را کمتر از جیره استاندارد روزانه کاهش داد۔

Al mismo tiempo, exigió viajes más largos para compensar las pérdidas.

در عین حال، او خواستار سفرهای طولانی‌تر برای جبران خسارت شد۔

Mercedes y Carlos apoyaron este plan, pero fracasaron en su ejecución.

مرسدس و چارلز از این طرح حمایت کردند، اما در اجرا شکست خوردند۔

Su pesado trineo y su falta de habilidad hicieron que el avance fuera casi imposible.

سورتمه سنگین و فقدان مهارت آنها، پیشروی را تقریباً غیرممکن می‌کرد۔

Era fácil dar menos comida, pero imposible forzar más esfuerzo.

دادن غذای کمتر آسان بود، اما وادار کردن به تلاش بیشتر غیرممکن بود۔

No podían salir temprano ni tampoco viajar horas extras.

آنها نه می‌توانستند زودتر شروع کنند و نه می‌توانستند برای ساعات اضافی سفر کنند۔

No sabían cómo trabajar con los perros, ni tampoco ellos mismos.

آنها نه می‌دانستند چطور با سگ‌ها کار کنند، و نه خودشان، در آن مورد۔

El primer perro que murió fue Dub, el desafortunado pero trabajador ladrón.

اولین سگی که مُرد، داب، دزد بدشانس اما سخت‌کوش بود۔

Aunque a menudo lo castigaban, Dub había hecho su parte sin quejarse.

اگرچه داب اغلب تنبیه می‌شد، اما بدون هیچ شکایتی بار مسئولیتش را به دوش می‌کشید۔

Su hombro lesionado empeoró sin cuidados ni necesidad de descanso.

شانه آسیب دیده او بدون مراقبت یا نیاز به استراحت، بدتر شد۔

Finalmente, Hal usó el revólver para acabar con el sufrimiento de Dub.

سرانجام، هال از هفت‌تیر برای پایان دادن به رنج داب استفاده کرد۔

Un dicho común afirma que los perros normales mueren con raciones para perros esquimales.

یک ضرب‌المثل رایج ادعا می‌کند که سگ‌های معمولی با جیره غذایی هاسکی می‌میرند.

Los seis nuevos compañeros de Buck tenían sólo la mitad de la porción de comida del husky.

شش همراه جدید باک فقط نصف سهم هاسکی از غذا را داشتند.

Primero murió el Terranova y después los tres bracos de pelo corto.

نیوفاندلند اول مُرد، بعد سه پوینتر مو کوتاه.

Los dos mestizos resistieron más tiempo pero finalmente perecieron como el resto.

آن دو سگ دورگه مدت بیشتری دوام آوردند اما سرانجام مانند بقیه از بین رفتند.

Para entonces, todas las comodidades y la dulzura de Southland habían desaparecido.

در این زمان، تمام امکانات رفاهی و لطافت سرزمین جنوبی از بین رفته بود.

Las tres personas habían perdido los últimos vestigios de su educación civilizada.

آن سه نفر آخرین نشانه‌های تربیت متمدنانه خود را از دست داده بودند.

Despojado de glamour y romance, el viaje al Ártico se volvió brutalmente real.

سفر به قطب شمال، عاری از زرق و برق و عاشقانه، به طرز وحشیانه‌ای واقعی شد.

Era una realidad demasiado dura para su sentido de masculinidad y feminidad.

این واقعیت برای حس مردانگی و زنانگی آنها بیش از حد خشن بود.

Mercedes ya no lloraba por los perros, ahora lloraba sólo por ella misma.

مرسدس دیگر برای سگ‌ها گریه نمی‌کرد، بلکه حالا فقط برای خودش گریه می‌کرد.

Pasó su tiempo llorando y peleando con Hal y Charles.

او وقتش را صرف گریه و دعوا با هال و چارلز کرد.

Pelear era lo único que nunca estaban demasiado cansados para hacer.

دعوا تنها کاری بود که آنها هرگز از انجام دادنش خسته نمی‌شدند.

Su irritabilidad surgió de la miseria, creció con ella y la superó.

کج‌خلقی آنها از بدبختی ناشی می‌شد، با آن رشد می‌کرد و از آن پیشی می‌گرفت.

La paciencia del camino, conocida por quienes trabajan y sufren con bondad, nunca llegó.

صبر و شکیباییِ مسیر، که برای کسانی که زحمت می‌کشند و با مهربانی رنج می‌برند، شناخته شده است، هرگز فرا نرسید.

Esa paciencia que conserva dulce la palabra a pesar del dolor les era desconocida.

آن صبری که در میان درد، سخن را شیرین نگه می‌دارد، برایشان ناشناخته بود.

No tenían ni un ápice de paciencia ni la fuerza que suponía sufrir con gracia.

آنها هیچ نشانه‌ای از صبر و شکیبایی نداشتند، هیچ قدرتی که از رنج کشیدن با ظرافت حاصل شود، در آنها دیده نمی‌شد.

Estaban rígidos por el dolor: les dolían los músculos, los huesos y el corazón.

آنها از درد خشکشان زده بود—درد در عضلات، استخوان‌ها و قلب‌هایشان.

Por eso se volvieron afilados de lengua y rápidos para usar palabras ásperas.

به همین دلیل، زبانشان تیز شد و سخنان تندی گفتند.

Cada día comenzaba y terminaba con voces enojadas y amargas quejas.

هر روز با صداهای خشمگین و شکایت‌های تلخ شروع و پایان می‌یافت.

Charles y Hal discutían cada vez que Mercedes les daba una oportunidad.

چارلز و هال هر وقت مرسدس به آنها فرصتی می‌داد، با هم دعوا می‌کردند.

Cada hombre creía que hacía más de lo que le correspondía en el trabajo.

هر مرد معتقد بود که بیش از سهم عادلانه خود از کار، کار انجام داده است.

Ninguno de los dos perdió la oportunidad de decirlo una y otra vez.

نه هرگز فرصتی را برای گفتن این موضوع از دست نداد، بارها و بارها.

A veces Mercedes se ponía del lado de Charles, a veces del lado de Hal.

گاهی اوقات مرسدس طرف چارلز را می‌گرفت، گاهی اوقات طرف هال را.

Esto dio lugar a una gran e interminable disputa entre los tres.

این منجر به یک دعوای بزرگ و بی‌پایان بین این سه نفر شد.

Una disputa sobre quién debería cortar leña se salió de control.

اختلاف بر سر اینکه چه کسی باید هیزم بشکند، از کنترل خارج شد.

Pronto se nombraron padres, madres, primos y parientes muertos.

خیلی زود، پدران، مادران، پسرعموها و اقوام فوت شده نامگذاری شدند.

Las opiniones de Hal sobre el arte o las obras de su tío se convirtieron en parte de la pelea.

دیدگاه‌های هال در مورد هنر یا نمایشنامه‌های عمویش بخشی از این دعوا شد.

Las creencias políticas de Charles también entraron en el debate.

باورهای سیاسی چارلز نیز وارد بحث شد.

Para Mercedes, incluso los chismes de la hermana de su marido parecían relevantes.

برای مرسدس، حتی شایعات خواهر شوهرش هم بی‌ربط به نظر می‌رسید.

Ella expresó sus opiniones sobre eso y sobre muchos de los defectos de la familia de Charles.

او در مورد آن و بسیاری از معایب خانواده چارلز نظرات خود را بیان کرد.

Mientras discutían, el fuego permaneció apagado y el campamento medio montado.

در حالی که آنها بحث می‌کردند، آتش خاموش ماند و چادر نیمه‌کاره ماند.

Mientras tanto, los perros permanecieron fríos y sin comida.

در همین حال، سگ‌ها سردشان بود و هیچ غذایی نداشتند.

Mercedes tenía un motivo de queja que consideraba profundamente personal.

مرسدس شکایتی داشت که آن را عمیقاً شخصی می‌دانست۔

Se sintió maltratada como mujer, negándole sus privilegios de gentileza.

او احساس می‌کرد که به عنوان یک زن با او بدرفتاری می‌شود، و از امتیازات لطیفش محروم می‌ماند۔

Ella era bonita y dulce, y acostumbrada a la caballerosidad toda su vida.

او زیبا و مهربان بود و تمام عمرش به جوانمردی عادت داشت۔

Pero su marido y su hermano ahora la trataban con impaciencia.

اما شوهر و برادرش حالا با بی‌صبری با او رفتار می‌کردند۔

Su costumbre era actuar con impotencia y comenzaron a quejarse.

عادت او این بود که درمانده رفتار کند، و آنها شروع به شکایت کردند۔

Ofendida por esto, les hizo la vida aún más difícil.

او که از این موضوع آزرده خاطر شده بود، زندگی آنها را دشوارتر کرد۔

Ella ignoró a los perros e insistió en montar ella misma el trineo.

او سگ‌ها را نادیده گرفت و اصرار داشت که خودش سوار سورتمه شود۔

Aunque parecía ligera de aspecto, pesaba ciento veinte libras.

اگرچه ظاهری لاغر داشت، اما وزنش صد و بیست پوند بود۔

Esa carga adicional era demasiado para los perros hambrientos y débiles.

آن بار اضافی برای سگ‌های گرسنه و ضعیف خیلی زیاد بود۔

Aún así, ella cabalgó durante días, hasta que los perros se desplomaron en las riendas.

با این حال، او روزها سوارکاری کرد، تا اینکه سگ‌ها در افسار از حال رفتند۔

El trineo se detuvo y Charles y Hal le rogaron que caminara.

سورتمه بی‌حرکت ایستاد و چارلز و هال از او التماس کردند که راه برود۔

Ellos suplicaron y rogaron, pero ella lloró y los llamó crueles.

آنها التماس و التماس کردند، اما او گریه کرد و آنها را ظالم خواند۔

En una ocasión la sacaron del trineo con pura fuerza y enojo.

یک بار، آنها او را با زور و خشم محض از سورتمه پایین کشیدند.

Nunca volvieron a intentarlo después de lo que pasó aquella vez.

آنها بعد از اتفاقی که آن بار افتاد، دیگر هرگز تلاش نکردند.

Ella se quedó flácida como un niño mimado y se sentó en la nieve.

مثل بچه‌ای لوس، بی‌حرکت روی برف‌ها نشست.

Ellos siguieron adelante, pero ella se negó a levantarse o seguirlos.

آنها به راه خود ادامه دادند، اما او حاضر نشد بلند شود یا پشت سرشان برود.

Después de tres millas, se detuvieron, regresaron y la llevaron de regreso.

بعد از سه مایل، آنها توقف کردند، برگشتند و او را به عقب حمل کردند.

La volvieron a cargar en el trineo, nuevamente usando la fuerza bruta.

آنها دوباره او را با استفاده از نیروی بی‌امانشان روی سورتمه گذاشتند.

En su profunda miseria, fueron insensibles al sufrimiento de los perros.

در بدبختی عمیق خود، نسبت به رنج سگ‌ها بی‌رحم بودند.

Hal creía que uno debía endurecerse y forzar esa creencia a los demás.

هال معتقد بود که باید سرسخت شد و این باور را به دیگران تحمیل کرد.

Primero intentó predicar su filosofía a su hermana.

او ابتدا سعی کرد فلسفه خود را برای خواهرش موعظه کند

y luego, sin éxito, le predicó a su cuñado.

و سپس، بدون موفقیت، برای برادر همسرش موعظه کرد.

Tuvo más éxito con los perros, pero sólo porque los lastimaba.

او با سگ‌ها موفقیت بیشتری داشت، اما فقط به این دلیل که به آنها آسیب رسانده بود.

En Five Fingers, la comida para perros se quedó completamente sin comida.

در رستوران فایو فینگرز، غذای سگ کاملاً تمام شد.

Una vieja india desdentada vendió unas cuantas libras de cuero de caballo congelado

یک زن سفیدپوست پیر و بی‌دندان چند پوند پوست اسب یخ‌زده فروخت

Hal cambió su revólver por la piel de caballo seca.

هال تپانچه‌اش را با پوست خشک اسب عوض کرد.

La carne había procedido de caballos hambrientos de ganaderos meses antes.

این گوشت ماه‌ها قبل از اسب‌های گرسنه‌ی گله‌داران تهیه شده بود.

Congelada, la piel era como hierro galvanizado: dura y incomestible.

پوست یخ‌زده مثل آهن گالوانیزه شده بود؛ سفت و غیرقابل خوردن.

Los perros tenían que masticar sin parar la piel para poder comérsela.

سگ‌ها مجبور بودند برای خوردن پوست، بی‌وقفه آن را بجوند.

Pero las cuerdas correosas y el pelo corto no constituían apenas alimento.

اما آن تارهای چرمی و موهای کوتاه به سختی می‌توانستند مغذی باشند.

La mayor parte de la piel era irritante y no era alimento en ningún sentido estricto.

بیشتر پوست آزاردهنده بود، و به هیچ وجه غذا نبود.

Y durante todo ese tiempo, Buck se tambaleaba al frente, como en una pesadilla.

و در تمام این مدت، باک مثل یک کابوس، در جلو تلوتلو می‌خورد.

Tiraba cuando podía, y cuando no, se quedaba tendido hasta que un látigo o un garrote lo levantaban.

وقتی می‌توانست، خود را می‌کشید؛ وقتی نمی‌توانست، دراز می‌کشید تا شلاق یا چماق او را بلند کند.

Su fino y brillante pelaje había perdido toda la rigidez y brillo que alguna vez tuvo.

پوشش ظریف و براقش تمام سفتی و درخشندگی سابقش را از دست داده بود.

Su cabello colgaba lacio, enmarañado y cubierto de sangre seca por los golpes.

موهایش شل و ول، کشیده و خون خشک شده‌ی ناشی از ضربات، لخته شده بود.

Sus músculos se encogieron hasta convertirse en cuerdas y sus almohadillas de carne estaban todas desgastadas.

عضلاتش مثل طناب منقبض شدند و تمام بالشتک‌های گوشتش ساییده شدند.

Cada costilla, cada hueso se veía claramente a través de los pliegues de la piel arrugada.

هر دنده، هر استخوان به وضوح از زیر چین و چروک‌های پوست نمایان بود.

Fue desgarrador, pero el corazón de Buck no podía romperse.

دلخراش بود، اما قلب باک نمی‌توانست بشکند.

El hombre del suéter rojo lo había probado y demostrado hacía mucho tiempo.

مرد با ژاکت قرمز مدت‌ها پیش این را آزمایش و ثابت کرده بود.

Tal como sucedió con Buck, sucedió con el resto de sus compañeros de equipo.

همان‌طور که برای باک اتفاق افتاد، برای تمام هم‌تیمی‌های باقی‌مانده‌اش هم همین‌طور بود.

Eran siete en total, cada uno de ellos un esqueleto andante de miseria.

در مجموع هفت نفر بودند، هر کدام اسکلت متحرکی از بدبختی.

Se habían vuelto insensibles a los latigazos y solo sentían un dolor distante.

آن‌ها بی‌حس شده بودند و فقط درد دوری را حس می‌کردند.

Incluso la vista y el sonido les llegaban débilmente, como a través de una espesa niebla.

حتی بینایی و شنوایی هم به سختی به آن‌ها می‌رسید، انگار از میان مه غلیظی.

No estaban ni medio vivos: eran huesos con tenues chispas en su interior.

آن‌ها نیمه جان نبودند - استخوان‌هایی بودند با جرقه‌های کم نور در درون‌شان.

Al detenerse, se desplomaron como cadáveres y sus chispas casi desaparecieron.

وقتی متوقف می‌شدند، مثل جسد از حال می‌رفتند، جرقه‌هایشان تقریباً از بین رفته بود.

Y cuando el látigo o el garrote volvían a golpear, las chispas revoloteaban débilmente.

و وقتی شلاق یا چماق دوباره زده می‌شد، جرقه‌ها به آرامی می‌لرزیدند.

Entonces se levantaron, se tambalearon hacia adelante y arrastraron sus extremidades hacia delante.

سپس بلند شدند، تلوتلوخوران به جلو رفتند و دست و پایشان را به جلو کشیدند.
Un día el amable Billee se cayó y ya no pudo levantarse.
روزی بیلیِ مهربان زمین خورد و دیگر نتوانست بلند شود.
Hal había cambiado su revólver, por lo que utilizó un hacha para matar a Billee.
هال هفت‌تیرش را فروخته بود، بنابراین در عوض از تبر برای کشتن بیلی استفاده کرد.
Lo golpeó en la cabeza, luego le cortó el cuerpo y se lo llevó arrastrado.
او به سر او کوبید، سپس بدنش را آزاد کرد و آن را کشید و با خود برد.
Buck vio esto, y también los demás; sabían que la muerte estaba cerca.
باک این را دید، و دیگران هم همینطور؛ آنها می‌دانستند که مرگ نزدیک است.
Al día siguiente Koona se fue, dejando sólo cinco perros en el equipo hambriento.
روز بعد کونا رفت و فقط پنج سگ را در تیم گرسنه باقی گذاشت.
Joe, que ya no era malo, estaba demasiado perdido como para darse cuenta de gran cosa.
جو، که دیگر بدجنس نبود، آنقدر از کوره در رفته بود که اصلاً از خیلی چیزها خبر نداشت.
Pike, que ya no fingía su lesión, estaba apenas consciente.
پایک که دیگر تظاهر به مصدومیت نمی‌کرد، به سختی هوشیار بود.
Solleks, todavía fiel, lamentó no tener fuerzas para dar.
سولکس، که هنوز وفادار بود، سوگواری می‌کرد که دیگر توانی برای بخشش ندارد.
Teek fue el que más perdió porque estaba más fresco, pero su rendimiento se estaba agotando rápidamente.
تیک بیشتر مورد ضرب و شتم قرار گرفت زیرا او تازه نفس تر بود، اما به سرعت در حال محو شدن بود.
Y Buck, todavía a la cabeza, ya no mantenía el orden ni lo hacía cumplir.
و باک، که هنوز رهبری را در دست داشت، دیگر نه نظم را رعایت می‌کرد و نه آن را اجرا می‌کرد.

Medio ciego por la debilidad, Buck siguió el rastro sólo por el tacto.

باک که از ضعف، نیمه‌بیدار بود، به تنهایی و با احساس امنیت، ردپا را دنبال کرد.

Era un hermoso clima primaveral, pero ninguno de ellos lo notó.

هوای بهاری زیبایی بود، اما هیچ کدام از آنها متوجه آن نشدند.

Cada día el sol salía más temprano y se ponía más tarde que el anterior.

هر روز خورشید زودتر از قبل طلوع می‌کرد و دیرتر از قبل غروب می‌کرد.

A las tres de la mañana ya había amanecido; el crepúsculo duró hasta las nueve.

ساعت سه بامداد، سپیده دمیده بود؛ گرگ و میش تا ساعت نه ادامه داشت.

Los largos días estuvieron llenos del resplandor del sol primaveral.

روزهای طولانی پر از درخشش کامل آفتاب بهاری بود.

El silencio fantasmal del invierno se había transformado en un cálido murmullo.

سکوت شبح‌وار زمستان به زمزمه‌ای گرم تبدیل شده بود.

Toda la tierra estaba despertando, viva con la alegría de los seres vivos.

تمام سرزمین از خواب بیدار می‌شد، زنده و سرزنده از شادی موجودات زنده.

El sonido provenía de lo que había permanecido muerto e inmóvil durante el invierno.

صدا از چیزی می‌آمد که در طول زمستان مرده و بی‌حرکت مانده بود.

Ahora, esas cosas se movieron nuevamente, sacudiéndose el largo sueño helado.

حالا، آن چیزها دوباره حرکت کردند و از خواب طولانی یخبندان بیرون آمدند.

La savia subía a través de los oscuros troncos de los pinos que esperaban.

شیره درخت کاج از میان تنه‌های تیره درختان کاجِ منتظر، بالا می‌آمد.

Los sauces y los álamos brotan brillantes y jóvenes brotes en cada ramita.

بیدها و صنوبرها جوانه‌های جوان و درخشانی را روی هر شاخه شکوفا می‌کنند.

Los arbustos y las enredaderas se vistieron de un verde fresco a medida que el bosque cobraba vida.

با زنده شدن جنگل، بوته‌ها و تاک‌ها سبزه تازه‌ای به تن کردند.

Los grillos cantaban por la noche y los insectos se arrastraban bajo el sol del día.

شب‌ها جیرجیرک‌ها جیک‌جیک می‌کردند و حشرات در آفتاب روز می‌خزیدند.

Las perdices graznaban y los pájaros carpinteros picoteaban en lo profundo de los árboles.

کبک‌ها غریدند و دارکوب‌ها در اعماق درختان نقب زدند.

Las ardillas parloteaban, los pájaros cantaban y los gansos graznaban al hablarles a los perros.

سنجاب‌ها جیک‌جیک می‌کردند، پرندگان آواز می‌خواندند و غازها بوق می‌زدند تا صدای سگ‌ها را نشنوند.

Las aves silvestres llegaron en grupos afilados, volando desde el sur.

مرغان وحشی دسته دسته از جنوب به سمت بالا پرواز می‌کردند.

De cada ladera llegaba la música de arroyos ocultos y caudalosos.

از هر دامنه تپه‌ای، موسیقی جویبارهای پنهان و خروشان می‌آمد.

Todas las cosas se descongelaron y se rompieron, se doblaron y volvieron a ponerse en movimiento.

همه چیز ذوب شد و شکست، خم شد و دوباره به حرکت درآمد.

El Yukón se esforzó por romper las frías cadenas del hielo congelado.

یوکان برای شکستن زنجیرهای سرد یخ منجمد، تقلا می‌کرد.

El hielo se derritió desde abajo, mientras que el sol lo derritió desde arriba.

یخ از زیر آب می‌شد، در حالی که خورشید از بالا آن را ذوب می‌کرد.

Se abrieron agujeros de aire, se abrieron grietas y algunos trozos cayeron al río.

سوراخ‌های هوا باز شدند، ترک‌ها گسترش یافتند و تکه‌هایی از آنها به درون رودخانه افتادند.

En medio de toda esta vida frenética y llameante, los viajeros se tambaleaban.

در میان این همه زندگی پرجنب‌وجوش و شعله‌ور، مسافران تلوتلو می‌خوردند.

Dos hombres, una mujer y una jauría de perros esquimales caminaban como muertos.

دو مرد، یک زن و یک گله سگ هاسکی مثل مرده‌ها راه می‌رفتند.

Los perros caían, Mercedes lloraba, pero seguía montando el trineo.

سگ‌ها داشتند می‌افتادند، مرسدس گریه می‌کرد، اما همچنان سورتمه را می‌راند.

Hal maldijo débilmente y Charles parpadeó con los ojos llorosos.

هال با لحنی ضعیف فحش داد و چارلز با چشمانی اشک‌آلود پلک زد.

Se toparon con el campamento de John Thornton junto a la desembocadura del río Blanco.

آنها در دهانه رودخانه وایت ریور به اردوگاه جان تورنتون برخوردند.

Cuando se detuvieron, los perros cayeron al suelo, como si todos hubieran muerto.

وقتی ایستادند، سگ‌ها بی‌حرکت افتادند، انگار که همگی مرده بودند.

Mercedes se secó las lágrimas y miró a John Thornton.

مرسدس اشک‌هایش را پاک کرد و به جان تورنتون نگاه کرد.

Charles se sentó en un tronco, lenta y rígidamente, dolorido por el camino.

چارلز روی کنده‌ای نشست، آهسته و خشک، و از رد پا درد می‌کشید.

Hal habló mientras Thornton tallaba el extremo del mango de un hacha.

در حالی که تورنتون انتهای دسته‌ی یک تبر را می‌تراشید، هال صحبت می‌کرد.

Él tallaba madera de abedul y respondía con respuestas breves y firmes.

او چوب توس را تراشید و با پاسخ‌های کوتاه و قاطع پاسخ داد.

Cuando se le preguntó, dio consejos, seguro de que no serían seguidos.

وقتی از او پرسیده شد، نصیحتی کرد، مطمئن بود که کسی به آن عمل نخواهد کرد.

Hal explicó: "Nos dijeron que el hielo del sendero se estaba desprendiendo".

«هال توضیح داد» :به ما گفتند که یخ مسیر در حال فرو ریختن است.

Dijeron que nos quedáramos allí, pero llegamos a White River.

«گفتند باید همانجا بمانیم——اما ما به وایت ریور رسیدیم.»

Terminó con un tono burlón, como para proclamar la victoria en medio de las dificultades.

او با لحنی تمسخرآمیز حرفش را تمام کرد، انگار که می‌خواست در سختی‌ها ادعای پیروزی کند.

—Y te dijeron la verdad —respondió John Thornton a Hal en voz baja.

«جان تورنتون به آرامی به هال پاسخ داد» :و آنها به تو راست گفتند.

"El hielo puede ceder en cualquier momento; está a punto de desprenderse".

«یخ هر لحظه ممکن است فرو بریزد - آماده‌ی ریزش است.»

"Solo la suerte ciega y los tontos pudieron haber llegado tan lejos con vida".

«فقط شانس کور و احمق‌ها می‌توانستند تا اینجا زنده بمانند.»

"Te lo digo directamente: no arriesgaría mi vida ni por todo el oro de Alaska".

«راستش را بخواهی، من جانم را برای تمام طلای آلاسکا به خطر نمی‌اندازم.»

—Supongo que es porque no eres tonto —respondió Hal.

«هال پاسخ داد» :فکر کنم به این خاطر است که تو احمق نیستی.

—De todos modos, seguiremos hasta Dawson. —Desenrolló el látigo.

با این حال، ما به داوسون می‌رویم. «شلاقش را باز کرد.»

—¡Sube, Buck! ¡Hola! ¡Sube! ¡Vamos! —gritó con dureza.

«با صدای خشن فریاد زد» :برو بالا، باک. سلام. بلند شو. ادامه بده.

Thornton siguió tallando madera, sabiendo que los tontos no escucharían razones.

تورنتون همچنان به تراشیدن ادامه می‌داد، چون می‌دانست احمق‌ها حرف منطقی را نمی‌شنوند.

Detener a un tonto era inútil, y dos o tres tontos no cambiaban nada.

متوقف کردن یک احمق بیهوده بود - و دو یا سه احمق چیزی را تغییر نمی‌دادند.

Pero el equipo no se movió ante la orden de Hal.

اما تیم با شنیدن فرمان هال تکان نخورد.

A estas alturas, sólo los golpes podían hacerlos levantarse y avanzar.

حالا دیگر فقط ضربات می‌توانستند آنها را بلند کنند و به جلو بکشند.

El látigo golpeó una y otra vez a los perros debilitados.

شلاق بارها و بارها بر سر سگ‌های ضعیف کوبیده شد.

John Thornton apretó los labios con fuerza y observó en silencio.

جان تورنتون لب‌هایش را محکم به هم فشرد و در سکوت تماشا کرد.

Solleks fue el primero en ponerse de pie bajo el látigo.

سولکس اولین کسی بود که زیر شلاق روی پاهایش خزید.

Entonces Teek lo siguió, temblando. Joe gritó al tambalearse.

سپس تیک، لرزان، به دنبالش رفت. جو در حالی که تلوتلو می‌خورد، فریاد زد.

Pike intentó levantarse, falló dos veces y finalmente se mantuvo en pie, tambaleándose.

پایک سعی کرد بلند شود، دو بار شکست خورد، و سرانجام لرزان ایستاد.

Pero Buck yacía donde había caído, sin moverse en absoluto este momento.

اما باک همان جایی که افتاده بود، دراز کشیده بود و این بار اصلاً تکان نخورد.

El látigo lo golpeaba una y otra vez, pero él no emitía ningún sonido.

شلاق بارها و بارها به او ضربه می‌زد، اما او هیچ صدایی از خود در نمی‌آورد.

Él no se inmutó ni se resistió, simplemente permaneció quieto y en silencio.

او نه جا خورد و نه مقاومت کرد، بلکه فقط ساکت و بی‌حرکت ماند.

Thornton se movió más de una vez, como si fuera a hablar, pero no lo hizo.

تورنتون بیش از یک بار تکان خورد، انگار که می‌خواست حرفی بزند، اما حرفی نزد.

Sus ojos se humedecieron y el látigo siguió golpeando contra Buck.

چشمانش خیس شد و شلاق همچنان بر باک می‌کوبید.

Finalmente, Thornton comenzó a caminar lentamente, sin saber qué hacer.

بالاخره تورنتون شروع به قدم زدن آهسته کرد، مطمئن نبود چه کار کند.

Era la primera vez que Buck fallaba y Hal se puso furioso.

این اولین باری بود که باک شکست می‌خورد و هال خشمگین شد.

Dejó el látigo y en su lugar tomó el pesado garrote.

شلاق را زمین انداخت و به جای آن چماق سنگین را برداشت.

El palo de madera cayó con fuerza, pero Buck todavía no se
levantó para moverse.

چماق چوبی محکم فرود آمد، اما باک هنوز بلند نشد تا تکان بخورد.

Al igual que sus compañeros de equipo, era demasiado
débil, pero más que eso.

او هم مثل هم‌تیمی‌هایش خیلی ضعیف بود—اما چیزی فراتر از این.

Buck había decidido no moverse, sin importar lo que
sucediera después.

باک تصمیم گرفته بود که فارغ از هر اتفاقی که قرار است بیفتد، تکان
نخورد.

Sintió algo oscuro y seguro flotando justo delante.

احساس کرد چیزی تاریک و مطمئن درست در مقابلش معلق است.

Ese miedo se apoderó de él tan pronto como llegó a la orilla
del río.

به محض اینکه به ساحل رودخانه رسید، آن وحشت او را فرا گرفته بود.

La sensación no lo había abandonado desde que sintió el
hielo fino bajo sus patas.

این احساس از وقتی که یخ نازک را زیر پنجه‌هایش حس کرد، رهایش
نکرده بود.

Algo terrible lo esperaba; lo sintió más allá del camino.

چیزی وحشتناک در انتظارش بود - او این را درست در انتهای مسیر
حس کرد.

No iba a caminar hacia esa cosa terrible que había delante.

او قصد نداشت به سمت آن چیز وحشتناک پیش رو برود

Él no iba a obedecer ninguna orden que lo llevara a esa cosa.

او قرار نبود از هیچ دستوری که او را به آن چیز می‌رساند، اطاعت کند.

El dolor de los golpes apenas lo afectaba ahora: estaba
demasiado lejos.

درد ضربات حالا دیگر به سختی او را لمس می‌کرد - او خیلی از حال
رفته بود.

La chispa de la vida parpadeaba débilmente y se apagaba
bajo cada golpe cruel.

جرقه‌ی زندگی سوسو می‌زد و در زیر هر ضربه‌ی بی‌رحمانه، کم‌فروغ می‌شد.

Sus extremidades se sentían distantes; su cuerpo entero parecía pertenecer a otro.

اعضای بدنش از هم دور بودند؛ انگار تمام بدنش متعلق به دیگری بود.

Sintió un extraño entumecimiento mientras el dolor desapareció por completo.

وقتی درد کاملاً از بین رفت، احساس بی‌حسی عجیبی کرد.

Desde lejos, sentía que lo golpeaban, pero apenas lo sabía.

از دور، حس می‌کرد که دارند کتکش می‌زنند، اما به زحمت متوجه می‌شد.

Podía oír los golpes débilmente, pero ya no dolían realmente.

او می‌توانست صدای ضربات را به طور ضعیفی بشنود، اما دیگر واقعاً دردناک نبودند.

Los golpes dieron en el blanco, pero su cuerpo ya no parecía el suyo.

ضربات فرود می‌آمدند، اما بدنش دیگر شبیه بدن خودش نبود.

Entonces, de repente y sin previo aviso, John Thornton lanzó un grito salvaje.

سپس ناگهان، بدون هیچ هشداری، جان تورنتون فریاد وحشیانه‌ای سر داد.

Era un grito inarticulado, más el grito de una bestia que el de un hombre.

نامفهوم بود، بیشتر به فریاد یک حیوان شباهت داشت تا یک انسان.

Saltó hacia el hombre con el garrote y tiró a Hal hacia atrás.

او به سمت مردی که چماق به دست داشت پرید و هال را به عقب پرت کرد.

Hal voló como si lo hubiera golpeado un árbol y aterrizó con fuerza en el suelo.

هال طوری پرواز کرد که انگار درختی به او خورده باشد و محکم روی زمین فرود آمد.

Mercedes gritó en pánico y se llevó las manos a la cara.

مرسدس با وحشت فریاد بلندی زد و صورتش را گرفت.

Charles se limitó a mirar, se secó los ojos y permaneció sentado.

چارلز فقط نگاه کرد، اشک‌هایش را پاک کرد و همان‌جا نشست.

Su cuerpo estaba demasiado rígido por el dolor para
levantarse o ayudar en la pelea.

بدنش از درد بیش از حد خشک شده بود که بتواند بلند شود یا در مبارزه
کمکی کند.

Thornton se quedó de pie junto a Buck, temblando de furia,
incapaz de hablar.

تورنتون بالای سر باک ایستاده بود، از خشم می‌لرزید و قادر به صحبت
نبود.

Se estremeció de rabia y luchó por encontrar su voz a través
de ella.

از خشم می‌لرزید و تقلا می‌کرد تا صدایش را از میان آن بیرون بکشد.

—Si vuelves a golpear a ese perro, te mataré —dijo
finalmente.

«بالاخره گفت» :اگر دوباره آن سگ را بزنی، تو را می‌کشم.

Hal se limpió la sangre de la boca y volvió a avanzar.

هال خون را از دهانش پاک کرد و دوباره جلو آمد.

—Es mi perro —murmuró—. ¡Quítate del medio o te curaré!

زیر لب غرغر کرد» :این سگ منه. از سر راهم برو کنار، وگرنه
«درستت می‌کنم.

"Voy a Dawson y no me lo vas a impedir", añadió.

او اضافه کرد» :من دارم می‌رم داوسون، و تو نمی‌تونی جلومو
«بگیری.

Thornton se mantuvo firme entre Buck y el joven enojado.

تورنتون محکم بین باک و مرد جوان عصبانی ایستاده بود.

No tenía intención de hacerse a un lado o dejar pasar a Hal.

او اصلاً قصد نداشت کنار بکشد یا اجازه دهد هال از او بگذرد.

Hal sacó su cuchillo de caza, largo y peligroso en la mano.

هال چاقوی شکاری بلند و خطرناکش را بیرون کشید.

Mercedes gritó, luego lloró y luego rió con una histeria
salvaje.

مرسدس جیغ کشید، بعد گریه کرد، و بعد با هیجان وصف‌ناپذیری خندید.

Thornton golpeó la mano de Hal con el mango de su hacha,
fuerte y rápido.

تورنتون با دسته تبرش محکم و سریع به دست هال کوبید.

El cuchillo se soltó del agarre de Hal y voló al suelo.

چاقو از دست هال افتاد و به زمین افتاد.

Hal intentó recoger el cuchillo y Thornton volvió a golpearle los nudillos.

هال سعی کرد چاقو را بردارد، و تورنتون دوباره به بند انگشتانش ضربه زد.

Entonces Thornton se agachó, agarró el cuchillo y lo sostuvo.

سپس تورنتون خم شد، چاقو را قاپید و نگه داشت.

Con dos rápidos golpes del mango del hacha, cortó las riendas de Buck.

با دو ضربه سریع دسته تبر، افسار باک را برید.

Hal ya no tenía fuerzas para luchar y se apartó del perro.

هال دیگر توانی برای مبارزه نداشت و از سگ فاصله گرفت.

Además, Mercedes necesitaba ahora ambos brazos para mantenerse erguida.

گذشته از این، مرسدس حالا برای صاف نگه داشتن خودش به هر دو دستش نیاز داشت.

Buck estaba demasiado cerca de la muerte como para volver a ser útil para tirar de un trineo.

باک آنقدر در آستانه‌ی مرگ بود که دیگر نمی‌توانست برای کشیدن سورتمه مفید باشد.

Unos minutos después, se marcharon y se dirigieron río abajo.

چند دقیقه بعد، آنها از ماشین پیاده شدند و به سمت پایین رودخانه رفتند.

Buck levantó la cabeza débilmente y los observó mientras salían del banco.

باک با ناتوانی سرش را بلند کرد و تماشایشان کرد که از بانک خارج شدند.

Pike lideró el equipo, con Solleks en la parte trasera, al volante.

پایک رهبری تیم را بر عهده داشت و سولکس در جایگاه فرمان در عقب قرار داشت.

Joe y Teek caminaron entre ellos, ambos cojeando por el cansancio.

جو و تیک در حالی که هر دو از خستگی می‌لنگیدند، بین آنها راه می‌رفتند.

Mercedes se sentó en el trineo y Hal agarró el largo palo.

مرسدس روی سورتمه نشست و هال میله بلند جی-میله را محکم گرفت.

Charles se tambaleó detrás, sus pasos torpes e inseguros.

چارلز با قدم‌های نامطمئن و ناشیانه، تلوتلوخوران عقب ماند.

Thornton se arrodilló junto a Buck y buscó con delicadeza los huesos rotos.

تورنتون کنار باک زانو زد و به آرامی استخوان‌های شکسته را لمس کرد.

Sus manos eran ásperas pero se movían con amabilidad y cuidado.

دستانش زمخت اما با مهربانی و مراقبت حرکت می‌کردند.

El cuerpo de Buck estaba magullado pero no mostraba lesiones duraderas.

بدن باک کبود شده بود اما هیچ جراحت ماندگاری نشان نمی‌داد.

Lo que quedó fue un hambre terrible y una debilidad casi total.

آنچه باقی مانده بود گرسنگی وحشتناک و ضعف تقریباً کامل بود.

Cuando esto quedó claro, el trineo ya había avanzado mucho río abajo.

وقتی این موضوع روشن شد، سورتمه خیلی به سمت پایین رودخانه رفته بود.

El hombre y el perro observaron cómo el trineo se deslizaba lentamente sobre el hielo agrietado.

مرد و سگ، سورتمه را تماشا می‌کردند که به آرامی روی یخ‌های ترک‌خورده می‌خزید.

Luego vieron que el trineo se hundía en un hueco.

سپس، آنها دیدند که سورتمه در گودالی فرو رفت.

El mástil voló hacia arriba, con Hal todavía aferrándose a él en vano.

تیر برق به هوا رفت، در حالی که هال هنوز بیهوده به آن چسبیده بود.

El grito de Mercedes les llegó a través de la fría distancia.

فریاد مرسدس از میان سرمای هوا به گوششان رسید.

Charles se giró y dio un paso atrás, pero ya era demasiado tarde.

چارلز برگشت و قدمی به عقب برداشت - اما خیلی دیر شده بود.

Una capa de hielo entera cedió y todos ellos cayeron al suelo.

یک لایه کامل یخ شکست و همه آنها از آن پایین افتادند.

Los perros, los trineos y las personas desaparecieron en el agua negra que había debajo.

سگ‌ها، سورتمه و آدم‌ها در آب سیاه پایین ناپدید شدند.

En el hielo por donde habían pasado sólo quedaba un amplio agujero.

تنها یک سوراخ پهن در یخ، جایی که از آن عبور کرده بودند، باقی مانده بود.

El sendero se había hundido por completo, tal como Thornton había advertido.

همانطور که تورنتون هشدار داده بود، کف مسیر فرو ریخته بود.

Thornton y Buck se miraron el uno al otro y guardaron silencio por un momento.

تورنتون و باک لحظه‌ای ساکت به یکدیگر نگاه کردند.

—Pobre diablo —dijo Thornton suavemente, y Buck le lamió la mano.

تورنتون به آرامی گفت: «ای شیطان بیچاره.» «و باک دستش را لیس زد.

Por el amor de un hombre
به خاطر عشق یک مرد

John Thornton se congeló los pies en el frío del diciembre anterior.

جان تورنتون در سرمای دسامبر گذشته پاهایش یخ زد.

Sus compañeros lo hicieron sentir cómodo y lo dejaron recuperarse solo.

شرکایش او را راحت گذاشتند و گذاشتند تا به تنهایی بهبود یابد.

Subieron al río para recoger una balsa de troncos para aserrar para Dawson.

آنها از رودخانه بالا رفتند تا برای داوسون کلی الوار جمع کنند.

Todavía cojeaba ligeramente cuando rescató a Buck de la muerte.

وقتی باک را از مرگ نجات داد، هنوز کمی می‌لنگید.

Pero como el clima cálido continuó, incluso esa cojera desapareció.

اما با ادامه‌ی هوای گرم، حتی آن لنگیدن هم ناپدید شد.

Durante los largos días de primavera, Buck descansaba a orillas del río.

باک در روزهای بلند بهاری کنار رودخانه دراز می‌کشید و استراحت می‌کرد.

Observó el agua fluir y escuchó a los pájaros y a los insectos.

او به آب روان نگاه می‌کرد و به صدای پرندگان و حشرات گوش می‌داد.

Lentamente, Buck recuperó su fuerza bajo el sol y el cielo.

باک به آرامی زیر نور خورشید و آسمان، قدرتش را بازیافت.

Un descanso fue maravilloso después de viajar tres mil millas.

استراحت بعد از طی کردن سه هزار مایل حس فوق‌العاده‌ای داشت.

Buck se volvió perezoso a medida que sus heridas sanaban y su cuerpo se llenaba.

باک با بهبود زخم‌هایش و پر شدن بدنش، تنبل شد.

Sus músculos se reafirmaron y la carne volvió a cubrir sus huesos.

عضلاتش سفت شدند و گوشت دوباره روی استخوان‌هایش را پوشاند.

Todos estaban descansando: Buck, Thornton, Skeet y Nig.

همه آنها در حال استراحت بودند ـ باک، تورنتون، اسکیت و نیگ.

Esperaron la balsa que los llevaría a Dawson.

آنها منتظر قایقی بودند که قرار بود آنها را به داوسون ببرد.

Skeet era un pequeño setter irlandés que se hizo amigo de Buck.

اسکیت یک سگ کوچک ایرلندی بود که با باک دوست شد.

Buck estaba demasiado débil y enfermo para resistirse a ella en su primer encuentro.

باک در اولین ملاقاتشان بیش از حد ضعیف و بیمار بود که بتواند در برابر او مقاومت کند.

Skeet tenía el rasgo de sanador que algunos perros poseen naturalmente.

اسکیت ویژگی شفابخشی داشت که برخی از سگ‌ها به طور طبیعی از آن برخوردارند.

Como una gata madre, lamió y limpió las heridas abiertas de Buck.

مثل یک گربه مادر، زخم‌های زخم‌شده‌ی باک را لیس زد و تمیز کرد.

Todas las mañanas, después del desayuno, repetía su minucioso trabajo.

هر روز صبح بعد از صبحانه، کار دقیق خود را تکرار می‌کرد.

Buck llegó a esperar su ayuda tanto como la de Thornton.

باک به همان اندازه که از تورنتون انتظار کمک داشت، از او هم انتظار کمک داشت.

Nig también era amigable, pero menos abierto y menos cariñoso.

نیگ هم دوستانه رفتار می‌کرد، اما نه رک و نه مهربان.

Nig era un perro grande y negro, mitad sabueso y mitad lebrel.

نیگ یک سگ سیاه بزرگ بود، نیمی از آن سگ شکاری و نیمی دیگر سگ شکاری.

Tenía ojos sonrientes y un espíritu bondadoso sin límites.

چشمانی خندان و روحی بی‌پایان از نیکی داشت.

Para sorpresa de Buck, ninguno de los perros mostró celos hacia él.

باک در کمال تعجب دید که هیچ‌کدام از سگ‌ها نسبت به او حسادتی نشان ندادند.

Tanto Skeet como Nig compartieron la amabilidad de John Thornton.

هم اسکیت و هم نیگ مهربانی جان تورنتون را به اشتراک گذاشتند.

A medida que Buck se hacía más fuerte, lo atrajeron hacia juegos de perros tontos.

همینطور که باک قویتر میشد، آنها او را به بازیهای احمقانهی سگها میکشاندند.

Thornton también jugaba a menudo con ellos, incapaz de resistirse a su alegría.

تورنتون هم اغلب با آنها بازی میکرد، و نمیتوانست در برابر شادی آنها مقاومت کند.

De esta manera lúdica, Buck pasó de la enfermedad a una nueva vida.

با این روش بازیگوشانه، باک از بیماری به زندگی جدیدی روی آورد.

El amor, el amor verdadero, ardiente y apasionado, finalmente era suyo.

عشق - عشق حقیقی، سوزان و پرشور - سرانجام از آن او شد.

Nunca había conocido ese tipo de amor en la finca de Miller.

او هرگز این نوع عشق را در ملک میلر تجربه نکرده بود.

Con los hijos del Juez había compartido trabajo y aventuras.

او با پسران قاضی، کار و ماجراجویی را به اشتراک گذاشته بود.

En los nietos vio un orgullo rígido y jactancioso.

در کنار نوهها، او غرور و تکبر متکبرانهای را دید.

Con el propio juez Miller mantuvo una amistad respetuosa.

با خود قاضی میلر، او دوستی محترمانهای داشت.

Pero el amor que era fuego, locura y adoración llegó con Thornton.

اما عشقی که آتش، جنون و پرستش بود، با تورنتون از راه رسید.

Este hombre había salvado la vida de Buck, y eso solo significaba mucho.

این مرد جان باک را نجات داده بود، و همین به تنهایی معنای زیادی داشت.

Pero más que eso, John Thornton era el tipo de maestro ideal.

اما فراتر از آن، جان تورنتون نمونهی ایدهآلی از یک استاد بود.

Otros hombres cuidaban perros por obligación o necesidad laboral.

مردان دیگر از روی وظیفه یا ضرورت کاری از سگها مراقبت میکردند.

John Thornton cuidaba a sus perros como si fueran sus hijos.

جان تورنتون از سگ‌هایش طوری مراقبت می‌کرد که انگار فرزندانش بودند.

Él se preocupaba por ellos porque los amaba y simplemente no podía evitarlo.

او از آنها مراقبت می‌کرد چون آنها را دوست داشت و نمی‌توانست کاری از دستش بربیاید.

John Thornton vio incluso más lejos de lo que la mayoría de los hombres lograron ver.

جان تورنتون حتی فراتر از آنچه اکثر انسان‌ها تا به حال دیده‌اند، می‌دید.

Nunca se olvidó de saludarlos amablemente o decirles alguna palabra de aliento.

او هرگز فراموش نمی‌کرد که با مهربانی به آنها سلام کند یا کلمه‌ای دلگرم‌کننده بگوید.

Le encantaba sentarse con los perros para tener largas charlas, o "gases", como él decía.

او عاشق نشستن با سگ‌ها برای صحبت‌های طولانی یا به قول خودش گُنده‌دار «بود.»

Le gustaba agarrar bruscamente la cabeza de Buck entre sus fuertes manos.

او دوست داشت سر باک را با خشونت بین دستان قوی‌اش بگیرد.

Luego apoyó su cabeza contra la de Buck y lo sacudió suavemente.

سپس سرش را به سر باک تکیه داد و او را به آرامی تکان داد.

Mientras tanto, él llamaba a Buck con nombres groseros que significaban amor para Buck.

در تمام این مدت، او باک را با القاب رکیکی صدا می‌زد که برای باک به معنای عشق بود.

Para Buck, ese fuerte abrazo y esas palabras le trajeron una profunda alegría.

برای باک، آن آغوش خشن و آن کلمات شادی عمیقی به ارمغان آورد.

Su corazón parecía latir con fuerza de felicidad con cada movimiento.

با هر حرکت، انگار قلبش از شادی می‌لرزید.

Cuando se levantó de un salto, su boca parecía como si se estuviera riendo.

وقتی بعدش از جا پرید، دهانش طوری به نظر می‌رسید که انگار می‌خندد.
Sus ojos brillaban intensamente y su garganta temblaba con una alegría tácita.
چشمانش برق می‌زد و گلویش از شادی ناگفته‌ای می‌لرزید.
Su sonrisa se detuvo en ese estado de emoción y afecto resplandeciente.
لبخندش در آن حالت تأثر و محبت درخشان، بی‌حرکت ماند.
Entonces Thornton exclamó pensativo: "¡Dios! ¡Casi puede hablar!"
سپس تورنتون با حالتی متفکرانه فریاد زد» :خدایا. او تقریباً می‌تواند صحبت کند.«
Buck tenía una extraña forma de expresar amor que casi causaba dolor.
باک روش عجیبی برای ابراز عشق داشت که تقریباً باعث درد می‌شد.
A menudo apretaba muy fuerte la mano de Thornton entre los dientes.
او اغلب دست تورنتون را محکم با دندان‌هایش می‌فشرد.
La mordedura iba a dejar marcas profundas que permanecerían durante algún tiempo.
جای نیش، رد عمیقی از خود به جا گذاشت که تا مدتی بعد هم باقی ماند.
Buck creía que esos juramentos eran de amor y Thornton lo sabía también.
باک معتقد بود که آن سوگندها عشق هستند، و تورنتون هم همین را می‌دانست.
La mayoría de las veces, el amor de Buck se demostraba en una adoración silenciosa, casi silenciosa.
بیشتر اوقات، عشق باک در ستایشی آرام و تقریباً خاموش نشان داده می‌شد.
Aunque se emocionaba cuando lo tocaban o le hablaban, no buscaba atención.
اگرچه وقتی کسی او را لمس می‌کرد یا با او صحبت می‌کرد، هیجان‌زده می‌شد، اما دنبال جلب توجه نبود.
Skeet empujó su nariz bajo la mano de Thornton hasta que él la acarició.
اسکیت بینی‌اش را زیر دست تورنتون تکان داد تا اینکه تورنتون او را نوازش کرد.

Nig se acercó en silencio y apoyó su gran cabeza en la rodilla de Thornton.

نیگ آرام جلو آمد و سر بزرگش را روی زانوی تورنتون گذاشت.

Buck, por el contrario, se conformaba con amar desde una distancia respetuosa.

در مقابل، باک از عشق ورزیدن از فاصله‌ای محترمانه راضی بود.

Durante horas permaneció tendido a los pies de Thornton, alerta y observando atentamente.

او ساعت‌ها، هوشیار و با دقت، کنار تورنتون دراز کشیده بود و اوضاع را زیر نظر داشت.

Buck estudió cada detalle del rostro de su amo y su más mínimo movimiento.

باک تمام جزئیات صورت و کوچک‌ترین حرکات اربابش را بررسی کرد.

O yacía más lejos, estudiando la figura del hombre en silencio.

یا دورتر دراز می‌کشید و در سکوت، هیکل مرد را بررسی می‌کرد.

Buck observó cada pequeño movimiento, cada cambio de postura o gesto.

باک هر حرکت کوچک، هر تغییر در حالت یا ژست را زیر نظر داشت.

Tan poderosa era esta conexión que a menudo atraía la mirada de Thornton.

این ارتباط آنقدر قوی بود که اغلب نگاه تورنتون را به خود جلب می‌کرد.

Sostuvo la mirada de Buck sin palabras, pero el amor brillaba claramente a través de ella.

او بدون هیچ کلامی به چشمان باک نگاه کرد، عشق به وضوح از میان آنها می‌درخشید.

Durante mucho tiempo después de ser salvado, Buck nunca perdió de vista a Thornton.

باک تا مدت‌ها پس از نجات، هرگز تورنتون را از نظر دور نکرد.

Cada vez que Thornton salía de la tienda, Buck lo seguía de cerca afuera.

هر وقت تورنتون چادر را ترک می‌کرد، باک او را از چادر بیرون دنبال می‌کرد.

Todos los amos severos de las Tierras del Norte habían hecho que Buck tuviera miedo de confiar.

تمام اربابان خشن سرزمین شمالی، باک را از اعتماد کردن می‌ترساندند.

Temía que ningún hombre pudiera seguir siendo su amo durante más de un corto tiempo.

او می‌ترسید که هیچ‌کس نتواند بیش از مدت کوتاهی ارباب او بماند۔

Temía que John Thornton desapareciera como Perrault y François.

او می‌ترسید که جان تورنتون هم مثل پرو و فرانسوا ناپدید شود۔

Incluso por la noche, el miedo a perderlo acechaba el sueño inquieto de Buck.

حتی شب‌ها، ترس از دست دادن او خواب ناآرام باک را آزار می‌داد۔

Cuando Buck se despertó, salió a escondidas al frío y fue a la tienda de campaña.

وقتی باک از خواب بیدار شد، یواشکی به دل سرما زد و به چادر رفت۔

Escuchó atentamente el suave sonido de la respiración en su interior.

با دقت به صدای آرام نفس کشیدن درونش گوش داد۔

A pesar del profundo amor de Buck por John Thornton, lo salvaje siguió vivo.

با وجود عشق عمیق باک به جان تورنتون، حیات وحش همچنان زنده ماند۔

Ese instinto primitivo, despertado en el Norte, no desapareció.

آن غریزه‌ی بدوی که در شمال بیدار شده بود، از بین نرفت۔

El amor trajo devoción, lealtad y el cálido vínculo del fuego.

عشق، فداکاری، وفاداری و پیوند گرمِ کنار آتش را به ارمغان آورد۔

Pero Buck también mantuvo sus instintos salvajes, agudos y siempre alerta.

اما باک غرایز وحشی خود را نیز حفظ کرد، تیز و همیشه هوشیار۔

No era sólo una mascota domesticada de las suaves tierras de la civilización.

او فقط یک حیوان خانگی رام شده از سرزمین‌های نرم تمدن نبود۔

Buck era un ser salvaje que había venido a sentarse junto al fuego de Thornton.

باک موجودی وحشی بود که آمده بود کنار آتش تورنتون بنشیند۔

Parecía un perro del Sur, pero en su interior vivía lo salvaje.

او شبیه سگ‌های ساوت‌لند بود، اما در درونش وحشیگری موج می‌زد۔

Su amor por Thornton era demasiado grande como para permitirle robarle algo.

عشق او به تورنتون آنقدر زیاد بود که اجازه دزدی از آن مرد را نمی‌داد.

Pero en cualquier otro campamento, robaría con valentía y sin pausa.

اما در هر اردوی دیگری، او جسورانه و بدون مکث دزدی می‌کرد.

Era tan astuto al robar que nadie podía atraparlo ni acusarlo.

او در دزدی آنقدر زیرک بود که هیچ کس نمی‌توانست او را دستگیر یا متهم کند.

Su rostro y su cuerpo estaban cubiertos de cicatrices de muchas peleas pasadas.

صورت و بدنش پر از زخم‌های ناشی از دعواهای گذشته بود.

Buck seguía luchando con fiereza, pero ahora luchaba con más astucia.

باک هنوز هم با شدت می‌جنگید، اما حالا با حیله‌گری بیشتری می‌جنگید.

Skeet y Nig eran demasiado amables para pelear, y eran de Thornton.

اسکیت و نیگ برای دعوا کردن زیادی ملایم بودند، و آنها مال تورنتون بودند.

Pero cualquier perro extraño, por fuerte o valiente que fuese, cedía.

اما هر سگ غریبه‌ای، هر چقدر هم قوی یا شجاع، تسلیم می‌شد.

De lo contrario, el perro se encontraría luchando contra Buck; luchando por su vida.

در غیر این صورت، سگ خود را در حال نبرد با باک یافت؛ نبردی برای نجات جانش.

Buck no tuvo piedad una vez que decidió pelear contra otro perro.

باک وقتی تصمیم گرفت با سگ دیگری بجنگد، دیگر رحم نکرد.

Había aprendido bien la ley del garrote y el colmillo en las Tierras del Norte.

او قانون چماق و دندان نیش را در سرزمین شمالی به خوبی آموخته بود.

Él nunca renunció a una ventaja y nunca se retractó de la batalla.

او هرگز از هیچ مزیتی دست نکشید و هرگز از نبرد عقب‌نشینی نکرد.

Había estudiado a los Spitz y a los perros más feroces del correo y de la policía.

او سگ‌های اسپیتز و وحشی‌ترین سگ‌های پستچی و پلیس را مطالعه کرده بود.

Sabía claramente que no había término medio en un combate salvaje.

او به وضوح می‌دانست که در نبرد وحشیانه هیچ حد وسطی وجود ندارد.

Él debía gobernar o ser gobernado; mostrar misericordia significaba mostrar debilidad.

او یا باید حکومت می‌کرد یا بر او حکومت می‌شد؛ نشان دادن رحم و شفقت به معنای نشان دادن ضعف بود.

Mercy era una desconocida en el crudo y brutal mundo de la supervivencia.

رحمت در دنیای خام و بی‌رحم بقا ناشناخته بود.

Mostrar misericordia era visto como miedo, y el miedo conducía rápidamente a la muerte.

نشان دادن رحم و شفقت به عنوان ترس تلقی می‌شد، و ترس به سرعت به مرگ منجر می‌شد.

La antigua ley era simple: matar o ser asesinado, comer o ser comido.

قانون قدیمی ساده بود :بکش یا کشته شو، بخور یا خورده شو.

Esa ley vino desde las profundidades del tiempo, y Buck la siguió plenamente.

آن قانون از اعماق زمان آمده بود، و باک کاملاً از آن پیروی می‌کرد.

Buck era mayor que su edad y el número de respiraciones que tomaba.

باک از سن و تعداد نفس‌هایی که می‌کشید، پیرتر بود.

Conectó claramente el pasado antiguo con el momento presente.

او گذشته باستانی را به روشنی با لحظه حال پیوند داد.

Los ritmos profundos de las épocas lo atravesaban como mareas.

ریتم‌های عمیق اعصار مانند جزر و مد از او عبور می‌کردند.

El tiempo latía en su sangre con la misma seguridad con la que las estaciones movían la tierra.

زمان در خونش می‌جوشید، همان‌گونه که فصل‌ها زمین را به حرکت درمی‌آوردند.

Se sentó junto al fuego de Thornton, con el pecho fuerte y los colmillos blancos.

او با سینه‌ای قوی و دندان‌هایی سپید، کنار آتش تورنتون نشسته بود.

Su largo pelaje ondeaba, pero detrás de él los espíritus de los perros salvajes observaban.

خز بلندش تکان می‌خورد، اما پشت سرش ارواح سگ‌های وحشی تماشا می‌کردند.

Lobos medio y lobos completos se agitaron dentro de su corazón y sus sentidos.

نیمه گرگ‌ها و گرگ‌های کامل در قلب و حواس او به جنبش درآمدند.

Probaron su carne y bebieron la misma agua que él.

آنها گوشت او را چشیدند و از همان آبی که او نوشید، نوشیدند.

Olfatearon el viento junto a él y escucharon el bosque.

آنها در کنار او باد را بو کشیدند و به جنگل گوش دادند.

Susurraron los significados de los sonidos salvajes en la oscuridad.

آنها معانی صداهای وحشی را در تاریکی زمزمه می‌کردند.

Ellos moldearon sus estados de ánimo y guiaron cada una de sus reacciones tranquilas.

آنها خلق و خوی او را شکل می‌دادند و هر یک از واکنش‌های آرام او را هدایت می‌کردند.

Se quedaron con él mientras dormía y se convirtieron en parte de sus sueños más profundos.

آنها هنگام خواب در کنار او دراز کشیده بودند و بخشی از رویاهای عمیق او شده بودند.

Soñaron con él, más allá de él, y constituyeron su propio espíritu.

آنها با او، فراتر از او، رویا دیدند و روح او را ساختند.

Los espíritus de la naturaleza llamaron con tanta fuerza que Buck se sintió atraído.

ارواح وحشی چنان با قدرت فریاد می‌زدند که باک احساس کرد به سمت آنها کشیده می‌شود.

Cada día, la humanidad y sus reivindicaciones se debilitaban más en el corazón de Buck.

هر روز، بشر و ادعاهایش در قلب باک ضعیف‌تر می‌شدند.

En lo profundo del bosque, un llamado extraño y emocionante estaba por surgir.

در اعماق جنگل، ندایی عجیب و هیجان‌انگیز در شرف برخاستن بود.

Cada vez que escuchaba el llamado, Buck sentía un impulso que no podía resistir.

هر بار که باک این ندا را می‌شنید، میلی غیرقابل مقاومت در خود احساس می‌کرد.

Él iba a alejarse del fuego y de los caminos humanos trillados.

او می‌خواست از آتش و از مسیرهای انسانیِ ناپسند روی برگرداند.

Iba a adentrarse en el bosque, avanzando sin saber por qué.

او می‌خواست بدون اینکه بداند چرا، به درون جنگل شیرجه بزند و به جلو برود.

Él no cuestionó esta atracción porque el llamado era profundo y poderoso.

او این کشش را زیر سوال نبرد، زیرا این فراخوان عمیق و قدرتمند بود.

A menudo, alcanzaba la sombra verde y la tierra suave e intacta.

اغلب، او به سایه سبز و زمین نرم و دست نخورده می‌رسید

Pero entonces el fuerte amor por John Thornton lo atrajo de nuevo al fuego.

اما عشق شدید به جان تورنتون او را دوباره به سمت آتش کشاند.

Sólo John Thornton realmente pudo sostener en sus manos el corazón salvaje de Buck.

فقط جان تورنتون بود که واقعاً قلب وحشی باک را در چنگ خود داشت.

El resto de la humanidad no tenía ningún valor o significado duradero para Buck.

بقیه‌ی نوع بشر هیچ ارزش یا معنای ماندگاری برای باک نداشتند.

Los extraños podrían elogiarlo o acariciar su pelaje con manos amistosas.

غریبه‌ها ممکن است او را تحسین کنند یا با دست‌های دوستانه‌اش خزهایش را نوازش کنند.

Buck permaneció impasible y se alejó por demasiado afecto.

باک بی‌حرکت ماند و از شدت محبت، راهش را کشید و رفت.

Hans y Pete llegaron con la balsa que habían esperado durante tanto tiempo.

هانس و پیت با قایقی که مدت‌ها انتظارش را کشیده بودند، رسیدند.

Buck los ignoró hasta que supo que estaban cerca de Thornton.

باک آنها را نادیده گرفت تا اینکه فهمید به تورنتون نزدیک شده‌اند.

Después de eso, los toleró, pero nunca les mostró total calidez.

پس از آن، او آنها را تحمل کرد، اما هرگز به آنها گرمی کامل نشان نداد.

Él aceptaba comida o gentileza de ellos como si les estuviera haciendo un favor.

او از آنها غذا یا مهربانی می‌گرفت، انگار که به آنها لطفی می‌کرد.

Eran como Thornton: sencillos, honestos y claros en sus pensamientos.

آنها مانند تورنتون بودند - ساده، صادق و با افکاری روشن.

Todos juntos viajaron al aserradero de Dawson y al gran remolino.

همه آنها با هم به کارخانه اره کشی داوسون و گرداب بزرگ سفر کردند

En su viaje aprendieron a comprender profundamente la naturaleza de Buck.

در سفرشان، آنها آموختند که طبیعت باک را عمیقاً درک کنند.

No intentaron acercarse como lo habían hecho Skeet y Nig.

آنها سعی نکردند مثل اسکیت و نیگ به هم نزدیک شوند.

Pero el amor de Buck por John Thornton solo se profundizó con el tiempo.

اما عشق باک به جان تورنتون با گذشت زمان عمیق‌تر شد.

Sólo Thornton podía colocar una mochila en la espalda de Buck en el verano.

فقط تورنتون می‌توانست تابستان‌ها کوله‌باری را روی دوش باک بگذارد.

Cualquiera que fuera lo que Thornton ordenaba, Buck estaba dispuesto a hacerlo a cabalidad.

هر چه تورنتون دستور می‌داد، باک با کمال میل انجام می‌داد.

Un día, después de que dejaron Dawson hacia las cabeceras del río Tanana,

یک روز، پس از آنکه آنها داوسون را به مقصد سرچشمه‌های تانانا ترک کردند،

El grupo se sentó en un acantilado que caía un metro hasta el lecho rocoso desnudo.

گروه روی صخره‌ای نشستند که تا عمق یک متریِ سنگ بسترِ خالی پایین می‌رفت.

John Thornton se sentó cerca del borde y Buck descansó a su lado.

جان تورنتون نزدیک لبه نشست و باک کنارش استراحت کرد.

Thornton tuvo una idea repentina y llamó la atención de los hombres.

ناگهان فکری به ذهن تورنتون رسید و توجه مردان را جلب کرد.

Señaló hacia el otro lado del abismo y le dio a Buck una única orden.

او به آن سوی شکاف اشاره کرد و به باک یک فرمان واحد داد.

—¡Salta, Buck! —dijo, extendiendo el brazo por encima del precipicio.

بپر، باک. «گفت و دستش را از روی پرتگاه بالا برد.»

En un momento, tuvo que agarrar a Buck, quien estaba saltando para obedecer.

در یک لحظه، مجبور شد باک را که برای اطاعت کردن از جا می‌پرید، بگیرد.

Hans y Pete corrieron hacia adelante y los pusieron a ambos a salvo.

هانس و پیت به جلو دویدند و هر دو را به جای امنی عقب کشیدند.

Cuando todo terminó y recuperaron el aliento, Pete habló.

بعد از اینکه همه چیز تمام شد و آنها نفس تازه کردند، پیت شروع به صحبت کرد.

"El amor es extraño", dijo, conmocionado por la feroz devoción del perro.

او که از فداکاری شدید سگ به لرزه افتاده بود، گفت: «عشق وصف‌ناپذیر است.»

Thornton meneó la cabeza y respondió con seriedad y calma.

تورنتون سرش را تکان داد و با جدیت و آرامش پاسخ داد.

"No, el amor es espléndido", dijo, "pero también terrible".

«او گفت»: نه، عشق باشکوه است، اما وحشتناک هم هست.

"A veces, debo admitirlo, este tipo de amor me da miedo".

«گاهی اوقات، باید اعتراف کنم، این نوع عشق مرا می‌ترساند.»

Pete asintió y dijo: "Odiaría ser el hombre que te toque".

پیت سر تکان داد و گفت»: از اینکه کسی باشم که به تو دست می‌زند متنفرم.

Miró a Buck mientras hablaba, serio y lleno de respeto.

او هنگام صحبت، جدی و سرشار از احترام به باک نگاه می‌کرد.

—¡Py Jingo! —dijo Hans rápidamente—. Yo tampoco, señor.

«هانس سریع گفت» :پی جینگو. من هم، نه آقا.

Antes de que terminara el año, los temores de Pete se
hicieron realidad en Circle City.

قبل از پایان سال، ترس‌های پیت در سیرکل سیتی به حقیقت پیوست.

Un hombre cruel llamado Black Burton provocó una pelea
en el bar.

مرد بی‌رحمی به نام بلک برتون در بار دعوا راه انداخت.

Estaba enojado y malicioso, arremetiendo contra un nuevo
novato.

او عصبانی و بدخواه بود و به یک آدم بی‌عرضه جدید پرخاش می‌کرد.

John Thornton entró en escena, tranquilo y afable como
siempre.

جان تورنتون مثل همیشه آرام و خوش‌خلق وارد شد.

Buck yacía en un rincón, con la cabeza gacha, observando a
Thornton de cerca.

باک در گوشه‌ای دراز کشیده بود، سرش را پایین انداخته بود و از
نزدیک تورنتون را تماشا می‌کرد.

Burton atacó de repente, y su puñetazo hizo que Thornton
girara.

برتون ناگهان ضربه‌ای زد و مشتش باعث شد تورنتون به خود بپیچد.

Sólo la barandilla de la barra evitó que se estrellara con
fuerza contra el suelo.

فقط نرده‌ی میله مانع از برخورد محکم او به زمین شد.

Los observadores oyeron un sonido que no era un ladrido ni
un aullido.

ناظران صدایی شنیدند که نه پارس بود و نه واق واق

Un rugido profundo salió de Buck mientras se lanzaba hacia
el hombre.

باک غرش عمیقی کرد و به سمت مرد دوید.

Burton levantó el brazo y apenas salvó su vida.

برتون دستش را بالا برد و به سختی جان خودش را نجات داد.

Buck se estrelló contra él y lo tiró al suelo.

باک به او برخورد کرد و او را به زمین انداخت.

Buck mordió profundamente el brazo del hombre y luego se
abalanzó sobre su garganta.

باک بازوی مرد را عمیقاً گاز گرفت، سپس به سمت گلویش حمله کرد.

Burton sólo pudo bloquearlo parcialmente y su cuello quedó
destrozado.

برتون فقط توانست تا حدی مانع شود و گردنش پاره شد.

Los hombres se apresuraron a entrar, con los garrotes en alto,
y apartaron a Buck del hombre sangrante.

مردان هجوم آوردند، چماق‌ها را بالا بردند و باک را از روی مرد
خونین دور کردند.

Un cirujano trabajó rápidamente para detener la fuga de
sangre.

یک جراح به سرعت برای جلوگیری از خروج خون اقدام کرد.

Buck caminaba de un lado a otro y gruñía, intentando atacar
una y otra vez.

باک قدم می‌زد و غرغر می‌کرد، و بارها و بارها سعی در حمله داشت.

Sólo los golpes con los palos le impidieron llegar hasta
Burton.

فقط چوب‌های گلف او را از رسیدن به برتون باز داشتند.

Allí mismo se convocó y celebró una asamblea de mineros.

جلسه‌ای از سوی معدنچیان تشکیل و همانجا برگزار شد.

Estuvieron de acuerdo en que Buck había sido provocado y
votaron por liberarlo.

آنها موافقت کردند که باک تحریک شده است و به آزادی او رأی دادند.

Pero el feroz nombre de Buck ahora resonaba en todos los
campamentos de Alaska.

اما نام پر صلابت باک حالا در تمام اردوگاه‌های آلاسکا طنین‌انداز بود.

Más tarde ese otoño, Buck salvó a Thornton nuevamente de
una nueva manera.

اواخر همان پاییز، باک دوباره تورنتون را به روشی جدید نجات داد.

Los tres hombres guiaban un bote largo por rápidos
agitados.

آن سه مرد داشتند یک قایق دراز را به سمت تندآب‌های خروشان هدایت
می‌کردند.

Thornton tripulaba el bote, gritando instrucciones para
llegar a la costa.

تورنتون قایق را هدایت می‌کرد و مسیرهای منتهی به ساحل را صدا
می‌زد.

Hans y Pete corrieron por la tierra, sosteniendo una cuerda
de árbol a árbol.

هانس و پیت در حالی که طنابی را از درختی به درخت دیگر گرفته بودند، روی زمین می‌دویدند.

Buck seguía el ritmo en la orilla, siempre observando a su amo.

باک در ساحل قدم می‌زد و همیشه اربابش را زیر نظر داشت.

En un lugar desagradable, las rocas sobresalían bajo el agua rápida.

در یک جای بد، صخره‌ها از زیر آب خروشان بیرون زده بودند.

Hans soltó la cuerda y Thornton dirigió el bote hacia otro lado.

هانس طناب را رها کرد و تورنتون قایق را به جلو هدایت کرد.

Hans corrió para alcanzar el barco nuevamente más allá de las rocas peligrosas.

هانس با سرعت دوید تا دوباره به قایق برسد و از میان صخره‌های خطرناک گذشت.

El barco superó la cornisa pero se topó con una parte más fuerte de la corriente.

قایق از لبه‌ی آب عبور کرد اما به بخش قوی‌تری از جریان آب برخورد کرد.

Hans agarró la cuerda demasiado rápido y desequilibró el barco.

هانس خیلی سریع طناب را گرفت و تعادل قایق را از دست داد.

El barco se volcó y se estrelló contra la orilla, boca abajo.

قایق واژگون شد و از پایین به بالا به ساحل برخورد کرد.

Thornton fue arrojado y arrastrado hacia la parte más salvaje del agua.

تورنتون به بیرون پرتاب شد و به وحشی‌ترین قسمت آب کشیده شد.

Ningún nadador habría podido sobrevivir en esas aguas turbulentas y mortales.

هیچ شناگری نمی‌توانست در آن آب‌های مرگبار و خروشان زنده بماند.

Buck saltó instantáneamente y persiguió a su amo río abajo.

باک فوراً پرید و اربابش را تا پایین رودخانه تعقیب کرد.

Después de trescientos metros, llegó por fin a Thornton.

بعد از سیصد یارد، بالاخره به تورنتون رسید.

Thornton agarró la cola de Buck y Buck se giró hacia la orilla.

تورنتون دم باک را گرفت و باک به سمت ساحل برگشت.

Nadó con todas sus fuerzas, luchando contra el arrastre
salvaje del agua.

او با تمام قدرت شنا می‌کرد و با نیروی وحشی آب مبارزه می‌کرد.

Se movieron río abajo más rápido de lo que podían llegar a
la orilla.

آنها سریع‌تر از آنکه بتوانند به ساحل برسند، به سمت پایین دست
رودخانه حرکت کردند.

Más adelante, el río rugía cada vez más fuerte mientras caía
en rápidos mortales.

جلوتر، رودخانه با غرش بلندتری به درون تندآب‌های مرگبار فرو
می‌رفت.

Las rocas cortaban el agua como los dientes de un peine
enorme.

صخره‌ها مانند دندانه‌های یک شانه‌ی بزرگ، آب را شکافتند.

La atracción del agua cerca de la caída era salvaje e
ineludible.

کشش آب در نزدیکی قطره، وحشیانه و گریزناپذیر بود.

Thornton sabía que nunca podrían llegar a la costa a tiempo.

تورنتون می‌دانست که آنها هرگز نمی‌توانند به موقع به ساحل برسند.

Raspó una roca, se estrelló contra otra,

او روی یک سنگ خراشید، سنگ دیگری را خرد کرد،

Y entonces se estrelló contra una tercera roca, agarrándola
con ambas manos.

و سپس به سنگ سوم برخورد کرد و آن را با هر دو دست گرفت.

Soltó a Buck y gritó por encima del rugido: "¡Vamos, Buck!
¡Vamos!".

«او باک را رها کرد و با صدایی گرفته فریاد زد» :برو باک، برو.

Buck no pudo mantenerse a flote y fue arrastrado por la
corriente.

باک نتوانست روی آب بماند و جریان آب او را به پایین کشید.

Luchó con todas sus fuerzas, intentando girar, pero no
consiguió ningún progreso.

او سخت جنگید، تقلا کرد تا برگردد، اما اصلاً پیشرفتی نکرد.

Entonces escuchó a Thornton repetir la orden por encima del
rugido del río.

سپس شنید که تورنتون فرمان را با وجود غرش رودخانه تکرار کرد.

Buck salió del agua y levantó la cabeza como para echar una última mirada.

باک از آب بیرون آمد، سرش را بالا آورد، انگار می‌خواست آخرین نگاه را بیندازد.

Luego se giró y obedeció, nadando hacia la orilla con resolución.

سپس برگشت و اطاعت کرد و با عزمی راسخ به سمت ساحل شنا کرد.

Pete y Hans lo sacaron a tierra en el último momento posible.

پیت و هانس او را در آخرین لحظه ممکن به ساحل کشیدند.

Sabían que Thornton podría aferrarse a la roca sólo por unos minutos más.

آنها می‌دانستند که تورنتون فقط چند دقیقه دیگر می‌تواند به سنگ بچسبد.

Corrieron por la orilla hasta un lugar mucho más arriba de donde estaba colgado.

آنها از کناره‌ی رودخانه به نقطه‌ای بسیار بالاتر از جایی که او آویزان بود، دویدند.

Ataron la cuerda del bote al cuello y los hombros de Buck con cuidado.

آنها طناب قایق را با دقت به گردن و شانه‌های باک بستند.

La cuerda estaba ajustada pero lo suficientemente suelta para permitir la respiración y el movimiento.

طناب محکم بود اما به اندازه کافی شل بود که بتوان نفس کشید و حرکت کرد.

Luego lo lanzaron nuevamente al caudaloso y mortal río.

سپس دوباره او را به درون رودخانه خروشان و مرگبار انداختند.

Buck nadó con valentía, pero perdió su ángulo debido a la fuerza de la corriente.

باک با جسارت شنا کرد اما زاویه‌اش را به دلیل نیروی جریان از دست داد.

Se dio cuenta demasiado tarde de que iba a dejar atrás a Thornton.

او خیلی دیر متوجه شد که قرار است از تورنتون سبقت بگیرد.

Hans tiró de la cuerda con fuerza, como si Buck fuera un barco que se hundía.

هانس طناب را محکم کشید، انگار باک قایقی در حال واژگون شدن بود.

La corriente lo arrastró hacia abajo y desapareció bajo la superficie.

جریان آب او را به زیر خود کشید و او در زیر سطح آب ناپدید شد.

Su cuerpo chocó contra el banco antes de que Hans y Pete pudieran sacarlo.

قبل از اینکه هانس و پیت او را بیرون بکشند، بدنش به ساحل برخورد کرد.

Estaba medio ahogado y le sacaron el agua a golpes.

او تا نیمه غرق شده بود و آنها آب را از او بیرون کشیدند.

Buck se puso de pie, se tambaleó y volvió a desplomarse en el suelo.

باک ایستاد، تلوتلو خورد و دوباره روی زمین افتاد.

Entonces oyeron la voz de Thornton llevada débilmente por el viento.

سپس صدای ضعیف تورنتون را شنیدند که باد آن را با خود می‌برد.

Aunque las palabras no eran claras, sabían que estaba cerca de morir.

اگرچه کلمات نامفهوم بودند، اما آنها می‌دانستند که او در آستانه مرگ است.

El sonido de la voz de Thornton golpeó a Buck como una sacudida eléctrica.

صدای تورنتون مثل برق گرفتگی به باک برخورد کرد.

Saltó y corrió por la orilla, regresando al punto de lanzamiento.

از جا پرید و از روی صخره بالا دوید و به نقطه شروع برگشت.

Nuevamente ataron la cuerda a Buck, y nuevamente entró al arroyo.

دوباره طناب را به باک بستند و او دوباره وارد نهر شد.

Esta vez nadó directo y firmemente hacia el agua que palpitaba.

این بار، او مستقیماً و محکم به درون آب خروشان شنا کرد.

Hans soltó la cuerda con firmeza mientras Pete evitaba que se enredara.

هانس طناب را محکم رها کرد در حالی که پیت مانع از گره خوردن آن می‌شد.

Buck nadó con fuerza hasta que estuvo alineado justo encima de Thornton.

باک با تمام قوا شنا کرد تا اینکه درست بالای سر تورنتون در یک خط قرار گرفت.

Luego se dio la vuelta y se lanzó hacia abajo como un tren a toda velocidad.

سپس برگشت و مانند قطاری با سرعت تمام به سمت پایین حمله کرد.

Thornton lo vio venir, se preparó y le rodeó el cuello con los brazos.

تورنتون آمدنش را دید، آماده شد و دستانش را دور گردنش قفل کرد.

Hans ató la cuerda fuertemente alrededor de un árbol mientras ambos eran arrastrados hacia abajo.

هانس طناب را محکم دور درختی بست، در حالی که هر دو به زیر درخت کشیده می‌شدند.

Cayeron bajo el agua y se estrellaron contra rocas y escombros del río.

آنها زیر آب غلتیدند و به سنگ‌ها و بقایای رودخانه برخورد کردند.

En un momento Buck estaba arriba y al siguiente Thornton se levantó jadeando.

یک لحظه باک در اوج بود، لحظه‌ای بعد تورنتون نفس زنان از جا بلند شد.

Maltratados y asfixiados, se desviaron hacia la orilla y se pusieron a salvo.

آنها که کتک خورده و در حال خفگی بودند، به سمت ساحل و جای امنی تغییر مسیر دادند.

Thornton recuperó el conocimiento, acostado sobre un tronco a la deriva.

تورنتون به هوش آمد، در حالی که روی یک کنده درخت افتاده بود.

Hans y Pete trabajaron duro para devolverle el aliento y la vida.

هانس و پیت سخت تلاش کردند تا نفس و زندگی را به او برگردانند.

Su primer pensamiento fue para Buck, que yacía inmóvil y flácido.

اولین فکری که به ذهنش رسید، باک بود که بی‌حرکت و شل افتاده بود.

Nig aulló sobre el cuerpo de Buck y Skeet le lamió la cara suavemente.

نیگ بالای سر باک زوزه می‌کشید و اسکیت به آرامی صورتش را لیس می‌زد.

Thornton, dolorido y magullado, examinó a Buck con manos cuidadosas.

تورنتون، زخمی و کبود، با دستانی محتاط باک را معاینه کرد.

Encontró tres costillas rotas, pero ninguna herida mortal en el perro.

او سه دنده شکسته پیدا کرد، اما هیچ زخم کشندهای در سگ وجود نداشت.

"Eso lo resuelve", dijo Thornton. "Acamparemos aquí". Y así lo hicieron.

تورنتون گفت: «همین کافی است. ما اینجا اردو می‌زنیم.» و آنها این کار را کردند.

Se quedaron hasta que las costillas de Buck sanaron y pudo caminar nuevamente.

آنها ماندند تا دنده‌های باک خوب شد و دوباره توانست راه برود.

Ese invierno, Buck realizó una hazaña que aumentó aún más su fama.

زمستان آن سال، باک شاهکاری را به نمایش گذاشت که شهرتش را بیش از پیش افزایش داد.

Fue menos heroico que salvar a Thornton, pero igual de impresionante.

این کار به اندازه نجات دادن تورنتون قهرمانانه نبود، اما به همان اندازه تأثیرگذار بود.

En Dawson, los socios necesitaban suministros para un viaje lejano.

در داوسون، شرکا برای یک سفر دور به تدارکات نیاز داشتند.

Querían viajar hacia el Este, hacia tierras vírgenes y silvestres.

آنها می‌خواستند به شرق سفر کنند، به سرزمین‌های بکر و دست‌نخورده.

La escritura de Buck en el Eldorado Saloon hizo posible ese viaje.

سند مالکیت باک در سالن الدورادو، آن سفر را ممکن ساخت.

Todo empezó con hombres alardeando de sus perros mientras bebían.

این ماجرا با رجزخوانی مردانی در مورد سگ‌هایشان هنگام نوشیدن شروع شد.

La fama de Buck lo convirtió en blanco de desafíos y dudas.

شهرت باک او را هدف چالش‌ها و تردیدها قرار داد.
Thornton, orgulloso y tranquilo, se mantuvo firme en la defensa del nombre de Buck.
تورنتون، مغرور و آرام، محکم و استوار از نام باک دفاع کرد.
Un hombre dijo que su perro podía levantar doscientos cincuenta kilos con facilidad.
مردی گفت سگش می‌تواند به راحتی پانصد پوند را بکشد.
Otro dijo seiscientos, y un tercero se jactó de setecientos.
دیگری گفت ششصد و سومی به هفتصد لاف زد.
"¡Pfft!" dijo John Thornton, "Buck puede tirar de un trineo de mil libras".
جان تورنتون گفت» :پوووف. باک می‌تونه یه سورتمه هزار پوندی رو بکشه.«
Matthewson, un Rey de Bonanza, se inclinó hacia delante y lo desafió.
متیوسون، یک پادشاه بونانزا، به جلو خم شد و او را به چالش کشید.
¿Crees que puede poner tanto peso en movimiento?
«فکر می‌کنی می‌تونه انقدر وزن رو به حرکت دربیاره؟»
"¿Y crees que puede tirar del peso cien yardas enteras?"
«و فکر می‌کنی می‌تونه وزنه رو صد یارد کامل بکشه؟»
Thornton respondió con frialdad: «Sí. Buck es lo suficientemente bueno como para hacerlo».
تورنتون با خونسردی پاسخ داد» :بله. باک آنقدر عاقل است که این کار را انجام دهد.«
"Pondrá mil libras en movimiento y las arrastrará cien yardas".
«او هزار پوند را به حرکت درمی‌آورد و آن را صد یارد می‌کشد.»
Matthewson sonrió lentamente y se aseguró de que todos los hombres escucharan sus palabras.
متیسون به آرامی لبخند زد و مطمئن شد که همه حرف‌هایش را شنیده‌اند.
Tengo mil dólares que dicen que no puede. Ahí está.
«من هزار دلار دارم که می‌گوید او نمی‌تواند. این هم از این.»
Arrojó un saco de polvo de oro del tamaño de una salchicha sobre la barra.
او یک کیسه خاک طلا به اندازه سوسیس را روی پیشخوان کوبید.
Nadie dijo una palabra. El silencio se hizo denso y tenso a su alrededor.

هیچ‌کس کلمه‌ای نگفت. سکوت سنگین و پرتنشی اطرافشان را فرا گرفت.

El engaño de Thornton —si es que lo hubo— había sido tomado en serio.

بلوف تورنتون - اگر بلوف بود - جدی گرفته شده بود.

Sintió que el calor le subía a la cara mientras la sangre le subía a las mejillas.

احساس کرد صورتش داغ شد و خون به گونه‌هایش هجوم آورد.

En ese momento su lengua se había adelantado a su razón.

در آن لحظه زبانش از عقلش پیشی گرفته بود.

Realmente no sabía si Buck podría mover mil libras.

او واقعاً نمی‌دانست که آیا باک می‌تواند هزار پوند را جابجا کند یا نه.

¡Media tonelada! Solo su tamaño le hacía sentir un gran peso en el corazón.

نیم تُن. فقط حجم آن باعث می‌شد دلش سنگین شود.

Tenía fe en la fuerza de Buck y creía que era capaz.

او به قدرت باک ایمان داشت و او را توانمند می‌دانست.

Pero nunca se había enfrentado a un desafío así, no de esta manera.

اما او هرگز با این نوع چالش، نه مثل این، روبرو نشده بود.

Una docena de hombres lo observaban en silencio, esperando ver qué haría.

دوازده مرد بی‌صدا او را تماشا می‌کردند و منتظر بودند ببینند چه می‌کند.

Él no tenía el dinero, ni tampoco Hans ni Pete.

او پول نداشت - هانس یا پیت هم نداشتند.

"Tengo un trineo afuera", dijo Matthewson fría y directamente.

«متیسون با سردی و صراحت گفت» :من بیرون یک سورتمه دارم.

"Está cargado con veinte sacos de cincuenta libras cada uno, todo de harina.

«پر از بیست گونی آرد است، هر کدام پنجاه پوند.»

Así que no dejen que un trineo perdido sea su excusa ahora", añadió.

«پس نگذارید گم شدن سورتمه بهانه‌ای برای شما باشد.

Thornton permaneció en silencio. No sabía qué decir.

تورنتون ساکت ماند. نمی‌دانست چه کلماتی را به کار ببرد.

Miró a su alrededor los rostros sin verlos con claridad.
او به چهره‌ها نگاه کرد، اما آنها را به وضوح ندید.
Parecía un hombre congelado en sus pensamientos, intentando reiniciarse.
او شبیه مردی بود که در افکارش منجمد شده و سعی دارد دوباره شروع کند.
Luego vio a Jim O'Brien, un amigo de la época de Mastodon.
سپس جیم اُبرایان، دوست دوران ماستودون، را دید.
Ese rostro familiar le dio un coraje que no sabía que tenía.
آن چهره آشنا به او شجاعتی داد که از وجودش بی‌خبر بود.
Se giró y preguntó en voz baja: "¿Puedes prestarme mil?"
برگشت و با صدای آهسته پرسید» :می‌توانی هزار تا به من قرض بدهی؟«
"Claro", dijo O'Brien, dejando caer un pesado saco junto al oro.
اُبراین گفت» :البته. «و کیسه‌ی سنگینی را که از قبل کنار طلاها انداخته بود، انداخت.
"Pero la verdad, John, no creo que la bestia pueda hacer esto".
» اما راستش را بخواهی، جان، من باور نمی‌کنم که آن هیولا بتواند این کار را بکند.«
Todos los que estaban en el Eldorado Saloon corrieron hacia afuera para ver el evento.
همه در سالن الدورادو برای دیدن این رویداد به بیرون هجوم آوردند.
Abandonaron las mesas y las bebidas, e incluso los juegos se pausaron.
آنها میزها و نوشیدنی‌ها را ترک کردند و حتی بازی‌ها متوقف شد.
Comerciantes y jugadores acudieron para presenciar el final de la audaz apuesta.
دلالان و قماربازان آمدند تا شاهد پایان شرطبندی جسورانه باشند.
Cientos de personas se reunieron alrededor del trineo en la calle helada y abierta.
صدها نفر در خیابان یخزده دور سورتمه جمع شده بودند.
El trineo de Matthewson estaba cargado con un montón de sacos de harina.
سورتمه متیسون با بار پر از کیسه‌های آرد ایستاده بود.

El trineo había permanecido parado durante horas a temperaturas bajo cero.

سورتمه ساعت‌ها در دمای منفی یک درجه مانده بود.

Los patines del trineo estaban congelados y pegados a la nieve compacta.

کفی‌های سورتمه کاملاً در برف فشرده یخ زده بودند.

Los hombres ofrecieron dos a uno de que Buck no podría mover el trineo.

مردان شانس دو به یک را پیشنهاد دادند که باک نمی‌تواند سورتمه را حرکت دهد.

Se desató una disputa sobre lo que realmente significaba "break out".

اختلافی بر سر معنای واقعی »گریز «درگرفت.

O'Brien dijo que Thornton debería aflojar la base congelada del trineo.

اُبراین گفت تورنتون باید پایه یخ‌زده سورتمه را شل کند.

Buck pudo entonces "escapar" de un comienzo sólido e inmóvil.

سپس باک می‌توانست از یک شروع محکم و بی‌حرکت »بیرون بزند«.

Matthewson argumentó que el perro también debe liberar a los corredores.

متیوسون استدلال کرد که سگ باید دونده‌ها را نیز آزاد کند.

Los hombres que habían escuchado la apuesta estuvieron de acuerdo con la opinión de Matthewson.

مردانی که شرط را شنیده بودند با نظر متیسون موافق بودند.

Con esa decisión, las probabilidades aumentaron a tres a uno en contra de Buck.

با آن حکم، شانس برد باک به سه به یک افزایش یافت.

Nadie se animó a asumir las crecientes probabilidades de tres a uno.

هیچ کس برای پذیرفتن شانس رو به رشد سه به یک پا پیش نگذاشت.

Ningún hombre creyó que Buck pudiera realizar la gran hazaña.

حتی یک نفر هم باور نداشت که باک بتواند این شاهکار بزرگ را انجام دهد.

Thornton se había apresurado a hacer la apuesta, cargado de dudas.

تورنتون با عجله و در حالی که سرشار از شک و تردید بود، وارد شرط‌بندی شد.

Ahora miró el trineo y el equipo de diez perros que estaba a su lado.

حالا به سورتمه و گروه ده سگ کنارش نگاه کرد.

Ver la realidad de la tarea la hizo parecer más imposible.

دیدن واقعیتِ کار، آن را غیرممکن‌تر جلوه می‌داد.

Matthewson estaba lleno de orgullo y confianza en ese momento.

متیسون در آن لحظه سرشار از غرور و اعتماد به نفس بود.

—¡Tres a uno! —gritó—. ¡Apuesto mil más, Thornton!

سه به یک. «او فریاد زد. »تورنتون، من هزار تای دیگه شرط می‌بندم.«

"¿Qué dices?" añadió lo suficientemente alto para que todos lo oyeran.

«با صدای بلند که همه بشنوند، اضافه کرد» :چی می‌گی؟

El rostro de Thornton mostraba sus dudas, pero su ánimo se había elevado.

چهره تورنتون تردیدهایش را نشان می‌داد، اما روحش برخاسته بود.

Ese espíritu de lucha ignoraba las probabilidades y no temía a nada en absoluto.

آن روحیه‌ی مبارزه‌جویانه، هیچ چیز را نادیده نمی‌گرفت و از هیچ چیز نمی‌ترسید.

Llamó a Hans y Pete para que trajeran todo su dinero a la mesa.

او هانس و پیت را صدا زد تا تمام پولشان را سر میز بیاورند.

Les quedaba poco: sólo doscientos dólares en total.

پول کمی برایشان مانده بود - روی هم رفته فقط دویست دلار.

Esta pequeña suma constituía su fortuna total en tiempos difíciles.

این مبلغ ناچیز، تمام دارایی آنها در دوران سخت بود.

Aún así, apostaron toda su fortuna contra la apuesta de Matthewson.

با این حال، آنها تمام ثروت خود را در مقابل شرط متیسون قرار دادند.

El equipo de diez perros fue desenganchado y se alejó del trineo.

تیم ده سگ از سورتمه جدا شد و از آن فاصله گرفت.

Buck fue colocado en las riendas, vistiendo su arnés familiar.
باک در حالی که افسار آشنایش را به گردن داشت، افسار را به دست گرفت.
Había captado la energía de la multitud y sentía la tensión.
او انرژی جمعیت را جذب کرده و تنش را حس کرده بود.
De alguna manera, sabía que tenía que hacer algo por John Thornton.
به نحوی، او می‌دانست که باید کاری برای جان تورنتون انجام دهد.
La gente murmuraba con admiración ante la orgullosa figura del perro.
مردم با تحسین از هیکل مغرور سگ زمزمه می‌کردند.
Era delgado y fuerte, sin un solo gramo de carne extra.
او لاغر و قوی بود، بدون حتی یک اونس گوشت اضافه.
Su peso total de ciento cincuenta libras era todo potencia y resistencia.
تمام وزن صد و پنجاه پوندی او، قدرت و استقامت بود.
El pelaje de Buck brillaba como la seda, espeso y saludable.
پوشش باک مانند ابریشم می‌درخشید، ضخیم از سلامتی و قدرت.
El pelaje a lo largo de su cuello y hombros pareció levantarse y erizarse.
به نظر می‌رسید خزهای گردن و شانه‌هایش سیخ و بلند شده‌اند.
Su melena se movía levemente, cada cabello vivo con su gran energía.
یالش کمی تکان خورد، هر تار مویش از انرژی زیادش جان گرفته بود.
Su pecho ancho y sus piernas fuertes hacían juego con su cuerpo pesado y duro.
سینه پهن و پاهای قوی‌اش با هیکل سنگین و خشنش هماهنگ بود.
Los músculos se ondulaban bajo su abrigo, tensos y firmes como hierro.
عضلاتش زیر کتش موج می‌زدند، سفت و محکم مثل آهنِ به هم چسبیده.
Los hombres lo tocaron y juraron que estaba construido como una máquina de acero.
مردها او را لمس می‌کردند و قسم می‌خوردند که مثل یک ماشین فولادی ساخته شده است.
Las probabilidades bajaron levemente a dos a uno contra el gran perro.

شانس برد در برابر سگ بزرگ کمی کاهش یافت و به دو به یک رسید.

Un hombre de los bancos Skookum se adelantó,
tartamudeando.

مردی از نیمکت‌های اسکوکوم، با لکنت زبان، جلو آمد.

—¡Bien, señor! ¡Ofrezco ochocientas libras por él, antes del
examen, señor!

«خوبه آقا. من هشتصد تا براش پیشنهاد میدم - قبل از امتحان، آقا.»

"¡Ochocientos, tal como está ahora mismo!" insistió el
hombre.

«مرد اصرار کرد» :هشتصد، همین الان که ایستاده.

Thornton dio un paso adelante, sonrió y meneó la cabeza
con calma.

تورنتون جلو آمد، لبخندی زد و سرش را با آرامش تکان داد.

Matthewson intervino rápidamente con una voz de
advertencia y el ceño fruncido.

متیوسون با صدای هشدار دهنده و اخم کردن به سرعت وارد عمل شد.

—Debes alejarte de él —dijo—. Dale espacio.

«باید از او فاصله بگیری. به او فضا بده.»

La multitud quedó en silencio; sólo los jugadores seguían
ofreciendo dos a uno.

جمعیت ساکت شد؛ فقط قماربازها هنوز دو به یک پیشنهاد می‌دادند.

Todos admiraban la complexión de Buck, pero la carga
parecía demasiado grande.

همه هیکل باک را تحسین می‌کردند، اما بار روی آن خیلی زیاد به نظر
می‌رسید.

Veinte sacos de harina, cada uno de cincuenta libras de peso,
parecían demasiados.

بیست کیسه آرد - هر کدام پنجاه پوند وزن - خیلی زیاد به نظر می‌رسید.

Nadie estaba dispuesto a abrir su bolsa y arriesgar su dinero.

هیچ کس حاضر نبود کیسه‌اش را باز کند و پولش را به خطر بیندازد.

Thornton se arrodilló junto a Buck y tomó su cabeza con
ambas manos.

تورنتون کنار باک زانو زد و سرش را با هر دو دست گرفت.

Presionó su mejilla contra la de Buck y le habló al oído.

گونه‌اش را به گونه‌ی باک چسباند و در گوشش چیزی گفت.

Ya no había apretones juguetones ni susurros de insultos
amorosos.

حالا دیگر خبری از تکان دادن‌های بازیگوشانه یا نجواهای عاشقانه نبود۔

Él sólo murmuró suavemente: "Tanto como me amas, Buck".

او فقط آرام زمزمه کرد» :هر چقدر هم که تو مرا دوست داشته باشی،
«باک۔

Buck dejó escapar un gemido silencioso, su entusiasmo
apenas fue contenido.

باک ناله‌ی آرامی سر داد، اشتیاقش به زحمت مهار شده بود۔

Los espectadores observaron con curiosidad cómo la tensión
llenaba el aire.

تماشاگران با کنجکاوی تماشا می‌کردند که تنش فضا را پر کرده است۔

El momento parecía casi irreal, como algo más allá de la
razón.

آن لحظه تقریباً غیرواقعی به نظر می‌رسید، مثل چیزی فراتر از منطق۔

Cuando Thornton se puso de pie, Buck tomó suavemente su
mano entre sus mandíbulas.

وقتی تورنتون ایستاد، باک به آرامی دستش را در آرواره‌هایش گرفت۔

Presionó con los dientes y luego lo soltó lenta y suavemente.

با دندان‌هایش فشار داد، سپس به آرامی و با ملایمت رها کرد۔

Fue una respuesta silenciosa de amor, no dicha, pero
entendida.

این پاسخی خاموش از عشق بود، نه به زبان، بلکه درک شده۔

Thornton se alejó bastante del perro y dio la señal.

تورنتون کاملاً از سگ فاصله گرفت و علامت داد۔

—Ahora, Buck —dijo, y Buck respondió con calma y
concentración.

او گفت» :حالا، باک۔ «و باک با آرامش متمرکزی پاسخ داد۔

Buck apretó las correas y luego las aflojó unos centímetros.

باک طناب‌ها را محکم کرد، سپس چند اینچ آن‌ها را شل کرد۔

Éste era el método que había aprendido; su manera de
romper el trineo.

این روشی بود که او یاد گرفته بود؛ راه او برای شکستن سورتمه۔

—¡Caramba! —gritó Thornton con voz aguda en el pesado
silencio.

تورنتون فریاد زد» :وای۔ «صدایش در سکوت سنگین، تیز بود۔

Buck giró hacia la derecha y se lanzó con todo su peso.

باک به راست چرخید و با تمام وزنش به جلو خیز برداشت۔

La holgura desapareció y la masa total de Buck golpeó las cuerdas apretadas.

سستی از بین رفت و تمام جرم باک به مسیرهای تنگ برخورد کرد.

El trineo tembló y los patines produjeron un crujido crujiente.

سورتمه لرزید و دوندگان صدای ترق تروق تیزی ایجاد کردند.

—¡Ja! —ordenó Thornton, cambiando nuevamente la dirección de Buck.

«تورنتون دوباره جهت باک را تغییر داد و دستور داد» :ها.

Buck repitió el movimiento, esta vez tirando bruscamente hacia la izquierda.

باک حرکت را تکرار کرد و این بار به شدت به سمت چپ کشید.

El trineo crujió más fuerte y los patines crujieron y se movieron.

سورتمه با صدای بلندتری تق‌تق کرد، دوندهها تق‌تق می‌کردند و جابه‌جا می‌شدند.

La pesada carga se deslizó ligeramente hacia un lado sobre la nieve congelada.

بار سنگین روی برف یخ‌زده کمی به پهلو سر خورد.

¡El trineo se había soltado del sendero helado!

سورتمه از چنگ مسیر یخی رها شده بود.

Los hombres contenían la respiración, sin darse cuenta de que ni siquiera estaban respirando.

مردان نفس خود را حبس می‌کردند، بی‌خبر از اینکه حتی نفس نمی‌کشند.

—¡Ahora, TIRA! —gritó Thornton a través del silencio helado.

«تورنتون در سکوت یخزده فریاد زد» :حالا، بکشید.

La orden de Thornton sonó aguda, como el chasquido de un látigo.

فرمان تورنتون با صدایی تیز، مثل صدای شلاق، طنین‌انداز شد.

Buck se lanzó hacia adelante con una estocada feroz y estremecedora.

باک با یک حمله‌ی ناگهانی و شدید، خودش را به جلو پرتاب کرد.

Todo su cuerpo se tensó y se arrugó por la enorme tensión.

تمام هیکلش از شدت فشار منقبض و جمع شده بود.

Los músculos se ondulaban bajo su pelaje como serpientes que cobraban vida.

ماهیچه‌ها زیر خزهایش مثل مارهایی که زنده می‌شوند، موج می‌زدند.

Su gran pecho estaba bajo y la cabeza estirada hacia delante, hacia el trineo.

سینه‌ی ستبرش پایین بود و سرش به سمت سورتمه دراز شده بود.

Sus patas se movían como un rayo y sus garras cortaban el suelo helado.

پنجه‌هایش مثل برق حرکت می‌کردند، چنگال‌هایش زمین یخزده را می‌شکافتند.

Los surcos se abrieron profundos mientras luchaba por cada centímetro de tracción.

شیارها عمیقاً کنده شده بودند، زیرا او برای هر اینچ از کشش می‌جنگید.

El trineo se balanceó, tembló y comenzó un movimiento lento e inquieto.

سورتمه تکان خورد، لرزید و حرکتی آهسته و ناآرام را آغاز کرد.

Un pie resbaló y un hombre entre la multitud gimió en voz alta.

یک پا لیز خورد و مردی از میان جمعیت با صدای بلند ناله کرد.

Entonces el trineo se lanzó hacia adelante con un movimiento brusco y espasmódico.

سپس سورتمه با حرکتی تند و خشن به جلو خیز برداشت.

No se detuvo de nuevo: media pulgada... una pulgada... dos pulgadas más.

دوباره متوقف نشد—نیم اینچ...یک اینچ...دو اینچ دیگر.

Los tirones se hicieron más pequeños a medida que el trineo empezó a ganar velocidad.

با افزایش سرعت سورتمه، تکان‌ها کمتر شدند.

Pronto Buck estaba tirando con una potencia suave, uniforme y rodante.

خیلی زود باک با قدرت غلتشی نرم، یکنواخت و مداوم شروع به کشیدن کرد.

Los hombres jadearon y finalmente recordaron respirar de nuevo.

مردان نفس نفس می‌زدند و بالاخره یادشان می‌آمد که دوباره نفس بکشند.

No se habían dado cuenta de que su respiración se había detenido por el asombro.

آنها متوجه نشده بودند که نفسشان از شدت حیرت بند آمده است.

Thornton corrió detrás, gritando órdenes breves y alegres.

تورنتون پشت سر او می‌دوید و با لحنی شاد و کوتاه دستورهایی می‌داد.

Más adelante había una pila de leña que marcaba la distancia.

جلوتر، پشته‌ای از هیزم بود که فاصله را مشخص می‌کرد.

A medida que Buck se acercaba a la pila, los vítores se hacían cada vez más fuertes.

همین‌طور که باک به توده نزدیک می‌شد، تشویق‌ها بلندتر و بلندتر می‌شد.

Los aplausos aumentaron hasta convertirse en un rugido cuando Buck pasó el punto final.

با عبور باک از نقطه پایان، تشویق‌ها به غرش تبدیل شد.

Los hombres saltaron y gritaron, incluso Matthewson sonrió.

مردها از جا پریدند و فریاد زدند، حتی متیوسون هم پوزخندی زد.

Los sombreros volaron por el aire y los guantes fueron arrojados sin pensar ni rumbo.

کلاه‌ها به هوا پرتاب می‌شدند، دستکش‌ها بدون فکر یا هدف پرتاب می‌شدند.

Los hombres se abrazaron y se dieron la mano sin saber a quién.

مردها همدیگر را گرفتند و بدون اینکه بدانند چه کسی است، با هم دست دادند.

Toda la multitud vibró en una celebración salvaje y alegre.

تمام جمعیت با شور و شوق و شادی فراوان جشن گرفتند.

Thornton cayó de rodillas junto a Buck con manos temblorosas.

تورنتون با دستان لرزان کنار باک زانو زد.

Apretó su cabeza contra la de Buck y lo sacudió suavemente hacia adelante y hacia atrás.

سرش را به سر باک چسباند و او را به آرامی تکان داد.

Los que se acercaron le oyeron maldecir al perro con silencioso amor.

کسانی که نزدیک می‌شدند، می‌شنیدند که او با عشقی آرام سگ را نفرین می‌کرد.

Maldijo a Buck durante un largo rato, suavemente, cálidamente, con emoción.

او مدت زیادی به باک فحش داد - آرام، گرم و با احساس.

—¡Bien, señor! ¡Bien, señor! —gritó el rey del Banco Skookum a toda prisa.

«رئیس نیمکت اسکوکوم با عجله فریاد زد» :خوبه، آقا. خوبم آقا.

—¡Le daré mil, no, mil doscientos, por ese perro, señor!

«آقا، من برای آن سگ هزار - نه، هزار و دویست - به شما می‌دهم.»

Thornton se puso de pie lentamente, con los ojos brillantes de emoción.

تورنتون به آرامی از جایش بلند شد، چشمانش از شدت احساسات برق می‌زد.

Las lágrimas corrían abiertamente por sus mejillas sin ninguna vergüenza.

اشک‌هایش بی‌هیچ شرمی، آشکارا از گونه‌هایش سرازیر شدند.

"Señor", le dijo al rey del Banco Skookum, firme y firme.

«او با قاطعیت و آرامش به پادشاه سکوکوم گفت» :آقا

—No, señor. Puede irse al infierno, señor. Esa es mi última respuesta.

«نه، آقا. می‌توانید بروید به جهنم، آقا. این آخرین جواب من است.»

Buck agarró suavemente la mano de Thornton con sus fuertes mandíbulas.

باک دست تورنتون را به آرامی با آرواره‌های قوی‌اش گرفت.

Thornton lo sacudió juguetonamente; su vínculo era más profundo que nunca.

تورنتون با شیطنت او را تکان داد، پیوندشان مثل همیشه عمیق بود.

La multitud, conmovida por el momento, retrocedió en silencio.

جمعیت که لحظه به لحظه تحت تأثیر قرار گرفته بودند، در سکوت قدمی به عقب برداشتند.

Desde entonces nadie se atrevió a interrumpir tan sagrado afecto.

از آن به بعد، هیچ کس جرأت نکرد چنین محبت مقدسی را قطع کند.

El sonido de la llamada
صدای اذان

Buck había ganado mil seiscientos dólares en cinco minutos.

باک در عرض پنج دقیقه هزار و ششصد دلار به دست آورده بود.

El dinero permitió a John Thornton pagar algunas de sus deudas.

این پول به جان تورنتون اجازه داد تا بخشی از بدهی‌هایش را پرداخت کند.

Con el resto del dinero se dirigió al Este con sus socios.

با بقیه پول، او به همراه شرکایش به سمت شرق حرکت کرد.

Buscaban una legendaria mina perdida, tan antigua como el país mismo.

آنها به دنبال یک معدن گمشده افسانه‌ای بودند، به قدمت خود کشور.

Muchos hombres habían buscado la mina, pero pocos la habían encontrado.

بسیاری از مردان به دنبال معدن گشته بودند، اما تعداد کمی آن را پیدا کرده بودند.

Más de unos pocos hombres habían desaparecido durante la peligrosa búsqueda.

بیش از چند مرد در طول این جستجوی خطرناک ناپدید شده بودند.

Esta mina perdida estaba envuelta en misterio y vieja tragedia.

این معدن گمشده، هم در رمز و راز و هم در تراژدی قدیمی پیچیده شده بود.

Nadie sabía quién había sido el primer hombre que encontró la mina.

هیچکس نمی‌دانست اولین کسی که معدن را پیدا کرد چه کسی بود.

Las historias más antiguas no mencionan a nadie por su nombre.

قدیمی‌ترین داستان‌ها از کسی به نام یاد نمی‌کنند.

Siempre había habido allí una antigua y destartalada cabaña.

همیشه یک کلبه‌ی قدیمی و فرسوده آنجا وجود داشت.

Los hombres moribundos habían jurado que había una mina al lado de aquella vieja cabaña.

مردان در حال مرگ قسم خورده بودند که معدنی در کنار آن کلبه قدیمی وجود دارد.

Probaron sus historias con oro como ningún otro en ningún otro lugar.

آنها داستان‌های خود را با طلایی اثبات کردند که هیچ جای دیگری پیدا نمی‌شود.

Ningún alma viviente había jamás saqueado el tesoro de aquel lugar.

هیچ موجود زنده‌ای تا به حال گنج آن مکان را غارت نکرده بود.

Los muertos estaban muertos, y los muertos no cuentan historias.

مردگان، مردگان بودند و مردگان قصه نمی‌گویند.

Entonces Thornton y sus amigos se dirigieron al Este.

بنابراین تورنتون و دوستانش به سمت شرق حرکت کردند.

Pete y Hans se unieron, trayendo a Buck y seis perros fuertes.

پیت و هانس به آنها ملحق شدند و باک و شش سگ قوی هیکل را نیز با خود آوردند.

Se embarcaron en un camino desconocido donde otros habían fracasado.

آنها در مسیری ناشناخته قدم گذاشتند که دیگران در آن شکست خورده بودند.

Se deslizaron en trineo setenta millas por el congelado río Yukón.

آنها هفتاد مایل روی رودخانه یخزده یوکان سورتمه‌سواری کردند.

Giraron a la izquierda y siguieron el sendero hacia Stewart.

آنها به چپ پیچیدند و مسیر را تا داخل رودخانه استوارت دنبال کردند.

Pasaron Mayo y McQuestion y siguieron adelante.

آنها از کنار مایو و مک‌کویستین گذشتند و بیشتر به جلو رفتند.

El río Stewart se encogió y se convirtió en un arroyo, atravesando picos irregulares.

استوارت به نهری تبدیل شد که قله‌های ناهموارش را به هم پیوند می‌داد.

Estos picos afilados marcaban la columna vertebral del continente.

این قله‌های تیز، ستون فقرات قاره را مشخص می‌کردند.

John Thornton exigía poco a los hombres y a la tierra salvaje.

جان تورنتون از انسان‌ها یا سرزمین وحشی چیز زیادی نمی‌خواست.

No temía a nada de la naturaleza y se enfrentaba a lo salvaje con facilidad.

او در طبیعت از هیچ چیز نمی‌ترسید و با سهولت با طبیعت وحشی روبرو می‌شد.

Con sólo sal y un rifle, podría viajar a donde quisiera.

او فقط با نمک و یک تفنگ می‌توانست به هر کجا که می‌خواست سفر کند.

Al igual que los nativos, cazaba alimentos mientras viajaba.

مانند بومیان، او در طول سفر غذا شکار می‌کرد.

Si no pescaba nada, seguía adelante, confiando en que la suerte le acompañaría.

اگر چیزی گیرش نمی‌آمد، به راهش ادامه می‌داد و به شانس پیش رو توکل می‌کرد.

En este largo viaje, la carne era lo principal que comían.

در این سفر طولانی، گوشت غذای اصلی آنها بود.

El trineo contenía herramientas y municiones, pero no un horario estricto.

سورتمه حامل ابزار و مهمات بود، اما هیچ جدول زمانی دقیقی نداشت.

A Buck le encantaba este vagabundeo, la caza y la pesca interminables.

باک عاشق این پرسه زدن بود؛ شکار و ماهیگیری بی‌پایان.

Durante semanas estuvieron viajando día tras día.

هفته‌ها بود که آنها هر روز و هر روز به طور مداوم در سفر بودند.

Otras veces montaban campamentos y permanecían allí durante semanas.

بعضی وقت‌ها هم چادر می‌زدند و هفته‌ها بی‌حرکت می‌ماندند.

Los perros descansaron mientras los hombres cavaban en la tierra congelada.

سگ‌ها استراحت می‌کردند در حالی که مردان در میان خاک یخزده کندوکاو می‌کردند.

Calentaron sartenes sobre el fuego y buscaron oro escondido.

آنها تابه‌ها را روی آتش گرم می‌کردند و به دنبال طلای پنهان می‌گشتند.

Algunos días pasaban hambre y otros días tenían fiestas.

بعضی روزها گرسنگی می‌کشیدند و بعضی روزها جشن می‌گرفتند.

Sus comidas dependían de la presa y de la suerte de la caza.

وعده‌های غذایی آنها به شکار و شانس شکار بستگی داشت.

Cuando llegaba el verano, los hombres y los perros cargaban cargas sobre sus espaldas.

وقتی تابستان از راه رسید، مردان و سگ‌ها بارها را بر پشت خود بستند.

Navegaron por lagos azules escondidos en bosques de montaña.

آنها با قایق از میان دریاچه‌های آبی پنهان در جنگل‌های کوهستانی عبور کردند.

Navegaban en delgadas embarcaciones por ríos que ningún hombre había cartografiado jamás.

آنها با قایق‌های باریک بر روی رودخانه‌هایی حرکت می‌کردند که هیچ‌کس تا به حال نقشه آنها را ترسیم نکرده بود.

Esos barcos se construyeron a partir de árboles que cortaban en la naturaleza.

آن قایق‌ها از درختانی ساخته شده بودند که در طبیعت اره کرده بودند.

Los meses pasaron y ellos serpentearon por tierras salvajes y desconocidas.

ماه‌ها گذشت و آنها در سرزمین‌های وحشی و ناشناخته پیچ و تاب می‌خوردند.

No había hombres allí, aunque había rastros antiguos que indicaban que había habido hombres.

هیچ مردی آنجا نبود، اما آثار قدیمی نشان می‌داد که مردانی آنجا بوده‌اند.

Si la Cabaña Perdida fue real, entonces otras personas habían pasado por allí alguna vez.

اگر کلبه گمشده واقعی بود، پس دیگران هم زمانی از این مسیر آمده بودند.

Cruzaron pasos altos en medio de tormentas de nieve, incluso en verano.

آنها حتی در طول تابستان، در کولاک از گردنه‌های مرتفع عبور می‌کردند.

Temblaban bajo el sol de medianoche en las laderas desnudas de las montañas.

آنها زیر آفتاب نیمه‌شب، در دامنه‌های برهنه کوهستان، از سرما می‌لرزیدند.

Entre la línea de árboles y los campos de nieve, subieron lentamente.

بین خط درختان و زمین‌های برفی، آنها به آرامی بالا می‌رفتند.

En los valles cálidos, aplastaban nubes de mosquitos y moscas.

در دره‌های گرم، آنها به سمت ابرهای پشه و مگس حمله می‌کردند.

Recogieron bayas dulces cerca de los glaciares en plena floración del verano.

آنها در تابستان، در نزدیکی یخچال‌های طبیعی، توت‌های شیرین می‌چیدند.

Las flores que encontraron eran tan hermosas como las de las Tierras del Sur.

گل‌هایی که پیدا کردند به زیبایی گل‌های سرزمین جنوبی بودند.

Ese otoño llegaron a una región solitaria llena de lagos silenciosos.

پاییز آن سال، آنها به منطقه‌ای خلوت و پر از دریاچه‌های خاموش رسیدند.

La tierra estaba triste y vacía, una vez llena de pájaros y bestias.

سرزمینی غمگین و خالی بود، سرزمینی که زمانی پر از پرندگان و جانوران بود.

Ahora no había vida, sólo el viento y el hielo formándose en charcos.

حالا دیگر هیچ حیاتی وجود نداشت، فقط باد و یخ‌هایی که در گودال‌ها تشکیل می‌شدند.

Las olas golpeaban las orillas vacías con un sonido suave y triste.

امواج با صدایی نرم و حزن‌انگیز به سواحل خالی برخورد می‌کردند.

Llegó otro invierno y volvieron a seguir los viejos y tenues senderos.

زمستان دیگری از راه رسید و آنها دوباره از مسیرهای قدیمی و کم‌رمق عبور کردند.

Éstos eran los rastros de hombres que habían buscado mucho antes que ellos.

اینها رد پای مردانی بود که مدت‌ها پیش از آنها جستجو کرده بودند.

Un día encontraron un camino que se adentraba profundamente en el bosque oscuro.

یک روز آنها مسیری را پیدا کردند که در اعماق جنگل تاریک بریده شده بود.

Era un sendero antiguo y sintieron que la cabaña perdida estaba cerca.

مسیر قدیمی بود و آنها احساس می‌کردند کلبه گمشده نزدیک است.

Pero el sendero no conducía a ninguna parte y se perdía en el espeso bosque.

اما رد پا به جایی نرسید و در میان انبوه درختان محو شد.

Nadie sabe quién hizo el sendero ni por qué lo hizo.

هیچ‌کس نمی‌دانست چه کسی این مسیر را ساخته و چرا آن را ساخته است.

Más tarde encontraron los restos de una cabaña escondidos entre los árboles.

بعداً، آنها لاشه یک کلبه را که در میان درختان پنهان شده بود، پیدا کردند.

Mantas podridas yacían esparcidas donde alguna vez alguien había dormido.

پتوهای پوسیده، جایی که زمانی کسی خوابیده بود، پخش و پلا بودند.

John Thornton encontró una pistola de chispa de cañón largo enterrada en el interior.

جان تورنتون یک تفنگ چخماقی لوله بلند را که در داخل دفن شده بود، پیدا کرد.

Sabía que se trataba de un cañón de la Bahía de Hudson desde los primeros días de su comercialización.

او از همان روزهای اول معاملات می‌دانست که این اسلحه متعلق به هادسون بی است.

En aquella época, estas armas se intercambiaban por montones de pieles de castor.

در آن روزها چنین اسلحه‌هایی با انبوهی از پوست سگ آبی معامله می‌شدند.

Eso fue todo: no quedó ninguna pista del hombre que construyó el albergue.

همین بود - هیچ سرنخی از مردی که کلبه را ساخته بود، باقی نمانده بود.

Llegó nuevamente la primavera y no encontraron ninguna señal de la Cabaña Perdida.

بهار دوباره از راه رسید و آنها هیچ نشانه‌ای از کلبه گم‌شده پیدا نکردند.

En lugar de eso encontraron un valle amplio con un arroyo poco profundo.

در عوض، آنها درهای وسیع با جویباری کم‌عمق یافتند.

El oro se extendía sobre el fondo de las sartenes como mantequilla suave y amarilla.

طلا مثل کره‌ی زرد و نرم، کف ماهیتابه‌ها را پوشانده بود.

Se detuvieron allí y no buscaron más la cabaña.

آنها آنجا توقف کردند و دیگر دنبال کلبه نگشتند.

Cada día trabajaban y encontraban miles en polvo de oro.

هر روز آنها کار می‌کردند و هزاران طلا در خاک طلا پیدا می‌کردند.

Empaquetaron el oro en bolsas de piel de alce, de cincuenta libras cada una.

آنها طلاها را در کیسه‌های پوست گوزن شمالی، هر کدام به وزن پنجاه پوند، بسته‌بندی کردند.

Las bolsas estaban apiladas como leña afuera de su pequeña cabaña.

کیسه‌ها مثل هیزم بیرون کلبه‌ی کوچکشان روی هم چیده شده بودند.

Trabajaron como gigantes y los días pasaban como sueños rápidos.

آنها مثل غول‌ها کار می‌کردند و روزها مثل رویاهای سریع می‌گذشتند.

Acumularon tesoros a medida que los días interminables transcurrían rápidamente.

آنها همچنان که روزهای بی‌پایان به سرعت می‌گذشتند، گنج‌ها را انباشته می‌کردند.

Los perros no tenían mucho que hacer excepto transportar carne de vez en cuando.

سگ‌ها کار زیادی نداشتند جز اینکه هر از گاهی گوشت جمع کنند.

Thornton cazó y mató el animal, y Buck se quedó tendido junto al fuego.

تورنتون شکار را شکار کرد و کشت، و باک کنار آتش دراز کشیده بود.

Pasó largas horas en silencio, perdido en sus pensamientos y recuerdos.

او ساعت‌های طولانی را در سکوت، غرق در فکر و خاطره گذراند.

La imagen del hombre peludo venía cada vez más a la mente de Buck.

تصویر مرد پشمالو بیشتر به ذهن باک خطور می‌کرد.

Ahora que el trabajo escaseaba, Buck soñaba mientras parpadeaba ante el fuego.

حالا که کار کم بود، باک در حالی که به آتش چشمک می‌زد، رویا می‌دید.

En esos sueños, Buck vagaba con el hombre en otro mundo.

در آن خواب‌ها، باک به همراه آن مرد در دنیای دیگری پرسه می‌زد.

El miedo parecía el sentimiento más fuerte en ese mundo distante.

ترس، قوی‌ترین احساس در آن دنیای دوردست به نظر می‌رسید.

Buck vio al hombre peludo dormir con la cabeza gacha.

باک مرد پشمالو را دید که با سری خمیده خوابیده بود.

Tenía las manos entrelazadas y su sueño era inquieto y entrecortado.

دستانش در هم گره خورده بود و خوابش آشفته و بریده بریده بود.

Solía despertarse sobresaltado y mirar con miedo hacia la oscuridad.

او قبلاً با تکان از خواب بیدار می‌شد و با ترس به تاریکی خیره می‌شد.

Luego echaba más leña al fuego para mantener la llama brillante.

سپس چوب بیشتری روی آتش می‌ریخت تا شعله را روشن نگه دارد.

A veces caminaban por una playa junto a un mar gris e interminable.

گاهی اوقات آنها در امتداد ساحلی کنار دریایی خاکستری و بی‌کران قدم می‌زدند.

El hombre peludo recogía mariscos y los comía mientras caminaba.

مرد پشمالو صدف می‌چید و همانطور که راه می‌رفت آنها را می‌خورد.

Sus ojos buscaban siempre peligros ocultos en las sombras.

چشمانش همیشه در تاریکی‌ها به دنبال خطرات پنهان می‌گشت.

Sus piernas siempre estaban listas para correr ante la primera señal de amenaza.

پاهایش همیشه آماده بودند تا با اولین نشانه‌ی تهدید، با سرعت بدوند.

Se arrastraron por el bosque, silenciosos y cautelosos, uno al lado del otro.

آنها در جنگل، ساکت و محتاط، در کنار هم، یواشکی پیش می‌رفتند.
Buck lo siguió de cerca y ambos se mantuvieron alerta.
باک پشت سر او رفت و هر دو هوشیار ماندند.
Sus orejas se movían y temblaban, sus narices olfateaban el aire.
گوش‌هایشان تکان می‌خورد و حرکت می‌کرد، بینی‌هایشان هوا را بو می‌کشید.
El hombre podía oír y oler el bosque tan agudamente como Buck.
آن مرد می‌توانست به تیزیِ باک، صدای جنگل را بشنود و بو بکشد.
El hombre peludo se balanceó entre los árboles con una velocidad repentina.
مرد پشمالو با سرعتی ناگهانی از میان درختان گذشت.
Saltaba de rama en rama sin perder nunca su agarre.
او از شاخه‌ای به شاخه‌ی دیگر می‌پرید و لحظه‌ای دستش را از دست نمی‌داد.
Se movió tan rápido sobre el suelo como sobre él.
او با همان سرعتی که روی زمین حرکت می‌کرد، روی آن نیز حرکت می‌کرد.
Buck recordó las largas noches bajo los árboles, haciendo guardia.
باک شب‌های طولانی زیر درختان را به یاد آورد که در آنها نگهبانی می‌داد.
El hombre dormía recostado en las ramas, aferrado fuertemente.
مرد در حالی که محکم به شاخه‌ها چسبیده بود، در میان آنها لانه کرده و خوابیده بود.
Esta visión del hombre peludo estaba estrechamente ligada al llamado profundo.
این رؤیای مرد پشمالو ارتباط نزدیکی با ندای عمیق داشت.
El llamado aún resonaba en el bosque con una fuerza inquietante.
آن صدا هنوز با نیرویی وهم‌آور در جنگل طنین‌انداز بود.
La llamada llenó a Buck de anhelo y una inquieta sensación de alegría.
این تماس، باک را سرشار از اشتیاق و حس شادی بی‌قراری کرد.

Sintió impulsos y agitaciones extrañas que no podía nombrar.
او امیال و هیجانات عجیبی را احساس می‌کرد که نمی‌توانست نامی برای آنها بگذارد.
A veces seguía la llamada hasta lo profundo del tranquilo bosque.
گاهی اوقات او این ندا را تا اعماق جنگل آرام دنبال می‌کرد.
Buscó el llamado, ladrando suave o agudamente mientras caminaba.
او به دنبال صدا می‌گشت، و در حین رفتن، آرام یا تند پارس می‌کرد.
Olfateó el musgo y la tierra negra donde crecían las hierbas.
او خزه و خاک سیاهی را که علف‌ها روییده بودند، بو کشید.
Resopló de alegría ante los ricos olores de la tierra profunda.
او با لذت از بوهای غنی اعماق زمین پوزخندی زد.
Se agazapó durante horas detrás de troncos cubiertos de hongos.
او ساعت‌ها پشت تنه‌های پوشیده از قارچ چمباتمه زد.
Se quedó quieto, escuchando con los ojos muy abiertos cada pequeño sonido.
او بی‌حرکت ماند و با چشمانی گشاد شده به هر صدای کوچکی گوش داد.
Quizás esperaba sorprender al objeto que le había hecho el llamado.
شاید امیدوار بود موجودی که این تماس را برقرار کرده بود، غافلگیر کند.
Él no sabía por qué actuaba así: simplemente lo hacía.
او نمی‌دانست چرا این‌طور رفتار می‌کند - او صرفاً این کار را می‌کرد.
Los impulsos venían desde lo más profundo, más allá del pensamiento o la razón.
این تمایلات از اعماق وجودم، فراتر از فکر یا عقل، می‌آمدند.
Impulsos irresistibles se apoderaron de Buck sin previo aviso ni razón.
میل و اشتیاقی مقاومت‌ناپذیر، بدون هیچ هشدار یا دلیلی، باک را فرا گرفت.
A veces dormitaba perezosamente en el campamento bajo el calor del mediodía.
گاهی اوقات او در اردوگاه، زیر گرمای ظهر، تنبلانه چرت می‌زد.

De repente, su cabeza se levantó y sus orejas se levantaron en alerta.

ناگهان سرش را بالا آورد و گوش‌هایش تیز شد و به هوش آمد.

Entonces se levantó de un salto y se lanzó hacia lo salvaje sin detenerse.

سپس از جا پرید و بدون مکث به دل طبیعت وحشی زد.

Corrió durante horas por senderos forestales y espacios abiertos.

او ساعت‌ها در مسیرهای جنگلی و فضاهای باز دوید.

Le encantaba seguir los lechos de los arroyos secos y espiar a los pájaros en los árboles.

او عاشق دنبال کردن بسترهای خشک نهرها و جاسوسی کردن از پرندگان روی درختان بود.

Podría permanecer escondido todo el día, mirando a las perdices pavonearse.

او می‌توانست تمام روز پنهان بماند و کبک‌هایی را که در اطراف می‌غریدند تماشا کند.

Ellos tamborilearon y marcharon, sin percatarse de la presencia todavía de Buck.

آنها طبل می‌زدند و رژه می‌رفتند، بی‌خبر از حضور بی‌حرکت باک.

Pero lo que más le gustaba era correr al atardecer en verano.

اما چیزی که او بیش از همه دوست داشت، دویدن در گرگ و میش تابستان بود.

La tenue luz y los sonidos soñolientos del bosque lo llenaron de alegría.

نور کم و صداهای خواب‌آلود جنگل او را سرشار از شادی کرد.

Leyó las señales del bosque tan claramente como un hombre lee un libro.

او تابلوهای جنگل را به وضوحی که یک نفر کتاب می‌خواند، می‌خواند.

Y siempre buscaba aquella cosa extraña que lo llamaba.

و او همیشه به دنبال آن چیز عجیب که او را صدا می‌زد، می‌گشت.

Ese llamado nunca se detuvo: lo alcanzaba despierto o dormido.

آن ندا هرگز متوقف نشد - چه در خواب و چه در بیداری به گوش او می‌رسید.

Una noche, se despertó sobresaltado, con los ojos alerta y las orejas alerta.

یک شب، با وحشت از خواب پرید، چشمانش تیزبین و گوش‌هایش تیز شده بود.

Sus fosas nasales se crisparon mientras su melena se erizaba en ondas.

سوراخ‌های بینی‌اش تکان می‌خوردند، در حالی که یال‌هایش موج می‌زدند و سیخ می‌شدند.

Desde lo profundo del bosque volvió a oírse el sonido, el viejo llamado.

از اعماق جنگل دوباره صدا آمد، همان ندای قدیمی.

Esta vez el sonido sonó claro, un aullido largo, inquietante y familiar.

این بار صدا به وضوح طنین انداز شد، زوزه ای طولانی، دلهره آور و آشنا.

Era como el grito de un husky, pero extraño y salvaje en tono.

مثل جیغ هاسکی بود، اما لحنی عجیب و وحشی داشت.

Buck reconoció el sonido al instante: había oído exactamente el mismo sonido hacía mucho tiempo.

باک فوراً صدا را شناخت ـ او دقیقاً همان صدا را مدت‌ها پیش شنیده بود.

Saltó a través del campamento y desapareció rápidamente en el bosque.

او از میان اردوگاه پرید و به سرعت در جنگل ناپدید شد.

A medida que se acercaba al sonido, disminuyó la velocidad y se movió con cuidado.

همین که به صدا نزدیک شد، سرعتش را کم کرد و با احتیاط حرکت کرد.

Pronto llegó a un claro entre espesos pinos.

خیلی زود به فضای بازی بین درختان کاج انبوه رسید.

Allí, erguido sobre sus cuartos traseros, estaba sentado un lobo de bosque alto y delgado.

آنجا، یک گرگ جنگلی قدبلند و لاغر، روی پاهایش ایستاده بود.

La nariz del lobo apuntaba hacia el cielo, todavía haciendo eco del llamado.

بینی گرگ رو به آسمان بود و هنوز صدایش را منعکس می‌کرد.

Buck no había emitido ningún sonido, pero el lobo se detuvo y escuchó.

باک هیچ صدایی از خودش درنیاورده بود، با این حال گرگ ایستاد و گوش داد.

Sintiendo algo, el lobo se tensó y buscó en la oscuridad.

گرگ که چیزی را حس کرده بود، منقبض شد و در تاریکی به جستجو پرداخت.

Buck apareció sigilosamente, con el cuerpo agachado y los pies quietos sobre el suelo.

باک، با بدنی خمیده و پاهایی آرام روی زمین، یواشکی وارد میدان دید شد.

Su cola estaba recta y su cuerpo enroscado por la tensión.

دمش صاف بود و بدنش از شدت فشار، محکم در هم پیچیده بود.

Mostró al mismo tiempo una amenaza y una especie de amistad ruda.

او هم تهدید و هم نوعی دوستی خشن را نشان داد.

Fue el saludo cauteloso que compartían las bestias salvajes.

این همان سلام و احوالپرسی محتاطانه‌ای بود که حیوانات وحشی با هم رد و بدل می‌کردند.

Pero el lobo se dio la vuelta y huyó tan pronto como vio a Buck.

اما گرگ به محض دیدن باک برگشت و فرار کرد.

Buck lo persiguió, saltando salvajemente, ansioso por alcanzarlo.

باک، در حالی که وحشیانه می‌پرید و مشتاق بود از آن سبقت بگیرد، به دنبالش دوید.

Siguió al lobo hasta un arroyo seco bloqueado por un atasco de madera.

او گرگ را تا نهر خشکی که با توده‌ای از الوار مسدود شده بود، دنبال کرد.

Acorralado, el lobo giró y se mantuvo firme.

گرگ که در گوشه‌ای گیر افتاده بود، چرخید و سر جایش ایستاد.

El lobo gruñó y mordió a su presa como un perro husky atrapado en una pelea.

گرگ مثل یک سگ هاسکی که در دام دعوا گرفتار شده باشد، غرید و جیغ کشید.

Los dientes del lobo chasquearon rápidamente y su cuerpo se erizó de furia salvaje.

دندان‌های گرگ به سرعت به هم می‌خوردند و بدنش از خشم وحشی‌اش مورمور می‌شد.

Buck no atacó, sino que rodeó al lobo con cautelosa amabilidad.

باک حمله نکرد، اما با احتیاط و دوستانه دور گرگ حلقه زد.

Intentó bloquear su escape con movimientos lentos e inofensivos.

او سعی کرد با حرکات آهسته و بی‌ضرر، راه فرارش را سد کند.

El lobo estaba cauteloso y asustado: Buck pesaba tres veces más que él.

گرگ محتاط و ترسیده بود—باک سه برابر از او سنگین‌تر بود.

La cabeza del lobo apenas llegaba hasta el enorme hombro de Buck.

سر گرگ به زحمت به شانه‌ی عظیم باک می‌رسید.

Al acecho de un hueco, el lobo salió disparado y la persecución comenzó de nuevo.

گرگ که به دنبال جایی برای باز شدن می‌گشت، فرار کرد و تعقیب و گریز دوباره آغاز شد.

Varias veces Buck lo acorraló y el baile se repitió.

باک چندین بار او را گیر انداخت و رقص تکرار شد.

El lobo estaba delgado y débil, de lo contrario Buck no podría haberlo atrapado.

گرگ لاغر و ضعیف بود، وگرنه باک نمی‌توانست او را بگیرد.

Cada vez que Buck se acercaba, el lobo giraba y lo enfrentaba con miedo.

هر بار که باک نزدیک می‌شد، گرگ می‌چرخید و با ترس به او نزدیک می‌شد.

Luego, a la primera oportunidad, se lanzó de nuevo al bosque.

سپس در اولین فرصتی که به دست آورد، دوباره به جنگل دوید.

Pero Buck no se dio por vencido y finalmente el lobo comenzó a confiar en él.

اما باک تسلیم نشد و بالاخره گرگ به او اعتماد کرد.

Olió la nariz de Buck y los dos se pusieron juguetones y alertas.

او بینی باک را بو کشید و هر دو بازیگوش و هوشیار شدند.

Jugaban como animales salvajes, feroces pero tímidos en su alegría.

آنها مثل حیوانات وحشی بازی می‌کردند، در عین حال که در شادی خود خجالتی بودند، درنده نیز بودند.

Después de un rato, el lobo se alejó trotando con calma y propósito.

بعد از مدتی، گرگ با آرامش و هدفی مشخص، یورتمه رفت.

Le demostró claramente a Buck que tenía la intención de que lo siguieran.

او به وضوح به باک نشان داد که قصد دارد از او پیروی شود.

Corrieron uno al lado del otro a través de la penumbra del crepúsculo.

آنها در تاریکی گرگ و میش، دوشادوش هم می‌دویدند.

Siguieron el lecho del arroyo hasta el desfiladero rocoso.

آنها بستر نهر را تا بالای تنگه سنگی دنبال کردند.

Cruzaron una divisoria fría donde había comenzado el arroyo.

آنها از یک شکاف سرد، جایی که جویبار شروع می‌شد، عبور کردند.

En la ladera más alejada encontraron un extenso bosque y numerosos arroyos.

در دامنه دوردست، جنگل وسیع و نهرهای زیادی یافتند.

Por esta vasta tierra corrieron durante horas sin parar.

آنها ساعت‌ها بدون توقف در این سرزمین پهناور دویدند.

El sol salió más alto, el aire se calentó, pero ellos siguieron corriendo.

خورشید بالاتر آمد، هوا گرم شد، اما آنها به دویدن ادامه دادند.

Buck estaba lleno de alegría: sabía que estaba respondiendo a su llamado.

باک سرشار از شادی بود ـ می‌دانست که به ندای درونش پاسخ می‌دهد.

Corrió junto a su hermano del bosque, más cerca de la fuente del llamado.

او در کنار برادر جنگلی‌اش دوید و به منبع صدا نزدیک‌تر شد.

Los viejos sentimientos regresaron, poderosos y difíciles de ignorar.

احساسات قدیمی برگشتند، قدرتمند و غیرقابل چشم‌پوشی.

Éstas eran las verdades detrás de los recuerdos de sus
sueños.

اینها حقایق پشت خاطرات رویاهایش بودند۔

Todo esto ya lo había hecho antes, en un mundo distante y
sombrío.

او همه این کارها را قبلاً در دنیایی دور و سایه‌وار انجام داده بود۔

Ahora lo hizo de nuevo, corriendo salvajemente con el cielo
abierto encima.

حالا او دوباره این کار را انجام داد، و با سرعتی دیوانه‌وار در آسمان
باز بالای سرش می‌دوید۔

Se detuvieron en un arroyo para beber del agua fría que
fluía.

آنها کنار جویباری توقف کردند تا از آب خنک و روان آن بنوشند۔

Mientras bebía, Buck de repente recordó a John Thornton.

باک همینطور که داشت جرعه جرعه می‌نوشید، ناگهان به یاد جان
تورنتون افتاد۔

Se sentó en silencio, desgarrado por la atracción de la lealtad
y el llamado.

او در سکوت نشست، در حالی که کشش وفاداری و رسالت وجودش را
فرا گرفته بود۔

El lobo siguió trotando, pero regresó para impulsar a Buck a
seguir adelante.

گرگ به راهش ادامه داد، اما برگشت تا باک را به جلو هل دهد۔

Le olisqueó la nariz y trató de convencerlo con gestos suaves.

بینی‌اش را بالا کشید و سعی کرد با حرکات نرم او را اغوا کند۔

Pero Buck se dio la vuelta y comenzó a regresar por donde
había venido.

اما باک برگشت و از همان راهی که آمده بود، شروع به بازگشت کرد۔

El lobo corrió a su lado durante un largo rato, gimiendo
silenciosamente.

گرگ مدت زیادی در کنارش دوید و آرام ناله می‌کرد۔

Luego se sentó, levantó la nariz y dejó escapar un largo
aullido.

سپس نشست، دماغش را بالا کشید و زوزه بلندی کشید۔

Fue un grito triste, que se suavizó cuando Buck se alejó.

ناله‌ای سوزناک بود که با دور شدن باک، آرام‌تر شد۔

Buck escuchó mientras el sonido del grito se desvanecía
lentamente en el silencio del bosque.

باک گوش داد که صدای گریه به آرامی در سکوت جنگل محو شد.

John Thornton estaba cenando cuando Buck irrumpió en el
campamento.

جان تورنتون داشت شام می‌خورد که باک ناگهان وارد اردوگاه شد.

Buck saltó sobre él salvajemente, lamiéndolo, mordiéndolo
y haciéndolo caer.

باک وحشیانه به سمت او پرید، او را لیس زد، گاز گرفت و غلتاند.

Lo derribó, se subió encima y le besó la cara.

او را برانداز کرد، رویش پرید و صورتش را بوسید.

Thornton lo llamó con cariño "hacer el tonto en general".

تورنتون این کار را »بازی کردن نقش ژنرال با محبت «نامید.

Mientras tanto, maldijo a Buck suavemente y lo sacudió de
un lado a otro.

در تمام این مدت، او به آرامی باک را نفرین می‌کرد و او را به عقب و
جلو تکان می‌داد.

Durante dos días y dos noches enteras, Buck no abandonó el
campamento ni una sola vez.

باک دو شبانه‌روز تمام، حتی یک بار هم از اردوگاه بیرون نرفت.

Se mantuvo cerca de Thornton y nunca lo perdió de vista.

او همیشه نزدیک تورنتون بود و هرگز او را از نظر دور نمی‌کرد.

Lo siguió mientras trabajaba y lo observó mientras comía.

او هنگام کار او را دنبال می‌کرد و هنگام غذا خوردن او را تماشا
می‌کرد.

Acompañaba a Thornton con sus mantas por la noche y lo
salía cada mañana.

او تورنتون را می‌دید که شب‌ها پتوهایش را می‌پوشید و هر روز صبح
بیرون می‌آمد.

Pero pronto el llamado del bosque regresó, más fuerte que
nunca.

اما خیلی زود آوای جنگل، بلندتر از همیشه، بازگشت.

Buck volvió a inquietarse, agitado por los pensamientos del
lobo salvaje.

باک دوباره بی‌قرار شد، افکار گرگ وحشی او را به تکاپو انداخته بود.

Recordó el terreno abierto y correr uno al lado del otro.

او زمین باز و دویدن در کنار هم را به یاد آورد.

Comenzó a vagar por el bosque una vez más, solo y alerta.

او دوباره، تنها و هوشیار، شروع به پرسه زدن در جنگل کرد.

Pero el hermano salvaje no regresó y el aullido no se escuchó.

اما برادر وحشی برنگشت و زوزه هم شنیده نشد.

Buck comenzó a dormir a la intemperie, manteniéndose alejado durante días.

باک شروع به خوابیدن در فضای باز کرد و گاهی اوقات چند روز از خانه بیرون می‌رفت.

Una vez cruzó la alta divisoria donde había comenzado el arroyo.

یک بار از شکاف بلندی که نهر از آن شروع می‌شد، عبور کرد.

Entró en la tierra de la madera oscura y de los arroyos anchos y fluidos.

او وارد سرزمین جنگل‌های تیره و نهرهای پهن و روان شد.

Durante una semana vagó en busca de señales del hermano salvaje.

او یک هفته پرسه زد و به دنبال نشانه‌ای از برادر وحشی گشت.

Mataba su propia carne y viajaba con pasos largos e incansables.

او گوشت خودش را شکار می‌کرد و با گام‌های بلند و خستگی‌ناپذیر سفر می‌کرد.

Pescaba salmón en un ancho río que llegaba al mar.

او در رودخانه‌ای وسیع که به دریا می‌رسید، ماهی قزل‌آلا صید می‌کرد.

Allí luchó y mató a un oso negro enloquecido por los insectos.

در آنجا، او با یک خرس سیاه که از حشرات دیوانه شده بود، جنگید و او را کشت.

El oso estaba pescando y corrió ciegamente entre los árboles.

خرس مشغول ماهیگیری بود و کورکورانه از میان درختان می‌دوید.

La batalla fue feroz y despertó el profundo espíritu de lucha de Buck.

نبرد، نبردی سهمگین بود و روحیه‌ی جنگندگی عمیق باک را بیدار کرد.

Dos días después, Buck regresó y encontró glotones en su presa.

دو روز بعد، باک برگشت و دید که ولورین‌ها در شکارگاهش هستند.

Una docena de ellos se pelearon con furia y ruidosidad por la carne.
دوازده نفر از آنها با خشم و هیاهو بر سر گوشت دعوا می‌کردند.
Buck cargó y los dispersó como hojas en el viento.
باک حمله کرد و آنها را مانند برگ‌هایی در باد پراکنده کرد.
Dos lobos permanecieron atrás, silenciosos, sin vida e inmóviles para siempre.
دو گرگ پشت سر ماندند - ساکت، بی‌جان و بی‌حرکت برای همیشه.
La sed de sangre se hizo más fuerte que nunca.
عطش خون بیش از پیش در او شعله‌ور شد.
Buck era un cazador, un asesino, que se alimentaba de criaturas vivas.
باک یک شکارچی بود، یک قاتل، که از موجودات زنده تغذیه می‌کرد.
Sobrevivió solo, confiando en su fuerza y sus sentidos agudos.
او به تنهایی و با تکیه بر قدرت و حواس تیز خود زنده ماند.
Prosperó en la naturaleza, donde sólo los más resistentes podían vivir.
او در طبیعت وحشی، جایی که فقط سرسخت‌ترین‌ها می‌توانستند زندگی کنند، رشد کرد.
A partir de esto, un gran orgullo surgió y llenó todo el ser de Buck.
از این رو، غروری عظیم برخاست و تمام وجود باک را فرا گرفت.
Su orgullo se reflejaba en cada uno de sus pasos, en el movimiento de cada músculo.
غرورش در هر قدمش، در موج هر عضله‌اش نمایان بود.
Su orgullo era tan claro como sus palabras, y se reflejaba en su manera de comportarse.
غرورش به روشنیِ کلامش بود، و از رفتارش پیدا بود.
Incluso su grueso pelaje parecía más majestuoso y brillaba más.
حتی کت ضخیمش هم باشکوه‌تر به نظر می‌رسید و برق بیشتری می‌زد.
Buck podría haber sido confundido con un lobo gigante.
ممکن بود باک را با یک گرگ جنگلی غول‌پیکر اشتباه گرفته باشند.
A excepción del color marrón en el hocico y las manchas sobre los ojos.
به جز قهوه‌ای روی پوزه و لکه‌های بالای چشمانش.

Y la raya blanca de pelo que corría por el centro de su pecho.

و رگه سفید خز که از وسط سینه‌اش پایین می‌آمد.

Era incluso más grande que el lobo más grande de esa feroz raza.

او حتی از بزرگترین گرگ آن نژاد درنده هم بزرگتر بود.

Su padre, un San Bernardo, le dio tamaño y complexión robusta.

پدرش، یک سنت برنارد، به او جثه بزرگ و هیکل درشتی داد.

Su madre, una pastora, moldeó esa masa hasta darle forma de lobo.

مادرش، که یک چوپان بود، آن جثه را به شکل گرگ درآورد.

Tenía el hocico largo de un lobo, aunque más pesado y ancho.

او پوزه بلند گرگ را داشت، هرچند سنگین‌تر و پهن‌تر بود.

Su cabeza era la de un lobo, pero construida en una escala enorme y majestuosa.

سرش به شکل سر گرگ بود، اما در مقیاسی عظیم و باشکوه ساخته شده بود.

La astucia de Buck era la astucia del lobo y de la naturaleza.

حیله‌گری باک، حیله‌گری گرگ و حیات وحش بود.

Su inteligencia provenía tanto del pastor alemán como del san bernardo.

هوش او هم از سگ ژرمن شپرد و هم از سگ سنت برنارد نشأت می‌گرفت.

Todo esto, más la dura experiencia, lo convirtieron en una criatura temible.

همه اینها، به علاوه تجربیات سخت، او را به موجودی ترسناک تبدیل کرده بود.

Era tan formidable como cualquier bestia que vagaba por las tierras salvajes del norte.

او به اندازه هر جانوری که در طبیعت وحشی شمال پرسه می‌زد، مهیب بود.

Viviendo sólo de carne, Buck alcanzó el máximo nivel de su fuerza.

باک که فقط با گوشت زندگی می‌کرد، به اوج قدرت خود رسید.

Rebosaba poder y fuerza masculina en cada fibra de él.

او در هر ذره وجودش سرشار از قدرت و نیروی مردانه بود.

Cuando Thornton le acarició la espalda, sus pelos brillaron con energía.

وقتی تورنتون پشتش را نوازش کرد، موهایش از انرژی برق زدند.

Cada cabello crujió, cargado con el toque de un magnetismo vivo.

هر تار مو، با لمس مغناطیس زنده، خش خش می‌کرد.

Su cuerpo y su cerebro estaban afinados al máximo nivel posible.

بدن و مغز او با بهترین زیر و بمی ممکن تنظیم شده بود.

Cada nervio, fibra y músculo trabajaba en perfecta armonía.

هر عصب، فیبر و عضله با هماهنگی کامل کار می‌کرد.

Ante cualquier sonido o visión que requiriera acción, él respondía instantáneamente.

به هر صدا یا منظره‌ای که نیاز به اقدام داشت، فوراً واکنش نشان می‌داد.

Si un husky saltaba para atacar, Buck podía saltar el doble de rápido.

اگر یک سگ هاسکی برای حمله می‌پرید، باک می‌توانست دو برابر سریع‌تر بپرد.

Reaccionó más rápido de lo que los demás pudieron verlo o escuchar.

او سریع‌تر از آنچه دیگران می‌توانستند ببینند یا بشنوند، واکنش نشان داد.

La percepción, la decisión y la acción se produjeron en un momento fluido.

ادراک، تصمیم و عمل، همه در یک لحظه سیال رخ دادند.

En realidad, estos actos fueron separados, pero demasiado rápidos para notarlos.

در حقیقت، این اعمال از هم جدا بودند، اما خیلی سریع اتفاق می‌افتادند و قابل تشخیص نبودند.

Los intervalos entre estos actos fueron tan breves que parecían uno solo.

فاصله‌ی بین این دو پرده آنقدر کوتاه بود که گویی یکی بودند.

Sus músculos y su ser eran como resortes fuertemente enrollados.

عضلات و وجودش مانند فنرهایی بودند که محکم به هم پیچیده شده بودند.

Su cuerpo rebosaba de vida, salvaje y alegre en su poder.

بدنش سرشار از زندگی بود، وحشی و شاد در قدرتش.

A veces sentía como si la fuerza fuera a estallar fuera de él por completo.

گاهی اوقات احساس می‌کرد که این نیرو می‌خواهد کاملاً از وجودش بیرون بپرد.

"Nunca vi un perro así", dijo Thornton un día tranquilo.

«تورنتون یک روز آرام گفت» :هیچ‌وقت چنین سگی وجود نداشته است.

Los socios observaron a Buck alejarse orgullosamente del campamento.

شرکا باک را تماشا می‌کردند که با غرور و افتخار از اردوگاه خارج می‌شد.

"Cuando lo crearon, cambió lo que un perro puede ser", dijo Pete.

«پیت گفت» :وقتی او ساخته شد، ماهیت یک سگ را تغییر داد.

—¡Por Dios! Yo también lo creo —respondió Hans rápidamente.

هانس فوراً موافقت کرد» :به عیسی مسیح قسم. خودم هم همین فکر را می‌کنم.»

Lo vieron marcharse, pero no el cambio que vino después.

آنها رفتن او را دیدند، اما تغییری که پس از آن رخ داد را ندیدند.

Tan pronto como entró en el bosque, Buck se transformó por completo.

به محض اینکه باک وارد جنگل شد، کاملاً دگرگون شد.

Ya no marchaba, sino que se movía como un fantasma salvaje entre los árboles.

او دیگر رژه نمی‌رفت، بلکه مانند روحی وحشی در میان درختان حرکت می‌کرد.

Se quedó en silencio, con pasos de gato, un destello que pasaba entre las sombras.

او ساکت شد، مثل گربه راه می‌رفت، مثل سوسویی که از میان سایه‌ها عبور می‌کرد.

Utilizó la cubierta con habilidad, arrastrándose sobre su vientre como una serpiente.

او با مهارت از پوشش استفاده می‌کرد و مانند مار روی شکمش می‌خزید.

Y como una serpiente, podía saltar hacia adelante y atacar en silencio.

و مانند یک مار، می‌توانست به جلو بپرد و در سکوت حمله کند.

Podría robar una perdiz nival directamente de su nido escondido.
او می‌توانست یک مرغ باران را مستقیماً از لانه پنهانش بدزدد.
Mató conejos dormidos sin hacer un solo sonido.
او خرگوش‌های خوابیده را بدون هیچ صدایی کشت.
Podía atrapar ardillas en el aire cuando huían demasiado lentamente.
او می‌توانست سنجاب‌ها را در هوا بگیرد، چون خیلی آهسته فرار می‌کردند.
Ni siquiera los peces en los estanques podían escapar de sus ataques repentinos.
حتی ماهی‌های توی برکه‌ها هم نمی‌توانستند از ضربات ناگهانی او در امان بمانند.
Ni siquiera los castores más inteligentes que arreglaban presas estaban a salvo de él.
حتی سگ‌های آبی باهوش که سدها را تعمیر می‌کردند هم از دست او در امان نبودند.
Él mataba por comida, no por diversión, pero prefería matar a sus propias víctimas.
او برای غذا می‌کُشت، نه برای تفریح - اما شکارهای خودش را بیشتر دوست داشت.
Aun así, un humor astuto impregnaba algunas de sus cacerías silenciosas.
با این حال، نوعی طنز زیرکانه در برخی از شکارهای خاموش او موج می‌زد.
Se acercó sigilosamente a las ardillas, pero las dejó escapar.
او یواشکی به سنجاب‌ها نزدیک شد، اما آنها را فراری داد.
Iban a huir hacia los árboles, parloteando con terrible indignación.
آنها در حالی که از ترس و خشم با هم پچ پچ می‌کردند، می‌خواستند به سمت درختان فرار کنند.
A medida que llegaba el otoño, los alces comenzaron a aparecer en mayor número.
با فرا رسیدن پاییز، تعداد گوزن‌های شمالی بیشتر شد.
Avanzaron lentamente hacia los valles bajos para encontrarse con el invierno.

آنها به آرامی به سمت دره‌های پست حرکت کردند تا به استقبال زمستان بروند۔

Buck ya había derribado a un ternero joven y perdido.

باک قبلاً یک گوساله جوان و ولگرد را از پا درآورده بود۔

Pero anhelaba enfrentarse a presas más grandes y peligrosas.

اما او آرزو داشت با طعمه‌های بزرگتر و خطرناک‌تری روبرو شود۔

Un día, en la divisoria, a la altura del nacimiento del arroyo, encontró su oportunidad.

روزی در سراشیبی رودخانه، در ابتدای نهر، فرصت مناسبی پیدا کرد۔

Una manada de veinte alces había cruzado desde tierras boscosas.

گله‌ای متشکل از بیست گوزن شمالی از سرزمین‌های جنگلی عبور کرده بودند۔

Entre ellos había un poderoso toro; el líder del grupo.

در میان آنها یک گاو نر قدرتمند بود؛ رهبر گروه۔

El toro medía más de seis pies de alto y parecía feroz y salvaje.

گاو نر بیش از شش فوت قد داشت و وحشی و درنده به نظر می‌رسید۔

Lanzó sus anchas astas, con catorce puntas ramificándose hacia afuera.

شاخ‌های پهنش را که چهارده نوکشان به بیرون منشعب شده بود، پرتاب کرد۔

Las puntas de esas astas se extendían siete pies de ancho.

نوک آن شاخ‌ها هفت فوت)حدود دو متر(امتداد داشت۔

Sus pequeños ojos ardieron de rabia cuando vio a Buck cerca.

وقتی باک را در همان نزدیکی دید، چشمان کوچکش از خشم سوختند۔

Soltó un rugido furioso, temblando de furia y dolor.

او غرش خشمگینی سر داد و از خشم و درد می‌لرزید۔

Una punta de flecha sobresalía cerca de su flanco, emplumada y afilada.

نوک پیکانی نزدیک پهلویش بیرون زده بود، پردار و تیز۔

Esta herida ayudó a explicar su humor salvaje y amargado.

این زخم به توضیح خلق و خوی وحشی و تلخ او کمک کرد۔

Buck, guiado por su antiguo instinto de caza, hizo su movimiento.

باک، که غریزه شکار باستانی‌اش او را هدایت می‌کرد، حرکتش را انجام داد.

Su objetivo era separar al toro del resto de la manada.

او قصد داشت گاو نر را از بقیه گله جدا کند.

No fue una tarea fácil: requirió velocidad y una astucia feroz.

این کار آسانی نبود - به سرعت و زیرکی شدید نیاز داشت.

Ladró y bailó cerca del toro, fuera de su alcance.

او نزدیک گاو نر، درست خارج از محدوده‌ی دیدش، پارس کرد و رقصید.

El alce atacó con enormes pezuñas y astas mortales.

گوزن شمالی با سم‌های عظیم و شاخ‌های کشنده‌اش به سرعت حمله کرد.

Un golpe podría haber acabado con la vida de Buck en un instante.

یک ضربه می‌توانست در یک چشم به هم زدن به زندگی باک پایان دهد.

Incapaz de dejar atrás la amenaza, el toro se volvió loco.

گاو نر که نمی‌توانست تهدید را پشت سر بگذارد، دیوانه شد.

Él cargó con furia, pero Buck siempre se le escapaba.

او با خشم حمله کرد، اما باک همیشه فرار می‌کرد.

Buck fingió debilidad, lo que lo alejó aún más de la manada.

باک وانمود به ضعف کرد و او را از گله دورتر کشاند.

Pero los toros jóvenes estaban a punto de atacar para proteger al líder.

اما گاوهای نر جوان قصد داشتند برای محافظت از رهبر، حمله کنند.

Obligaron a Buck a retirarse y al toro a reincorporarse al grupo.

آن‌ها باک را مجبور به عقب‌نشینی و گاو نر را مجبور به پیوستن مجدد به گروه کردند.

Hay una paciencia en lo salvaje, profunda e imparable.

در طبیعت وحشی، صبری عمیق و توقف‌ناپذیر وجود دارد.

Una araña espera inmóvil en su red durante incontables horas.

یک عنکبوت ساعت‌های بی‌شماری بی‌حرکت در تار خود منتظر می‌ماند.

Una serpiente se enrosca sin moverse y espera hasta que llega el momento.

مار بدون تکان خوردن چنبره می‌زند و منتظر می‌ماند تا زمانش فرا برسد.

Una pantera acecha hasta que llega el momento.

پلنگی در کمین است، تا لحظه موعود فرا رسد.

Ésta es la paciencia de los depredadores que cazan para sobrevivir.

این صبر شکارچیانی است که برای بقا شکار می‌کنند.

Esa misma paciencia ardía dentro de Buck mientras se quedaba cerca.

همان صبر و شکیبایی در درون باک شعله‌ور بود، همچنان که نزدیک او می‌ماند.

Se quedó cerca de la manada, frenando su marcha y sembrando el miedo.

او نزدیک گله ماند، حرکتشان را کند کرد و ترس را در آنها برانگیخت.

Provocaba a los toros jóvenes y acosaba a las vacas madres.

او گاوهای نر جوان را اذیت می‌کرد و گاوهای ماده را آزار می‌داد.

Empujó al toro herido hacia una rabia más profunda e impotente.

او گاو نر زخمی را به خشمی عمیق‌تر و درمانده‌تر فرو برد.

Durante medio día, la lucha se prolongó sin descanso alguno.

نصف روز، جنگ بدون هیچ استراحتی ادامه یافت.

Buck atacó desde todos los ángulos, rápido y feroz como el viento.

باک از هر زاویه‌ای حمله کرد، سریع و خشمگین چون باد.

Impidió que el toro descansara o se escondiera con su manada.

او مانع از استراحت یا پنهان شدن گاو نر با گله‌اش شد.

Buck desgastó la voluntad del alce más rápido que su cuerpo.

باک اراده‌ی گوزن را سریع‌تر از بدنش تحلیل برد.

El día transcurrió y el sol se hundió en el cielo del noroeste.

روز گذشت و خورشید در آسمان شمال غربی فرو رفت.

Los toros jóvenes regresaron más lentamente para ayudar a su líder.

گاوهای نر جوان آهسته‌تر برگشتند تا به رهبرشان کمک کنند.

Las noches de otoño habían regresado y la oscuridad ahora duraba seis horas.
شب‌های پاییزی دوباره برگشته بودند و تاریکی حالا شش ساعت طول می‌کشید.
El invierno los estaba empujando cuesta abajo hacia valles más seguros y cálidos.
زمستان آنها را به سمت دره‌های امن‌تر و گرم‌تر هل می‌داد.
Pero aún así no pudieron escapar del cazador que los retenía.
اما هنوز هم نمی‌توانستند از شکارچی که آنها را عقب نگه داشته بود، فرار کنند.
Sólo una vida estaba en juego: no la de la manada, sino la de su líder.
فقط یک جان در خطر بود - نه جان گله، فقط جان رهبرشان.
Eso hizo que la amenaza fuera distante y no su preocupación urgente.
این باعث شد تهدید دور از دسترس آنها باشد و دیگر دغدغه فوری آنها نباشد.
Con el tiempo, aceptaron ese coste y dejaron que Buck se llevara al viejo toro.
با گذشت زمان، آنها این هزینه را پذیرفتند و اجازه دادند باک گاو نر پیر را تصاحب کند.
Al caer la tarde, el viejo toro permanecía con la cabeza gacha.
همین که گرگ و میش غروب فرا رسید، گاو نر پیر سرش را پایین انداخته بود و ایستاده بود.
Observó cómo la manada que había guiado se desvanecía en la luz que se desvanecía.
او ناپدید شدن گله ای را که هدایت کرده بود در نور رو به زوال تماشا کرد.
Había vacas que había conocido, terneros que una vez había engendrado.
گاوهایی بودند که او می‌شناخت، گوساله‌هایی که زمانی پدرشان بود.
Había toros más jóvenes con los que había luchado y gobernado en temporadas pasadas.
گاوهای نر جوان‌تری هم بودند که او در فصل‌های گذشته با آنها جنگیده و پیروز شده بود.
No pudo seguirlos, pues frente a él estaba agazapado nuevamente Buck.

او نمی‌توانست آنها را دنبال کند - زیرا باک دوباره جلوی او چمباتمه زده بود.

El terror despiadado con colmillos bloqueó cualquier camino que pudiera tomar.

وحشت بی‌رحم و نیش‌دار، هر مسیری را که او می‌توانست انتخاب کند، مسدود می‌کرد.

El toro pesaba más de trescientos kilos de densa potencia.

گاو نر بیش از سیصد کیلوگرم وزن داشت و قدرت متراکمی داشت.

Había vivido mucho tiempo y luchado con ahínco en un mundo de luchas.

او عمری دراز کرده و در دنیایی از مبارزه، سخت جنگیده بود.

Pero ahora, al final, la muerte vino de una bestia muy inferior a él.

با این حال، اکنون، در پایان، مرگ از سوی هیولایی بسیار پایین‌تر از او فرا رسید.

La cabeza de Buck ni siquiera llegó a alcanzar las enormes rodillas del toro.

سر باک حتی به زانوهای بزرگ و گره خورده‌ی گاو نر هم نرسید.

A partir de ese momento, Buck permaneció con el toro noche y día.

از آن لحظه به بعد، باک شب و روز در کنار گاو ماند.

Nunca le dio descanso, nunca le permitió pastar ni beber.

او هرگز به او استراحت نداد، هرگز اجازه نداد علف بخورد یا آب بنوشد.

El toro intentó comer brotes tiernos de abedul y hojas de sauce.

گاو نر سعی کرد شاخه‌های جوان توس و برگ‌های بید را بخورد.

Pero Buck lo ahuyentó, siempre alerta y siempre atacando.

اما باک او را از خود راند، همیشه هوشیار و همیشه در حال حمله.

Incluso ante arroyos que goteaban, Buck bloqueó cada intento de sed.

حتی در کنار جویبارهای جاری، باک هر تلاش تشنه‌ای را مسدود می‌کرد.

A veces, desesperado, el toro huía a toda velocidad.

گاهی اوقات، از روی ناچاری، گاو نر با تمام سرعت فرار می‌کرد.

Buck lo dejó correr, trotando tranquilamente detrás, nunca muy lejos.

باک گذاشت او بدود، و آرام و بی‌صدا، درست پشت سرش، بدون اینکه خیلی دور شود، جست و خیز می‌کرد.
Cuando el alce se detuvo, Buck se acostó, pero se mantuvo listo.
وقتی گوزن مکث کرد، باک دراز کشید، اما آماده ماند.
Si el toro intentaba comer o beber, Buck atacaba con toda furia.
اگر گاو نر سعی می‌کرد چیزی بخورد یا بنوشد، باک با خشم کامل او را می‌زد.
La gran cabeza del toro se hundió aún más bajo sus enormes astas.
سر بزرگ گاو نر زیر شاخ‌های پهنش پایین‌تر خم شده بود.
Su paso se hizo más lento, el trote se hizo pesado, un paso tambaleante.
قدم‌هایش کند شد، یورتمه سنگین شد؛ قدم‌هایی که تلوتلو می‌خوردند.
A menudo se quedaba quieto con las orejas caídas y la nariz pegada al suelo.
او اغلب با گوش‌های افتاده و بینی به زمین، بی‌حرکت می‌ایستاد.
Durante esos momentos, Buck se tomó tiempo para beber y descansar.
در آن لحظات، باک زمانی را برای نوشیدن و استراحت اختصاص می‌داد.
Con la lengua afuera y los ojos fijos, Buck sintió que la tierra estaba cambiando.
باک در حالی که زبانش را بیرون آورده بود و چشمانش خیره مانده بود، احساس کرد که زمین در حال تغییر است.
Sintió algo nuevo moviéndose a través del bosque y el cielo.
او احساس کرد چیز جدیدی در جنگل و آسمان در حال حرکت است.
A medida que los alces regresaban, también lo hacían otras criaturas salvajes.
همزمان با بازگشت گوزن شمالی، سایر موجودات وحشی نیز بازگشتند.
La tierra se sentía viva, con presencia, invisible pero fuertemente conocida.
سرزمین با حضور، نادیده اما کاملاً شناخته شده، زنده به نظر می‌رسید.
No fue por el sonido, ni por la vista, ni por el olfato que Buck supo esto.

باک این را نه از طریق صدا، نه از طریق دید و نه از طریق بو نمی‌دانست.

Un sentimiento más profundo le decía que nuevas fuerzas estaban en movimiento.

حسی عمیق‌تر به او می‌گفت که نیروهای جدیدی در راهند.

Una vida extraña se agitaba en los bosques y a lo largo de los arroyos.

زندگی عجیبی در جنگل‌ها و در امتداد نهرها موج می‌زد.

Decidió explorar este espíritu, después de que la caza se completara.

او تصمیم گرفت پس از اتمام شکار، این روح را کشف کند.

Al cuarto día, Buck finalmente logró derribar al alce.

روز چهارم، باک بالاخره گوزن را پایین آورد.

Se quedó junto a la presa durante un día y una noche enteros, alimentándose y descansando.

او یک شبانه‌روز کامل کنار شکار ماند، غذا خورد و استراحت کرد.

Comió, luego durmió, luego volvió a comer, hasta que estuvo fuerte y lleno.

او غذا خورد، سپس خوابید، سپس دوباره غذا خورد، تا اینکه قوی و سیر شد.

Cuando estuvo listo, regresó hacia el campamento y Thornton.

وقتی آماده شد، به سمت کمپ و تورنتون برگشت.

Con ritmo constante, inició el largo viaje de regreso a casa.

با سرعتی ثابت، سفر طولانی بازگشت به خانه را آغاز کرد.

Corría con su incansable galope, hora tras hora, sin desviarse jamás.

او با سرعت خستگی‌ناپذیرش، ساعت‌ها می‌دوید، و حتی یک لحظه هم از مسیر منحرف نمی‌شد.

A través de tierras desconocidas, se movió recto como la aguja de una brújula.

در سرزمین‌های ناشناخته، او همچون عقربه قطب‌نما، مستقیم حرکت می‌کرد.

Su sentido de la orientación hacía que el hombre y el mapa parecieran débiles en comparación.

حس جهت‌یابی او باعث می‌شد که انسان و نقشه در مقایسه با او ضعیف به نظر برسند.

A medida que Buck corría, sentía con más fuerza la agitación en la tierra salvaje.

باک همچنان که می‌دوید، جنب و جوش بیشتری را در آن سرزمین وحشی احساس می‌کرد.

Era un nuevo tipo de vida, diferente a la de los tranquilos meses de verano.

این نوع جدیدی از زندگی بود، برخلاف زندگی ماه‌های آرام تابستان.

Este sentimiento ya no llegaba como un mensaje sutil o distante.

این احساس دیگر به عنوان یک پیام ظریف یا دور از دسترس به گوش نمی‌رسید.

Ahora los pájaros hablaban de esta vida y las ardillas parloteaban sobre ella.

حالا پرندگان از این زندگی صحبت می‌کردند و سنجاب‌ها در مورد آن پچپچ می‌کردند.

Incluso la brisa susurraba advertencias a través de los árboles silenciosos.

حتی نسیم هم از میان درختان خاموش، هشدارهایی را زمزمه می‌کرد.

Varias veces se detuvo y olió el aire fresco de la mañana.

چندین بار ایستاد و هوای تازه صبحگاهی را استنشاق کرد.

Allí leyó un mensaje que le hizo avanzar más rápido.

او پیامی را آنجا خواند که باعث شد سریع‌تر به جلو بپرد.

Una fuerte sensación de peligro lo llenó, como si algo hubiera salido mal.

احساس خطر شدیدی وجودش را فرا گرفت، انگار که اشتباهی رخ داده باشد.

Temía que se avecinara una calamidad, o que ya hubiera ocurrido.

او می‌ترسید که فاجعه‌ای در راه باشد - یا قبلاً اتفاق افتاده باشد.

Cruzó la última cresta y entró en el valle de abajo.

از آخرین یال عبور کرد و وارد دره پایین دست شد.

Se movió más lentamente, alerta y cauteloso con cada paso.

او با هر قدم، آهسته‌تر، هوشیارتر و محتاطتر حرکت می‌کرد.

A tres millas de distancia encontró un nuevo rastro que lo hizo ponerse rígido.

سه مایل دورتر، رد تازه‌ای پیدا کرد که باعث شد خشکش بزند.

El cabello de su cuello se onduló y se erizó en señal de alarma.

موهای گردنش از ترس سیخ و سیخ شدند.

El sendero conducía directamente al campamento donde Thornton esperaba.

مسیر مستقیماً به سمت اردوگاهی که تورنتون منتظرش بود، منتهی می‌شد.

Buck se movió más rápido ahora, su paso era silencioso y rápido.

باک حالا سریع‌تر حرکت می‌کرد، گام‌هایش هم بی‌صدا و هم چابک بود.

Sus nervios se tensaron al leer señales que otros no verían.

وقتی نشانه‌هایی را می‌خواند که دیگران از دست می‌دادند، اعصابش به هم می‌ریخت.

Cada detalle del recorrido contaba una historia, excepto la pieza final.

هر جزئیات در مسیر، داستانی را روایت می‌کرد—به جز قطعه آخر.

Su nariz le contaba sobre la vida que había transcurrido por allí.

بینی‌اش از زندگی‌ای که به این شکل گذشته بود برایش می‌گفت.

El olor le dio una imagen cambiante mientras lo seguía de cerca.

این بو تصویر متفاوتی به او داد، در حالی که با فاصله کمی پشت سر او را دنبال می‌کرد.

Pero el bosque mismo había quedado en silencio; anormalmente quieto.

اما خود جنگل ساکت شده بود؛ به طرز غیرطبیعی ساکت.

Los pájaros habían desaparecido, las ardillas estaban escondidas, silenciosas y quietas.

پرندگان ناپدید شده بودند، سنجاب‌ها پنهان شده بودند، ساکت و بی‌حرکت.

Sólo vio una ardilla gris, tumbada sobre un árbol muerto.

او فقط یک سنجاب خاکستری دید که روی درختی خشک افتاده بود.

La ardilla se mimetizó, rígida e inmóvil como una parte del bosque.

سنجاب، خشک و بی‌حرکت، مثل بخشی از جنگل، خودش را قاطی کرد.

Buck se movía como una sombra, silencioso y seguro entre los árboles.

باک مثل سایه، ساکت و مطمئن از میان درختان حرکت می‌کرد.

Su nariz se movió hacia un lado como si una mano invisible
la tirara.

بینی‌اش طوری به پهلو تکان خورد که انگار دستی نامرئی آن را
می‌کشید.

Se giró y siguió el nuevo olor hasta lo profundo de un
matorral.

او برگشت و بوی جدید را تا اعماق بیشه دنبال کرد.

Allí encontró a Nig, que yacía muerto, atravesado por una
flecha.

آنجا نیگ را یافت که مرده افتاده بود و تیری به بدنش خورده بود.

La flecha atravesó su cuerpo y aún se le veían las plumas.

چوب به وضوح از بدنش عبور کرد، پرهایش هنوز نمایان بودند.

Nig se arrastró hasta allí, pero murió antes de llegar para
recibir ayuda.

نیگ خودش را به آنجا کشانده بود، اما قبل از رسیدن کمک جان باخت.

Cien metros más adelante, Buck encontró otro perro de
trineo.

صد یارد آن طرف‌تر، باک یک سگ سورتمه‌سوار دیگر پیدا کرد.

Era un perro que Thornton había comprado en Dawson City.

سگی بود که تورنتون از داوسون سیتی دوباره خریده بود.

El perro se encontraba en una lucha a muerte, agitándose con
fuerza en el camino.

سگ در حال تقلا برای مرگ بود و در مسیر به شدت تقلا می‌کرد.

Buck pasó a su alrededor, sin detenerse, con los ojos fijos
hacia adelante.

باک از کنارش گذشت، نایستاد و چشمانش را به روبرو دوخته بود.

Desde la dirección del campamento llegaba un canto
distante y rítmico.

از سمت اردوگاه، صدای آهنگین و آهنگینی از دوردست‌ها می‌آمد.

Las voces subían y bajaban en un tono extraño, inquietante y
cantarín.

صداها با لحنی عجیب، وهم‌آور و آهنگین بالا و پایین می‌رفتند.

Buck se arrastró hacia el borde del claro en silencio.

باک در سکوت به سمت لبه‌ی محوطه‌ی باز خزید.

Allí vio a Hans tendido boca abajo, atravesado por muchas
flechas.

در آنجا هانس را دید که رو به زمین افتاده و تیرهای زیادی به بدنش خورده بود.

Su cuerpo parecía el de un puercoespín, erizado de plumas.

بدنش شبیه جوجه تیغی بود، پوشیده از پرهای زبر.

En ese mismo momento, Buck miró hacia la cabaña en ruinas.

در همان لحظه، باک به سمت کلبه‌ی ویران‌شده نگاه کرد.

La visión hizo que se le erizara el pelo de la nuca y de los hombros.

این منظره باعث شد مو به تن و شانه‌هایش سیخ شود.

Una tormenta de furia salvaje recorrió todo el cuerpo de Buck.

طوفانی از خشم وحشی تمام وجود باک را فرا گرفت.

Gruñó en voz alta, aunque no sabía que lo había hecho.

او با صدای بلند غرید، هرچند خودش نمی‌دانست که این کار را کرده است.

El sonido era crudo, lleno de furia aterradora y salvaje.

صدا خام بود، پر از خشمی وحشتناک و وحشیانه.

Por última vez en su vida, Buck perdió la razón ante la emoción.

برای آخرین بار در زندگی‌اش، باک منطق را به احساسات ترجیح داد.

Fue el amor por John Thornton lo que rompió su cuidadoso control.

عشق به جان تورنتون بود که کنترل دقیق او را از بین برد.

Los Yeehats estaban bailando alrededor de la cabaña de abetos en ruinas.

یی‌هات‌ها دور کلبه‌ی صنوبر ویران‌شده می‌رقصیدند.

Entonces se escuchó un rugido y una bestia desconocida cargó hacia ellos.

سپس غرشی آمد - و جانوری ناشناخته به سمت آنها حمله کرد.

Era Buck; una furia en movimiento; una tormenta viviente de venganza.

باک بود؛ خشمی در حرکت؛ طوفانی زنده از انتقام.

Se arrojó en medio de ellos, loco por la necesidad de matar.

او در حالی که از نیاز به کشتن دیوانه شده بود، خود را به میان آنها انداخت.

Saltó hacia el primer hombre, el jefe Yeehat, y acertó.

او به سمت اولین مرد، رئیس قبیله یی‌هات، پرید و ضربه‌اش واقعی بود.

Su garganta fue desgarrada y la sangre brotó a chorros.

گلویش پاره شده بود و خون از گلویش فوران می‌کرد.

Buck no se detuvo, sino que desgarró la garganta del siguiente hombre de un salto.

باک نایستاد، بلکه با یک جهش گلوی نفر بعدی را پاره کرد.

Era imparable: desgarraba, cortaba y nunca se detenía a descansar.

او توقف‌ناپذیر بود - می‌درید، تکه‌تکه می‌کرد، و هرگز برای استراحت مکث نمی‌کرد.

Se lanzó y saltó tan rápido que sus flechas no pudieron tocarlo.

او آنقدر سریع و چابک می‌پرید که تیرهای آنها به او نمی‌رسید.

Los Yeehats estaban atrapados en su propio pánico y confusión.

یی‌هات‌ها در وحشت و سردرگمی خود گرفتار شده بودند.

Sus flechas no alcanzaron a Buck y se alcanzaron entre sí.

تیرهایشان به باک نخورد و به جای آن به یکدیگر برخورد کردند.

Un joven le lanzó una lanza a Buck y golpeó a otro hombre.

یکی از جوانان نیزه‌ای به سمت باک پرتاب کرد و به مرد دیگری برخورد کرد.

La lanza le atravesó el pecho y la punta le atravesó la espalda.

نیزه از سینه‌اش گذشت و نوک آن به پشتش فرو رفت.

El terror se apoderó de los Yeehats y se retiraron por completo.

وحشت یی‌هات‌ها را فرا گرفت و آنها کاملاً عقب‌نشینی کردند.

Gritaron al Espíritu Maligno y huyeron hacia las sombras del bosque.

آنها از روح شیطانی فریاد زدند و به سایه‌های جنگل گریختند.

En verdad, Buck era como un demonio mientras perseguía a los Yeehats.

واقعاً، باک مثل یک دیو بود وقتی که یی‌هات‌ها را تعقیب می‌کرد.

Él los persiguió a través del bosque, derribándolos como si fueran ciervos.

او در جنگل به دنبال آنها دوید و آنها را مانند گوزن به زمین زد.

Se convirtió en un día de destino y terror para los asustados Yeehats.

آن روز، برای یی‌هات‌های وحشت‌زده، به روز سرنوشت و وحشت تبدیل شد.

Se dispersaron por toda la tierra, huyendo lejos en todas direcciones.

آنها در سراسر سرزمین پراکنده شدند و از هر سو گریختند.

Pasó una semana entera antes de que los últimos supervivientes se reunieran en un valle.

یک هفته کامل گذشت تا آخرین بازماندگان در دره‌ای به هم رسیدند.

Sólo entonces contaron sus pérdidas y hablaron de lo sucedido.

تنها در آن زمان بود که ضررهایشان را شمردند و از آنچه اتفاق افتاده بود صحبت کردند.

Buck, después de cansarse de la persecución, regresó al campamento en ruinas.

باک، پس از خسته شدن از تعقیب و گریز، به اردوگاه ویران‌شده بازگشت.

Encontró a Pete, todavía en sus mantas, muerto en el primer ataque.

او پیت را در حالی که هنوز پتوهایش را به تن داشت و در حمله اول کشته شده بود، پیدا کرد.

Las señales de la última lucha de Thornton estaban marcadas en la tierra cercana.

نشانه‌هایی از آخرین تقلاهای تورنتون روی خاک‌های اطراف مشخص بود.

Buck siguió cada rastro, olfateando cada marca hasta un punto final.

باک هر ردی را دنبال می‌کرد و هر نشان را تا آخرین نقطه بو می‌کشید.

En el borde de un estanque profundo, encontró al fiel Skeet, tumbado inmóvil.

در لبه‌ی برکه‌ای عمیق، او اسکیت وفادار را یافت که بی‌حرکت دراز کشیده بود.

La cabeza y las patas delanteras de Skeet estaban en el agua, inmóviles por la muerte.

سر و پنجه‌های جلوی اسکیت در آب بودند و بی‌حرکت، بی‌جان، بی‌حرکت.

La piscina estaba fangosa y contaminada por el agua que salía de las compuertas.

استخر گل‌آلود و آلوده به رواناب از دریچه‌های آب‌بند بود.

Su superficie nublada ocultaba lo que había debajo, pero Buck sabía la verdad.

سطح ابری آن، آنچه را که در زیر آن بود، پنهان می‌کرد، اما باک حقیقت را می‌دانست.

Siguió el rastro del olor de Thornton hasta la piscina, pero el olor no lo condujo a ningún otro lugar.

او رد بوی تورنتون را تا داخل استخر دنبال کرد ـ اما آن بو به جای دیگری راه نداشت.

No había ningún olor que indicara que salía, solo el silencio de las aguas profundas.

هیچ بویی به مشام نمی‌رسید ـ فقط سکوت آب‌های عمیق به مشام می‌رسید.

Buck permaneció todo el día cerca de la piscina, paseando de un lado a otro del campamento con tristeza.

باک تمام روز نزدیک استخر ماند و با اندوه در اردوگاه قدم زد.

Vagaba inquieto o permanecía sentado en silencio, perdido en pesados pensamientos.

او بی‌قرار پرسه می‌زد یا در سکوت می‌نشست و غرق در افکار سنگین بود.

Él conocía la muerte; el fin de la vida; la desaparición de todo movimiento.

او مرگ را می‌شناخت؛ پایان زندگی را؛ محو شدن تمام حرکت‌ها را.

Comprendió que John Thornton se había ido y que nunca regresaría.

او فهمید که جان تورنتون رفته است و دیگر هرگز برنمی‌گردد.

La pérdida dejó en él un vacío que palpitaba como el hambre.

این فقدان، فضایی خالی در او ایجاد کرد که مانند گرسنگی ضربان می‌زد.

Pero ésta era un hambre que la comida no podía calmar, por mucho que comiera.

اما این گرسنگی‌ای بود که غذا نمی‌توانست آن را تسکین دهد، مهم نبود چقدر می‌خورد.

A veces, mientras miraba a los Yeehats muertos, el dolor se desvanecía.

گاهی اوقات، همین که به یی‌هات‌های مرده نگاه می‌کرد، دردش فروکش می‌کرد۔

Y entonces un orgullo extraño surgió dentro de él, feroz y completo.

و سپس غرور عجیبی در درونش جوانه زد، شدید و تمام عیار۔

Había matado al hombre, la presa más alta y peligrosa de todas.

او انسان را کشته بود، که این بالاترین و خطرناک‌ترین شکار بود۔

Había matado desafiando la antigua ley del garrote y el colmillo.

او برخلاف قانون باستانی چماق و دندان نیش، مرتکب قتل شده بود۔

Buck olió sus cuerpos sin vida, curioso y pensativo.

باک، کنجکاو و متفکر، بدن‌های بی‌جان آنها را بو کشید۔

Habían muerto con tanta facilidad, mucho más fácil que un husky en una pelea.

آنها خیلی راحت مرده بودند—خیلی راحت‌تر از یک سگ هاسکی در یک دعوا۔

Sin sus armas, no tenían verdadera fuerza ni representaban una amenaza.

بدون سلاح‌هایشان، آنها هیچ قدرت یا تهدید واقعی نداشتند۔

Buck nunca volvería a temerles, a menos que estuvieran armados.

باک دیگر هرگز از آنها نمی‌ترسید، مگر اینکه مسلح باشند۔

Sólo tenía cuidado cuando llevaban garrotes, lanzas o flechas.

فقط وقتی چماق، نیزه یا تیر حمل می‌کردند، احتیاط می‌کرد۔

Cayó la noche y la luna llena se elevó por encima de las copas de los árboles.

شب فرا رسید و ماه کامل از بالای درختان بالا آمد۔

La pálida luz de la luna bañaba la tierra con un resplandor suave y fantasmal, como el del día.

نور کم‌رنگ ماه، زمین را در تابشی ملایم و شبح‌وار، مانند روز، غرق کرده بود۔

A medida que la noche avanzaba, Buck seguía de luto junto al estanque silencioso.

همچنان که شب عمیق‌تر می‌شد، باک هنوز در کنار برکه‌ی خاموش سوگواری می‌کرد.

Entonces se dio cuenta de que había un movimiento diferente en el bosque.

سپس او متوجه جنب و جوش متفاوتی در جنگل شد.

El movimiento no provenía de los Yeehats, sino de algo más antiguo y más profundo.

این هیجان از سوی یی‌هات‌ها نبود، بلکه از چیزی قدیمی‌تر و عمیق‌تر بود.

Se puso de pie, con las orejas levantadas y la nariz palpando la brisa con cuidado.

او بلند شد، گوش‌هایش را بالا گرفت و با دقت نسیم را با بینی‌اش امتحان کرد.

Desde lejos llegó un grito débil y agudo que rompió el silencio.

از دوردست‌ها، صدای ناله‌ای ضعیف و تیز آمد که سکوت را شکست.

Luego, un coro de gritos similares siguió de cerca al primero.

سپس، کمی پس از فریاد اول، صدای دسته‌جمعی فریادهای مشابهی شنیده شد.

El sonido se acercaba cada vez más y se hacía más fuerte a cada momento que pasaba.

صدا نزدیک‌تر می‌شد و هر لحظه بلندتر می‌شد.

Buck conocía ese grito: venía de ese otro mundo en su memoria.

باک این فریاد را می‌شناخت - از آن دنیای دیگر در خاطراتش می‌آمد.

Caminó hasta el centro del espacio abierto y escuchó atentamente.

او به مرکز فضای باز رفت و با دقت گوش داد.

El llamado resonó, múltiple y más poderoso que nunca.

این فراخوان، بسیار مورد توجه قرار گرفت و قدرتمندتر از همیشه به گوش رسید.

Y ahora, más que nunca, Buck estaba listo para responder a su llamado.

و حالا، بیش از هر زمان دیگری، باک آماده بود تا به ندای درونش پاسخ دهد.

John Thornton había muerto y ya no tenía ningún vínculo con el hombre.

جان تورنتون مرده بود، و هیچ پیوندی با بشر در او باقی نمانده بود.

El hombre y todos sus derechos humanos habían desaparecido: él era libre por fin.

انسان و تمام ادعاهای انسانی از بین رفته بودند ـ او سرانجام آزاد شده بود.

La manada de lobos estaba persiguiendo carne como lo hicieron alguna vez los Yeehats.

گله گرگ‌ها مثل زمانی که یی‌هات‌ها دنبال گوشت بودند، دنبال گوشت می‌گشتند.

Habían seguido a los alces desde las tierras boscosas.

آنها گوزن‌ها را از زمین‌های پوشیده از درخت دنبال کرده بودند.

Ahora, salvajes y hambrientos de presa, cruzaron hacia su valle.

حالا، وحشی و گرسنه برای شکار، از دره او عبور کردند.

Llegaron al claro iluminado por la luna, fluyendo como agua plateada.

آنها به فضای باز مهتابی آمدند، همچون آب نقره‌ای روان.

Buck permaneció quieto en el centro, inmóvil y esperándolos.

باک بی‌حرکت در مرکز ایستاده بود و منتظر آنها بود.

Su tranquila y gran presencia dejó a la manada en un breve silencio.

حضور آرام و عظیم او، جمعیت را در سکوتی کوتاه فرو برد.

Entonces el lobo más atrevido saltó hacia él sin dudarlo.

سپس جسورترین گرگ بدون هیچ تردیدی مستقیماً به سمت او پرید.

Buck atacó rápidamente y rompió el cuello del lobo de un solo golpe.

باک سریع حمله کرد و گردن گرگ را با یک ضربه شکست.

Se quedó inmóvil nuevamente mientras el lobo moribundo se retorcía detrás de él.

او دوباره بی‌حرکت ایستاد، در حالی که گرگ در حال مرگ پشت سرش می‌پیچید.

Tres lobos más atacaron rápidamente, uno tras otro.

سه گرگ دیگر به سرعت، یکی پس از دیگری، حمله کردند.

Todos retrocedieron sangrando, con la garganta o los hombros destrozados.

هر کدام در حالی که خونریزی داشتند، عقب‌نشینی کردند، گلو یا شانه‌هایشان بریده شده بود.

Eso fue suficiente para que toda la manada se lanzara a una carga salvaje.

همین کافی بود تا تمام گروه به یک حمله‌ی وحشیانه دست بزنند.

Se precipitaron juntos, demasiado ansiosos y apiñados para golpear bien.

آنها با هم هجوم آوردند، خیلی مشتاق و شلوغ بودند که نتوانند خوب حمله کنند.

La velocidad y habilidad de Buck le permitieron mantenerse por delante del ataque.

سرعت و مهارت باک به او اجازه می‌داد تا از حمله جلوتر بماند.

Giró sobre sus patas traseras, chasqueando y golpeando en todas direcciones.

او روی پاهای عقبش چرخید، تق‌تق می‌کرد و به همه جهات ضربه می‌زد.

Para los lobos, esto parecía como si su defensa nunca se abriera ni flaqueara.

برای گرگ‌ها، این طوری به نظر می‌رسید که خط دفاعی او هرگز باز نشده یا متزلزل نشده است.

Se giró y atacó tan rápido que no pudieron alcanzarlo.

او برگشت و آنقدر سریع حمله کرد که آنها نتوانستند از پشت سرش رد شوند.

Sin embargo, su número le obligó a ceder terreno y retroceder.

با این وجود، تعداد زیاد آنها او را مجبور به عقب‌نشینی و عقب‌نشینی کرد.

Pasó junto a la piscina y bajó al lecho rocoso del arroyo.

او از کنار برکه گذشت و به بستر سنگی نهر رسید.

Allí se topó con un empinado banco de grava y tierra.

در آنجا به تپه‌ای شیب‌دار از شن و خاک رسید.

Se metió en un rincón cortado durante la antigua excavación de los mineros.

او در حین حفاری قدیمی معدنچیان، به گوشه‌ای از زمین برخورد کرد.

Ahora, protegido por tres lados, Buck se enfrentaba únicamente al lobo frontal.

حالا، باک که از سه طرف محافظت می‌شد، فقط با گرگ جلویی روبرو بود.

Allí se mantuvo a raya, listo para la siguiente ola de asalto.

او آنجا، در موقعیتی امن، آماده برای موج بعدی حمله، ایستاده بود.

Buck se mantuvo firme con tanta fiereza que los lobos retrocedieron.

باک چنان سرسختانه موضع خود را حفظ کرد که گرگ‌ها عقب‌نشینی کردند.

Después de media hora, estaban agotados y visiblemente derrotados.

بعد از نیم ساعت، آنها خسته و به وضوح شکست خورده بودند.

Sus lenguas colgaban y sus colmillos blancos brillaban a la luz de la luna.

زبان‌هایشان بیرون بود و دندان‌های نیش سفیدشان در نور ماه می‌درخشید.

Algunos lobos se tumbaron, con la cabeza levantada y las orejas apuntando hacia Buck.

چند گرگ دراز کشیدند، سرهایشان را بالا گرفتند و گوش‌هایشان را به سمت باک تیز کردند.

Otros permanecieron inmóviles, alertas y observando cada uno de sus movimientos.

دیگران بی‌حرکت، هوشیار و گوش به زنگ ایستاده بودند و تمام حرکات او را زیر نظر داشتند.

Algunos se acercaron a la piscina y bebieron agua fría.

چند نفر به سمت استخر رفتند و آب سرد را سر کشیدند.

Entonces un lobo gris, largo y delgado, se acercó sigilosamente.

سپس یک گرگ خاکستری بلند و لاغر با ملایمت به جلو خزید.

Buck lo reconoció: era el hermano salvaje de antes.

باک او را شناخت - همان برادر وحشیِ قبلی بود.

El lobo gris gimió suavemente y Buck respondió con un gemido.

گرگ خاکستری ناله آرامی کرد و باک هم با ناله ای پاسخ داد.

Se tocaron las narices, en silencio y sin amenaza ni miedo.

آنها بینی‌هایشان را لمس کردند، بی‌صدا و بدون تهدید یا ترس.

Luego vino un lobo más viejo, demacrado y lleno de cicatrices por muchas batallas.

بعد گرگ پیرتری آمد، لاغر و زخمی از نبردهای بسیار.

Buck empezó a gruñir, pero se detuvo y olió la nariz del viejo lobo.

باک شروع به غرش کرد، اما مکثی کرد و بینی گرگ پیر را بو کشید.

El viejo se sentó, levantó la nariz y aulló a la luna.

پیرمرد نشست، دماغش را بالا کشید و رو به ماه زوزه کشید.

El resto de la manada se sentó y se unió al largo aullido.

بقیهی گله نشستند و به زوزهی طولانی پیوستند.

Y ahora el llamado llegó a Buck, inconfundible y fuerte.

و حالا باک را فراخواندند، بیچون و چرا و قوی.

Se sentó, levantó la cabeza y aulló con los demás.

نشست، سرش را بلند کرد و با دیگران زوزه کشید.

Cuando terminaron los aullidos, Buck salió de su refugio rocoso.

وقتی زوزه تمام شد، باک از پناهگاه سنگیاش بیرون آمد.

La manada se cerró a su alrededor, olfateando con amabilidad y cautela.

گله دور او جمع شد و با مهربانی و احتیاط بو کشید.

Entonces los líderes dieron un grito y salieron corriendo hacia el bosque.

سپس رهبران فریاد زدند و به سمت جنگل دویدند.

Los demás lobos los siguieron, aullando a coro, salvajes y rápidos en la noche.

گرگهای دیگر هم با زوزههای هماهنگ، وحشی و تند در دل شب، به دنبالش آمدند.

Buck corrió con ellos, al lado de su hermano salvaje, aullando mientras corría.

باک در حالی که زوزه میکشید، در کنار برادر وحشیاش، با آنها میدوید.

Aquí la historia de Buck llega bien a su fin.

اینجا، داستان باک به خوبی به پایان میرسد.

En los años siguientes, los Yeehat notaron lobos extraños.

در سالهای بعد، ییهاتها متوجه گرگهای عجیبی شدند.

Algunos tenían la cabeza y el hocico de color marrón y el pecho de color blanco.

بعضی‌ها سر و پوزه‌شان قهوه‌ای و سینه‌شان سفید بود.

Pero aún más temían una figura fantasmal entre los lobos.

اما حتی بیشتر از آن، آنها از یک چهره شبح مانند در میان گرگ‌ها می‌ترسیدند.

Hablaban en susurros del Perro Fantasma, líder de la manada.

آنها با زمزمه از گوست داگ، رهبر گروه، صحبت می‌کردند.

Este perro fantasma tenía más astucia que el cazador Yeehat más audaz.

این گوست داگ از جسورترین شکارچی یی‌هات هم حیله‌گرتر بود.

El perro fantasma robó de los campamentos en pleno invierno y destrozó sus trampas.

سگ شبح در زمستان سخت از اردوگاه‌ها دزدی می‌کرد و تله‌هایشان را پاره می‌کرد.

El perro fantasma mató a sus perros y escapó de sus flechas sin dejar rastro.

سگ شبح، سگ‌های آنها را کشت و بدون هیچ ردی از تیرهایشان فرار کرد.

Incluso sus guerreros más valientes temían enfrentarse a este espíritu salvaje.

حتی شجاع‌ترین جنگجویان آنها از رویارویی با این روح وحشی می‌ترسیدند.

No, la historia se vuelve aún más oscura a medida que pasan los años en la naturaleza.

نه، داستان همچنان تاریک‌تر می‌شود، با گذشت سال‌ها در طبیعت وحشی.

Algunos cazadores desaparecen y nunca regresan a sus campamentos distantes.

بعضی از شکارچیان ناپدید می‌شوند و هرگز به اردوگاه‌های دوردست خود باز نمی‌گردند.

Otros aparecen con la garganta abierta, muertos en la nieve.

برخی دیگر با گلوی پاره شده و در حالی که در برف کشته شده بودند، پیدا شدند.

Alrededor de sus cuerpos hay huellas más grandes que las que cualquier lobo podría dejar.

دور بدنشان ردپاهایی هست—بزرگتر از هر گرگی که بتواند ردی ایجاد کند.

Cada otoño, los Yeehats siguen el rastro del alce.

هر پاییز، یی‌هات‌ها رد گوزن شمالی را دنبال می‌کنند.

Pero evitan un valle con el miedo grabado en lo profundo de sus corazones.

اما آنها از یک دره با ترسی که در اعماق قلبشان حک شده است، اجتناب می‌کنند.

Dicen que el valle fue elegido por el Espíritu Maligno para vivir.

آنها می‌گویند که این دره توسط روح شیطان برای خانه‌اش انتخاب شده است.

Y cuando se cuenta la historia, algunas mujeres lloran junto al fuego.

و وقتی داستان تعریف می‌شود، چند زن کنار آتش گریه می‌کنند.

Pero en verano, un visitante llega a ese tranquilo valle sagrado.

اما در تابستان، یک بازدیدکننده به آن دره آرام و مقدس می‌آید.

Los Yeehats no saben de él, ni tampoco pueden entenderlo.

یی‌هات‌ها او را نمی‌شناسند و نمی‌توانند بفهمند.

El lobo es grande, revestido de gloria, como ningún otro de su especie.

گرگ، گرگی بزرگ و باشکوه است، که هیچ گرگ دیگری در نوع خود مانند آن را ندارد.

Él solo cruza el bosque verde y entra en el claro.

او به تنهایی از میان درختان سبز عبور می‌کند و وارد پهنه جنگل می‌شود.

Allí, el polvo dorado de los sacos de piel de alce se filtra en el suelo.

آنجا، غبار طلایی از کیسه‌های پوست گوزن شمالی به خاک نفوذ می‌کند.

La hierba y las hojas viejas han ocultado el amarillo al sol.

علف‌ها و برگ‌های پیر، رنگ زرد را از آفتاب پنهان کرده‌اند.

Aquí, el lobo permanece en silencio, pensando y recordando.

اینجا، گرگ در سکوت ایستاده، فکر می‌کند و به یاد می‌آورد.

Aúlla una vez, largo y triste, antes de darse la vuelta para irse.

قبل از اینکه برگردد و برود، یک بار زوزه می‌کشد - طولانی و غم‌انگیز.

Pero no siempre está solo en la tierra del frío y la nieve.

با این حال او همیشه در سرزمین سرما و برف تنها نیست.

Cuando las largas noches de invierno descienden sobre los valles inferiores.

وقتی شب‌های طولانی زمستان بر دره‌های پست فرود می‌آیند.

Cuando los lobos persiguen a la presa a través de la luz de la luna y las heladas.

وقتی گرگ‌ها در مهتاب و یخبندان شکار را دنبال می‌کنند.

Luego corre a la cabeza del grupo, saltando alto y salvajemente.

سپس او در حالی که بالا و وحشی می‌پرد، به سمت جلوی گله می‌دود.

Su figura se eleva sobre las demás y su garganta está llena de canciones.

هیکلش بر دیگران می‌چربد، گلویش از آواز زنده است.

Es la canción del mundo más joven, la voz de la manada.

این آهنگ دنیای جوان‌تر است، صدای گله.

Canta mientras corre: fuerte, libre y eternamente salvaje.

او هنگام دویدن آواز می‌خواند—قوی، آزاد و همیشه وحشی.